DANS LA MÊME COLLECTION

PERSÉVÉRANTS DANS LA PRIÈRE

JEAN LAFRANCE

Persévérants dans la prière

Commentaire du *Veni Sancte* et du *Veni Creator*

MÉDIASPAUL & ÉDITIONS PAULINES

Nihil obstat
Paris, 12 février 1982
Cl. Chopin, cens. dés.

Imprimatur
Paris, 12 février 1982
P. Faynel, v. é.

Médiaspaul, 8 rue Madame, 75006 PARIS
ISBN 2-7122-0177-9

POUR LE CANADA
Editions Paulines, 3965 est, boulevard Henri-Bourassa, MONTREAL
ISBN 2-89039-777-7

Dépôt légal 4e trimestre 1982
Bibliothèque nationale du Québec
Bibliothèque nationale du Canada

PRÉFACE

Assidus à la prière avec Marie, mère de Jésus
Act 1,14

Depuis plus de quinze ans, je collabore à la Revue *Sanctifier*, avec Dom Vincent Artus, de l'Abbaye Saint-André à Bruges. En 1982, la revue passera aux mains des Oblates apostoliques de Bruxelles et continuera l'œuvre fondée à Saint-André par Dom Théodore Nève et l'Abbé Soëte et qui est d'imprégner la vie apostolique par la prière contemplative.

A cette occasion, j'ai pensé réunir en un livre une vingtaine d'articles consacrés au Saint-Esprit dont une dizaine sont déjà parus dans la revue, en attendant que les autres paraissent dans la nouvelle formule. Il ne s'agit pas d'une étude théologique sur le Saint-Esprit — aujourd'hui, nous en avons d'excellentes faites par le Père Congar (1) et le Père Bouyer (2) — mais d'une mise en œuvre de la pratique de l'Eglise qui se résume dans l'adage «Lex orandi, Lex credendi». Dans sa prière liturgique et l'oraison secrète, l'Eglise a toujours traduit en prière ce qu'elle con-

---

(1) P. Y. Congar: *Je crois en l'Esprit-Saint* (Cerf). I. L'espérience de l'Esprit. II. Il est Seigneur et il donne la vie (1979).

(2) P. Louis Bouyer: *Consolateur.* (Cerf 1980).

7

fessait dans la foi et annonçait dans la prédication. La grande tradition orientale, exprimée par Evagre le Pontique, ne parlera pas d'une autre façon : «Si tu es théologien, tu prieras vraiment, et si tu pries vraiment, tu es théologien» (*Le Traité de l'oraison d'Evagre le Pontique*, Rev. asc. et myst. janv. et av. 1934, n° 60).

Nous avons donc choisi la Séquence et l'hymne de la fête de la Pentecôte : le *Veni Sancte Spiritus* et le *Veni Creator*, que nous avons commentés strophes après strophes, en les groupant parfois, lorsqu'elles formaient une même unité spirituelle. Pour éclairer la doctrine de ces deux pièces liturgiques, nous avons fait appel à la théologie des dons du Saint-Esprit, telle que Jean de Saint-Thomas nous l'enseigne dans son *Traité des Dons*. A la fin de chaque chapitre, nous avons traduit en une prière, souvent empruntée à la grande tradition des Pères ou des Saints, l'essentiel de ce que l'Eglise croit et confesse à propos du Saint-Esprit.

Il est dit dans les Actes des Apôtres, à propos du groupe des onze réunis autour de la Vierge, qu'ils ne devaient pas s'éloigner de Jérusalem, mais d'y attendre ce que le Père avait promis (Act 1,4). Il s'agit bien sûr du don de l'Esprit à l'Eglise naissante. C'est pourquoi ils étaient *persévérants dans la prière. Tous, d'un même cœur, étaient assidus à la prière avec quelques femmes, dont Marie mère de Jésus, et avec ses frères* (Act 1,14).

Persévérer *dans la prière, avec Marie mère de Jésus et avec ses frères...*, voilà l'invitation discrète mais pressante que voudraient suggérer ces pages. L'Eglise, Corps du Christ, a besoin de la prière humble, confiante et persévérante de Marie, pour naître, comme le Verbe de Dieu a eu besoin du consentement de foi de Marie pour prendre chair en elle et demeurer au cœur de l'humanité. Les Pères de l'Eglise ne cesseront d'affirmer que la foi de Marie, à l'origine de l'Incarnation et de l'Eglise, est normative de la foi de l'Eglise et des disciples. Pour s'en convaincre, il suffit de relire les homélies de saint Léon ou de saint Jean de Damas.

Il y a un épisode de l'évangile de Jean où l'acte de foi de la Vierge sera à la source de la foi des disciples : c'est le premier signe de Cana. Elle comprend de mieux en mieux alors que Jésus possède, en tant que Fils de Dieu, ainsi que l'ange l'avait appelé, toute la puissance divine. C'est à cette puissance qu'elle fait appel aux noces de Cana, car *rien n'est impossible à Dieu* (Lc 1,27).

On peut dire que la foi de Marie, ainsi manifestée à Cana, est aussi merveilleuse que le miracle qu'elle va provoquer, car cette foi précède toute manifestation de la puissance miraculeuse de Jésus. Sa foi est antérieure aux *signes et prodiges* (Jn 4,48) qu'il opérera par la suite et par lesquels il affirmera la foi de ses disciples. A Marie la toute première s'applique la parole que Jésus adressera un jour à l'apôtre Thomas, si lent à croire *Heureux ceux qui n'ont pas vu et qui ont cru* (Jn 20,29).

Cette foi de Marie, si audacieuse dans la démarche qu'elle inspire, ne se laisse pas ébranler par la réponse peu encourageante de Jésus: *Que me veux-tu, Femme? Mon heure n'est pas encore venue.* Eclairée intérieurement, elle comprend que sa prière n'est pas repoussée, mais qu'elle est seulement mise à l'épreuve, selon la divine pédagogie de Jésus, qui se plaira si souvent à éprouver ceux qui auront recours à lui, pour creuser et faire monter très haut leur foi. En effet, lorsque Marie, malgré une réponse qui ressemble à une fin de non-recevoir, dit aux serviteurs: *Quoi qu'il vous dise, faites-le*, elle atteste qu'elle croit encore et toujours à l'intervention discrètement sollicitée.

Car il faut souligner aussi la discrétion de sa prière, d'autant plus humble qu'elle est persévérante: elle se contente d'exposer à Jésus la situation dans laquelle se trouvent les jeunes époux: *Ils n'ont plus de vin.* Elle s'attend à un ordre imprévu de son Fils, et, craignant que les serviteurs, déconcertés, ne refusent d'obéir, elle leur recommande de suivre aveuglément ce qui leur sera dit, même s'ils n'en comprennent pas la raison. Elle témoigne ainsi, comme Abraham, son père dans la foi, de sa confiance inébranlable en Jésus. Il y a dans sa foi, d'une part la certitude que Jésus détient une puissance sans limite, et d'autre part une espérance absolue et pleine d'abandon en son amour pour les hommes qu'il est venu sauver. C'est la tension dialectique entre la Toute-Puissance de Dieu et l'obéissance de foi en sa parole (Lc 1,27-28).

Nous avons là un enseignement capital : il est très significatif que le premier miracle de Jésus ait été obtenu par une démarche de foi et une prière persévérante. Au cours de sa vie publique, Jésus soulignera souvent l'importance de la foi dans l'obtention de ses bienfaits, au point qu'il attribue les faveurs sollicitées à la foi des personnes qui le prient : *Ta foi t'a sauvé, Qu'il te soit fait selon ta foi.* Il s'émerveille même devant la ténacité de foi de la Cananéenne qui prolonge sa prière jusqu'à ce qu'elle ait obtenu ce qu'elle demandait. Ce premier miracle de Jésus montre ainsi l'importance de la foi et de la prière, comme première coopération de l'homme au don du salut de Dieu ; il illustre aussi comment la foi de Marie est à l'origine de la foi de l'Eglise : c'est sa foi qui provoque le miracle, et celui-ci allume alors la foi au cœur des disciples. Saint Jean qui était présent souligne : *Et ses disciples crurent en lui* (Jn 2,11).

Après s'être formée et avoir mûri dans le cœur de Marie, après s'être exprimée en elle et par elle au début de la vie publique du Maître, la foi en lui passe dans le cœur des disciples. Comme Abraham, son ancêtre, est premier dans la foi de l'Ancienne Alliance, Marie est première dans la foi de la Nouvelle Alliance. Elle apparaît dans la lumière des noces de Cana, symbole des épousailles du Christ avec son Eglise, comme celle qui enfante les hommes à la foi et les amène à adhérer totalement à son Fils Jésus, leur Sauveur. Elle est vraiment Mère de l'Eglise, comme Paul VI l'a proclamée au cours du Concile.

C'est pour la même raison que Luc note la présence de Marie au Cénacle, à l'heure de la naissance de l'Eglise. Sa présence priante était nécessaire pour attirer, dans la confiance, la venue de l'Esprit. De la même façon qu'elle a aidé les disciples à croire en la puissance de Jésus à Cana, elle les aide maintenant à croire à la puissance de l'Esprit qui a ressuscité Jésus d'entre les morts. Il ne s'agit plus ici de recevoir des faveurs ou d'obtenir un miracle, comme le vin de Cana ou les guérisons, mais d'accueillir le don par excellence que Jésus Ressuscité veut faire à l'humanité nouvelle : l'Esprit-Saint. Ce don est gratuit, mais il n'est pas arbitraire: pour le recevoir, il faut y croire et le demander dans la prière: *Si donc vous qui êtes mauvais, vous savez donner de bonnes choses à vos enfants, combien plus le Père du ciel donnera-t-il l'Esprit-Saint à ceux qui l'en prient* (Lc 11,13).

Au Cénacle, Marie va soutenir la foi des apôtres en les invitant à persévérer et à durer dans la prière de supplication — la persévérance dans la prière étant à peu près le seul signe de la qualité et de la profondeur du désir de recevoir l'Esprit. Tant qu'un homme ne supplie pas avec la confiance et la persévérance de Marie, il y a une part de lui-même qui refuse et il garde encore en réserve quelques solutions de rechange. C'est pour cela que sa prière n'a pas cette violence de déflagration qui déplace les montagnes et les jette dans la mer.

« Quand le Saint-Esprit trouve Marie dans le cœur d'un homme, dit saint Grignion de Montfort, il y court et il y vole. » Dès que saint Jean eut entendu Jésus lui dire: *Voici ta Mère*, il accueillit Marie chez lui (Jn 19,27). Que l'Esprit suggère à tous ceux qui liront ces pages de prendre Marie chez eux: « O Dieu, tu as comblé de l'Esprit-Saint la Bienheureuse Vierge Marie lorsqu'elle priait avec les disciples dans la solitude du Cénacle: fais-nous aimer, nous t'en prions, le silence du cœur afin que, priant mieux, ainsi recueillis, nous méritions d'être comblés des dons du Saint-Esprit (Oraison de la fête de N.D. du Cénacle).

1

**Viens, Esprit-Saint, en nos cœurs
et envoie du haut du ciel
un rayon de ta lumière**

Ce qu'il y a de désespérant dans la prédication chrétienne ou dans l'Ecriture, c'est qu'il faudrait d'abord vous mettre en contact avec le ciel ou avec l'Esprit-Saint. Je puis dire les choses de différentes façons, mais je ne peux jamais en transmettre la saveur si l'Esprit de dieu ne s'en mêle pas. Ainsi, au moment où je désire vous parler de l'Esprit-Saint, je suis bien obligé de reprendre les mots de l'Ecriture, les mots prononcés par Jésus dans son Discours après la Cène, mais ces mots ne deviendront pour vous *paroles de Dieu* que dans la mesure où ils seront prononcés par un visage. Il faut que les yeux de Jésus s'animent et vous regardent, que sa bouche vous adresse une parole qui transforme votre cœur et allume en lui le feu de son Esprit.

Saint Augustin dira les choses d'une autre manière quand il évoquera l'action du Maître intérieur. C'est à propos de la parole de saint Jean au sujet de l'action de l'Esprit qu'il précisera la relation entre celui qui parle au-dehors et celui qui enseigne au-dedans: *L'onction que vous avez reçue de lui demeure en vous et vous n'avez pas besoin que quelqu'un vous enseigne, car son onction vous enseigne tout* (1 Jn 2,27). Augustin continue en disant: «Pourquoi tout cela? Il n'y a qu'à vous abandonner à son onction, et cette onction vous enseignera tout. Voyez donc ce grand mystère, frères: le son de nos paroles frappe vos oreilles, le Maître est à l'intérieur. Ne pensez pas que l'on puisse apprendre quelque chose d'un homme. Nous pouvons attirer votre attention par le tapage de notre voix; s'il n'y a pas au-dedans quelqu'un pour nous enseigner, ce tapage est inutile» (*Commentaire sur la 1ᵃ épître de saint Jean*, tr. IV, ch. II, P.L.T. XXXV. Traduction du P. Lancelot dans *la Vie spirituelle*, oct. 1946).

Le Christ avait des moyens extraordinaires pour faire pressentir à ses audituers la vie éternelle: il multipliait les pains, non pas seulement pour donner à manger à la foule, mais pour les mettre en présence de la puissance de Dieu. Et ce moyen était décevant, même pour Jésus, car son auditoire fut déçu et se mit à proclamer que ses paroles étaient non seulement intolérables, mais qu'on ne pouvait même pas les supporter (Jn 6,60)! A son tour, saint Paul comprendra que le prestige de la parole et de la sagesse ne peut pas grand-chose pour annoncer le mystère de Dieu, si la puissance de l'Esprit ne vient pas opérer des signes éclatants pour mettre ses auditeurs en présence de l'invisible: *Ma parole et ma prédication n'avaient rien des discours persuasifs de la sagesse, mais elles étaient une démonstration faite par la puissance de l'Esprit, afin que votre foi ne soit pas fondée, sur la sagesse des hommes, mais sur la puissance de Dieu* (1 Cor 2,4-5).

Lorsqu'on lit les épîtres de saint Paul, on sent couler en elles le souffle de la puissance de Dieu qui est aussi un feu, la «dynamis tou théou»: *L'Evangile que nous annonçons ne vous a pas été présenté comme un simple discours, mais il a montré surabondamment sa puissance par l'action de l'Esprit-Saint* (1 Thes 1,5). Si saint Paul, à la suite du Christ, disposait de tels moyens pour annoncer l'évangile, comment faire nous, pauvres prédicateurs, pour vous parler de l'Esprit-Saint et du ciel? C'est le premier problème qui se pose à nous?

Je pense que la seule solution à ce problème est la prière, elle est du reste la solution a tous nos problèmes... Nous n'avons peut-être pas la possibilité d'accompagner notre prédication de signes éclatants comme la guérison du boîteux de la Belle Porte (Act 3,1 sq.), mais il nous est toujours possible de supplier l'Esprit de brûler le cœur de ceux à qui nous expliquons les Ecritures (Lc 24,32): «La parole du prédicateur est inutile si elle n'est pas capable d'allumer le feu de l'amour» (S. Grégoire le Grand. *Enchiridion Asceticum*, 76, 1223.B).

Il y a dans la vie de saint Louis un événement significatif à ce sujet. De son temps, on était friand des miracles spectaculaires pour fortifier la foi. Un jour, Joinville vint dire à saint Louis: «Sire, dépêchez-vous, il y a un grand miracle qui est en train de se faire, venez le voir. Et saint Louis qui était en prière, de lui répondre: «Laisse-moi tranquille, je trouve Dieu beaucoup plus dans la prière que dans un miracle», ce qui revient à dire que saint Louis avait en permanence l'expérience de la réalité et de la douceur de l'Esprit-Saint, dans la prière.

1. Une «nouvelle Pentecôte»

Le but de la prédication chrétienne ou de toute parole écrite est donc de disposer le cœur des auditeurs ou des lecteurs à accueillir l'effusion de l'Esprit qui ne vient pas de nous mais uniquement du bon plaisir du Père (Mt 11,26). Lorsqu'on parcourt les Actes et que l'on voit l'Esprit-Saint tomber sur les chrétiens d'Ephèse (Act 19,6), on comprend qu'il est possible à tous, non pas seulement de prolonger l'expérience de la Pentecôte, mais de la recommencer, en recevant aujourd'hui l'Esprit-Saint. Ainsi la Pentecôte n'est pas seulement un événement du passé, c'est une réalité toujours nouvelle et présente, dans la mesure où nous adhérons par la foi et la prière au Christ Ressuscité qui envoie l'Esprit.

Il s'agit alors de la Pentecôte sans le vent violent, les langues de feu ou le parler en langues, car la vraie réalité de la Pentecôte n'est pas dans l'extérieur de la coupe, c'est un événement mystérieux et invisible qui atteint le plus intime du cœur. C'est le mystère de la grâce qui transforme le cœur de l'homme par la puissance de la Résurrection (la *dynamis tou théou*). Dans sa première Homélie sur la Pentecôte, saint Jean Chrysostome explique que les hommes à qui parlaient saint Pierre avaient l'esprit grossier et n'étaient capables que de percevoir les réalités corporelles : «Ils ne pouvaient concevoir la grâce spirituelle, visible seulement aux yeux de la foi : voilà pourquoi il y avait des signes. C'est qu'en effet parmi les grâces spirituelles, les unes sont invisibles, la foi seule peut les comprendre ; les autres sont accompagnées d'un signe sensible, pour convaincre les infidèles» (*Œuvres complètes*. Trad. Jeannin, 1887, T. III).

Ainsi il est donné à ceux qui prient vraiment de revivre l'événement de la Pentecôte dans sa face cachée et mystérieuse, de voir le Christ ressuscité vivant au fond de leur cœur et d'expérimenter la puissance de Dieu qui l'a ressuscité des morts (Col 2,12). Les apôtres eux-mêmes n'ont pas été dispensés de faire cette expérience spirituelle du Christ vivant en eux, même s'il leur est apparu après sa résurrection d'entre les morts (1 Cor 15,6) et s'ils ont mangé et bu avec lui (Jn 21,12). Paul dira clairement qu'il n'a pas connu le Christ selon la chair mais qu'il lui est apparu (1 Cor 15,8) et qu'en définitive cette apparition du Christ, momentanée et fugitive, a laissé place en lui à la puissance de la grâce : *Mais ce que je suis, je le dois à la grâce de Dieu et sa grâce à mon égard n'a pas été vaine* (1 Cor 15,10).

L'essentiel d'une apparition du Ressuscité n'est pas dans le fait de voir le Christ, mais de ce qui reste dans le cœur du croyant quand l'apparition est achevée. C'est ce qu'on appelle la grâce ou la présence du Saint-Esprit qui rend le Christ vivant dans le cœur de l'homme. Tout chrétien qui revit l'événement intérieur de la Pentecôte peut redire avec saint Paul : *Je vis, mais ce n'est plus moi, c'est Christ qui vit en moi. Car ma vie présente dans la chair, je la vis dans la foi au Fils de Dieu qui m'a aimé et s'est livré pour moi* (Gal 2,20). Même s'il nous était donné de voir le Christ ressuscité, nous ne serions pas dispensés de vivre dans la foi en la présence de l'Esprit - Saint agissant en nous.

Nous retrouvons cette expérience de la nouvelle Pentecôte dans la vie des martyrs et des saints. Comment expliquer autrement la force d'un Maximilien Kolbe qui a accepté de prendre la place d'un condamné à mort dans le bunker de la faim à Auschwitz. Non seulement il ne s'est pas révolté, mais sa seule présence a suffi pour que les autres prisonniers ne se révoltent pas et ne deviennent pas fous. Le P. Kolbe leur faisait même des conférences sur les relations de la Vierge Immaculée avec la Sainte Trinité et ils chantaient ensemble des cantiques. Avec de l'héroïsme, il aurait pu faire le sacrifice de sa vie, mais il n'aurait pas pu obtenir que ses compagnons chantent dans des conditions aussi atroces, au moment de mourir. Là, vous touchez du doigt autre chose : ce que saint Paul appelle une *puissance divine* (Rm 1,16).

Tout cela ne venait pas de lui mais de l'Esprit de la Pentecôte. Si j'osais, je dirais : «Il ne l'a pas fait exprès!» Il y avait une force qui émanait de lui (la grâce) — comme elle sortait du Christ — (Lc 6,19), quelque chose d'inouï qui poussait à l'héroïsme. Au simple contact du P. Kolbe, nous pourrions nous convertir et mourir de cette façon-là, en chantant des cantiques. A ces hommes, il leur est arrivé de toucher le ciel avant d'y être et de revivre intérieurement l'événement de la Pentecôte.

Là, il y a vraiment quelque chose! Si nous rencontrons un Saint pareil, nous sommes mis en présence de l'Esprit-Saint et de sa puissance. C'est cela notre libération et non pas l'héroïsme Et nous avons là le secret d'une véritable ascèse chrétienne dont nous reparlerons au cours de ces articles consacrés à l'Esprit-Saint. La rencontre avec le Christ dans l'eucharistie doit normalement produire en nous les mêmes effets que la rencontre du P. Kolbe avec ces prisonniers, mais avec infiniment plus de force. Elle nous revêt de la puissance de l'Esprit-Saint sans que nous ayons besoin d'être héroïques. Cela doit fasciner normalement ceux qui expérimentent la faiblesse de leur volonté. On découvre alors le vrai combat qui n'est pas dans la lutte mais dans la supplication pour demander au Père de bien vouloir nous envoyer l'Esprit-Saint, au nom de Jésus.

Dans la vie d'Angèle de Foligno, on retrouve la même expérience de Pentecôte. Elle était allée prier saint François à Assise pour lui demander la grâce de vivre et de mourir dans la pauvreté. Elle entendit alors une voix qui lui disait : «Tu as prié mon serviteur François, mais j'ai voulu t'envoyer un autre missionnaire, le Saint-Esprit. Je suis le Saint-Esprit. C'est moi que viens et je t'apporte la joie inconnue. Je vais entrer au fond de toi... J'ai vécu au milieu des apôtres : ils me voyaient avec les yeux du corps et ne me sentaient pas comme tu me sens. Rentrée chez toi, tu sentiras une autre joie, une joie sans exemple. Ce ne sera pas seulement comme à présent le son de ma voix dans l'âme, ce sera moi-même.»

«Si je rencontrais dans une âme un amour parfait, je lui ferais de plus grandes grâces qu'aux saints des siècles passés, par qui Dieu fit les prodiges qu'on raconte aujourd'hui. Or, personne n'a d'excuse, car tout le monde peut aimer ; Dieu ne demande à l'âme que l'amour ; car lui-même aime sans mensonge, et lui-même est l'amour de l'âme» (*Le livre des visions et instructions*, traduit par Hello, 1910).

2. Tous étaient assidus à la prière

Si nous voulons revivre l'événement intérieur de la Pentecôte, il faudrait peut-être retrouver l'attitude des apôtres au moment où le Christ se sépare d'eux. Ils *retournèrent à Jérusalem pleins de joie, et ils étaient sans cesse dans le Temple à bénir Dieu* (Lc 24,52). Ils ne font alors qu'obéir au Christ qui leur enjoint de demeurer dans la ville : *Et moi, je vais envoyer sur vous ce que mon Père a promis. Pour vous, demeurez dans la ville jusqu'à ce que vous soyez d'en-haut, revêtus de puissance* (Lc 24,49). Chaque fois que Luc parle du Saint-Esprit, il évoque en même temps sa puissance.

Et d'emblée, nous retrouvons les apôtres au Cénacle où ils attendent d'être baptisés dans l'Esprit-Saint. Ils ont bien conscience qu'ils vont recevoir une puissance, celle du Saint-Esprit qui viendra sur eux pour en faire des témoins à Jérusalem et jusqu'aux extrémités de la terre (Act 1,7-8). Les apôtres savent bien que Jésus va leur envoyer d'auprès du Père l'Esprit de vérité qui rendra lui-même témoignage de Jésus (Jn 15,26).

Alors ils montent à la chambre haute du Cénacle pour attendre dans la prière l'Esprit-Saint: *Tous, unanimes, étaient assidus à la prière, avec quelques femmes dont Marie la Mère de Jésus, et avec les frères de Jésus* (Act 1,14). Il est important de noter la présence de Marie, auprès du groupe des onze. Elle est la croyante par excellence puisqu'elle a donné sa confiance absolue à la puissance de la Parole de Dieu, à l'origine de l'Incarnation, (Lc 1,35-38). De même, elle doit soutenir la foi vacillante des apôtres qui ont peur, à l'origine de l'Eglise. C'est elle encore qui doit confesser sa foi dans une prière assidue et persévérante.

Au Cénacle, la présence de la Vierge était indispensable car elle est la mère de la prière continuelle qui soutient les apôtres et les aide à durer dans la prière de supplication. En terminant l'Encyclique *Redemptor Hominis*, Jean-Paul II invite l'Eglise à «une prière plus large, intense et croissante». Et il continue: «Cependant, en achevant cette méditation par un appel humble et chaleureux à la prière, en union avec Marie, Mère de Jésus (Act 1,14), comme persévéraient autrefois les apôtres et les disciples du Seigneur, après son Ascension, au Cénacle de Jérusalem» (Act 1,13).

Persévérants dans la prière, dit saint Luc. Ce n'est donc pas la prière d'un instant, un acte fugitif, un caprice ou l'expression d'un besoin passager parce qu'on est dans la peine et que l'on oublie immédiatement après. Pour persévérer dans la prière, il faut tout un travail de continuité, une structure de lieu et de temps afin de permettre à la prière de durer et d'imprégner toute la vie. C'est cette «prière persévérante avec Marie, dit encore Jean-Paul II, qui nous rend capables de recevoir l'Esprit-Saint».

C'est un peu le but de ces méditations sur le Saint-Esprit que nous commençons aujourd'hui. Elles peuvent aussi bien servir de schéma pour une retraite personnelle que pour la neuvaine préparatoire à la Pentecôte, recommandée par le Pape Léon XIII pour l'unité du peuple chrétien (Divinum Illud, 9 mai 1897). Comme fil directeur, nous avons choisi la séquence *Veni Sancte Spiritus* et le *Veni Creator* de la fête de Pentecôte. Dans chaque chapitre, nous commenterons une strophe et nous terminerons par une prière à l'Esprit-Saint, composée à partir de l'Ecriture ou empruntée à la tradition spirituelle. Nous y ajouterons d'autres développements sur le discernement spirituel et sur les charismes dans l'Eglise.

La visée de ce travail est pratique et concrète : elle voudrait simplement donner aux lecteurs le goût et le désir de persévérer dans la prière, avec Marie, Mère de Jésus, au Cénacle. Il faudrait qu'il y ait dans notre cœur ce désir personnel de prier pendant dix jours. Ceci dit, ce désir est un peu désespéré car très peu, sans doute, s'en sentent capables. C'est pourquoi l'exécution est autre chose : il faut être fou dans ses désirs et sage dans leur réalisation. Celui qui a le désir de prier sans cesse prie en fait toujours, même s'il n'est pas toujours en prière. Mais pour que ce désir soit vrai et non pas velléitaire, il faut qu'il s'incarne dans des temps de prière. Ainsi nous proposons aux lecteurs de donner chaque jour une heure pleine et suivie à la prière, étant entendu qu'il vaut mieux prier une heure d'affilée que deux fois une demi-heure.

C'est là qu'intervient l'Eglise. Votre prière prendra tout son sens si, dans le désir de passer dix jours à supplier l'Esprit-Saint de venir en nous, et en nous y mettant tous, chaque lecteur du livre prend sa part du fardeau, selon ses forces et ses possibilités. De ce fait, ce n'est pas une heure que nous allons prier mais dix jours, en recevant la consolation d'expérimenter le lien d'amitié que la prière créera entre nous : c'est quand même plus beau que d'y passer une heure individuelle. Dans la réalisation, nous avons besoin de nos frères, même si nous avons le désir de prier sans cesse pendant dix jours. Ainsi, en nous réveillant la nuit ou dans nos activités, nous aurons conscience d'être en prière. Et cela nous tiendra unis, bien plus que tous les échanges et dialogues, car notre union est au-delà de ces moyens. C'est la prière qui est la base de notre union et sur cette base, nous crions notre détresse et notre confiance en la puissance de l'Esprit de la Pentecôte.

3. Viens. Esprit-Saint, en nos cœurs!

Pour nous aider à prier, nous pourrions prendre la première strophe du *Veni Sancte*, en la répétant lentement et doucement, jusqu'au moment où notre cœur la murmure, sans avoir besoin de la prononcer des lèvres. L'Esprit est déjà en nos cœurs, mais il doit aussi venir du dehors pour envahir et imprégner toute notre personne. On ne peut que l'appeler purement et simplement. Notre prière est un appel et un cri: «Comme quand on est à la limite de la soif, qu'on est malade de soif, on ne se représente plus l'acte de boire par rapport à soi-même, ni même en général l'acte de boire. On se représente seulement l'eau, l'eau prise en elle-même, mais cette image de l'eau est comme un cri de tout l'être» (S. Weil, *Attente de Dieu*):

«Seigneur Ressuscité, tu as promis d'envoyer sur nous ce que ton Père a promis. Nous voulons demeurer dans la ville jusqu'à ce que nous soyons revêtus de la puissance d'en-haut. Nous ne savons pas ce qu'il faut demander pour prier comme il faut, mais écoute la prière des apôtres et de Marie au Cénacle qui crient vers le Père, jour et nuit, comme la veuve dont tu as parlé dans l'Evangile. Nous qui sommes mauvais, nous savons pourtant donner de bonnes choses à nos enfants, combien plus notre Père céleste donnera-t-il l'Esprit-Saint, si nous le lui demandons avec insistance et persévérance.

«Au commencement des veilles nous frappons à ta porte, au milieu de la nuit nous cherchons ton visage et au matin nous te demandons l'Esprit, Père très Saint, au nom de ton Fils Jésus. Du haut du ciel, envoie un rayon de ta lumière dans nos esprits enténébrés, emplis nos cœurs de ton amour et fortifie nos corps fatigués de ta vigueur éternelle.

«Seigneur Jésus, tu nous as promis de prier le Père pour qu'il nous donne un autre Paraclet. Nous savons bien que tu continues aujourd'hui à intercéder en notre faveur, toi qui, au cours de ta vie terrestre, offris prières et supplications avec grand cri et larmes à Celui qui pouvait te sauver de la mort. Et tu fus exaucé en raison de ton obéissance. Nous voulons entrer dans ta prière au Père et la prolonger pour tous nos frères. Tu n'as pas seulement prié pour tes disciples, mais aussi pour tous ceux qui, grâce à leur parole, croiront en toi.

«Envoie-nous l'Esprit de vérité et qu'il enlève de nos cœurs le voile qui nous empêche de te voir présent en nous. Apprends-nous à reconnaître ton action dans la trame concrète de notre existence et à nous laisser faire par lui. Tu sais combien nous souffrons de la solitude, ne nous laisse pas orphelins mais viens à nous pour que nous puissions te voir vivant. Nous sommes des esprits sans intelligence et des cœurs lents à croire : ouvre nos intelligences pour qu'elles comprennent les Ecritures et brûle nos cœurs pour qu'ils te découvrent dans l'Eucharistie.

«Fais-nous comprendre que tu es en ton Père, tout en demeurant en chacun de nous. Apprends-nous à garder ta parole et à observer tes commandements afin de demeurer avec toi dans l'amour du Père. Montre-nous combien le Père nous aime en répandant son Esprit dans nos cœurs et en y faisant, avec toi, sa demeure. Introduis-nous dans cette immense circulation d'amour où tu ne fais qu'un avec le Père pour que nous parvenions à l'unité parfaite et que les hommes croient vraiment en toi, l'envoyé du Père.»

2

Viens en nous, Père des pauvres,
Viens, dispensateur des dons,
Viens, lumière des cœurs

Dans le cœur de l'homme, la prière ne jaillit pas au terme d'une réflexion, comme s'il s'agissait de penser à Dieu ou de raisonner sur lui pour en arriver à lui parler. La prière ne naît pas non plus du seul silence, comme s'il suffisait uniquement d'écarter les distractions pour se retrouver en prière. Ainsi il arrive à certains de demeurer tout le temps de l'oraison à lutter en vain contre la «folle du logis»: au terme de l'heure, ils sont bien obligés de constater qu'ils n'ont pas prié. D'autres disent: la prière est une affaire de volonté: il suffirait de dire au début de l'oraison: «Je veux» pour que la prière suive normalement la décision. Chaque fois que l'on s'égarerait, il y aurait lieu de revenir à l'acte de volonté initial. Sans mépriser le rôle de l'intelligence, de la volonté ou du silence, il faut creuser plus profond pour découvrir la source de la prière.

Il ne faudrait pas que l'énergie dépensée ou les techniques mises en œuvre au service de la prière nous dispensent de descendre vers le passage obligé où la prière peut jaillir en nous. Et ce passage nous conduit nécessairement à notre radicale pauvreté, au lieu du cœur où Dieu nous creuse et nous comble à la fois. Alors le cri de la prière peut jaillir de ces profondeurs jamais totalement explorées. En ce lieu, Dieu nous creuse en nous révélant notre misère ou notre soif de lui, et c'est alors le cri de supplication. Ou Dieu nous comble en faisant refluer vers nous tous les biens de la création ou de la recréation, et c'est alors le cri d'action de grâce ou de louange.

Quand le cri de la prière a ainsi déchiré notre cœur, nous pouvons retrouver l'intelligence, la volonté et l'affectivité, mais ces facultés ne sont plus alors coupées du centre de l'être, elles plongent leurs racines dans la source d'eau vive qui irrigue toute la personne, alors qu'elles demeuraient stériles, quand elles étaient coupées de leur source. Cela relève de la plus élémentaire philosophie où les facultés s'enracinent dans l'être. Nous pouvons alors revenir à la prière et au cri: celui-ci a besoin de l'intelligence pour essayer de comprendre la situation de l'homme devant Dieu, il a besoin de l'affectivité pour mettre en œuvre cette puissance d'aimer hors de laquelle il n'y a pas de prière, il a besoin enfin de la volonté pour durer dans la supplication. Le silence lui-même suivra nécessairement le cri et s'enroulera autour de lui alors que, recherché pour lui-meme, il crée une tension stérile et apparaît souvent comme impossible. Le cri est le chemin le plus court qui peut nous mener à la prière, toutes les autres voies sont souvent des chemins de traverse qui ne mènent nulle part.

1. Viens, Père des pauvres

Et c'est là que nous retrouvons l'appel à l'Esprit-Saint, le Père des pauvres. Il peut se trouver au bout d'une découverte de notre pauvreté ou il peut aussi en être à l'origine et à la source. Dans le premier cas, au terme d'une série de péripéties plus ou moins douloureuses, l'homme découvre qu'il ne peut plus compter sur lui-même pour s'approcher de Dieu et, au fur et à mesure qu'il avance, le terme de la sainteté semble s'éloigner de lui.

N'ayant plus rien à quoi se raccrocher, il ne peut plus que faire appel au Père des pauvres. Dans le second cas, la démarche est un peu différente : c'est le désir effectif de prier toujours qui creuse son cœur pour lui faire découvrir expérimentalement qu'il est incapable de prier et d'aimer. En général c'est l'expérience de l'impuissance qui mène à la prière continuelle à l'Esprit (1er cas), car celle-ci ne peut naître qu'à partir du cri arraché à notre détresse.

Il est bon d'explorer un peu plus les abîmes de notre misère si Dieu nous en fait la grâce et nous donne en même temps son amour miséricordieux pour contempler notre pauvreté à cette lumière. Seul Jésus peut nous connaître dans notre vérité ultime avec toutes nos duplicités et nos conditionnements, mais il est aussi le seul à nous aimer jusque là, en contemplant nos ténèbres à la lumière de sa Croix glorieuse qui fait éclater ma miséricorde. C'est alors seulement qu'on peut supplier le Père des pauvres de venir nous apporter la grande consolation de l'Esprit.

Quand nous parlons de découvrir notre pauvreté, nous ne pensons pas seulement à la pauvreté morale et à l'expérience quotidienne de notre faiblesse qui faisait dire à saint Paul : *Je ne fais pas le bien que je veux, et je fais le mal que je ne veux pas* (Rm 7,20), nous pensons aussi à cette misère ontologique, à cette carence d'être qui nous suspend à l'amour créateur de Dieu. Si Dieu nous crée à chaque instant, c'est parce qu'il aime ce «creux» de notre néant pour le combler du don de l'existence. Notre misère est une conséquence de cette autre misère congénitale d'être une pauvre créature, capable de faire des choses merveilleuses et aussi du pire, si j'ose ainsi m'exprimer !

Nous savons que le Curé d'Ars avait demandé à Dieu de lui faire connaître sa pauvre misère et dès qu'il l'a connue, il en a été si accablé qu'il a prié Dieu de diminuer sa peine car il ne pouvait y tenir. Ce sont ses propres paroles à Catherine Lassagne et au Frère Athanase, il a dit : «Je fus tellement effrayé de connaître ma misère que j'implorai aussitôt la grâce de l'oublier. Dieu m'a entendu, mais il m'a laissé assez de lumière sur mon néant pour me faire comprendre que je ne suis capable de rien» (D. Pézeril. *Pauvre et Saint Curé d'Ars*, pp. 60-61). Et il disait que cette humilité l'avait projeté dans l'amour: «Je n'ai d'autre ressource contre cette tentation de désespoir que de me jeter au pied du tabernacle, comme un petit chien au pied de son maître!»

Tous les saints ont ainsi expérimenté leur misère et plus ils s'approchaient de la sainteté de Dieu, plus ils pouvaient dire comme Isaïe, après sa vision dans le Temple: *Malheur à moi, je suis perdu! car je suis un homme aux lèvres impures, j'habite au sein d'un peuple aux lèvres impures, et mes yeux ont vu le Roi Yahvé Sabaot* (Is 6,5). A certains moments, on pourrait croire qu'en marchant vers la sainteté, l'homme pourra faire l'économie de cette expérience douloureuse car il deviendra plus saint. Il n'en est rien, car la blessure s'élargit dans la mesure même où l'amour de Dieu pénètre dans son cœur et ouvre de nouvelles blessures qui, au lieu d'être des blessures du péché, deviennent, au dire de saint Jean de la Croix, «des blessures d'amour (*Vive Flamme*, Str. 2).

On pourrait encore explorer et rechercher la dimension la plus profonde de cette pauvreté, mais il ne faut jamais le faire, sans fixer éperdument son regard sur l'amour miséricordieux de Dieu afin de pressentir combien notre misère séduit le cœur de Dieu. Sans aller jusqu'à l'expérience du Curé d'Ars, il est une découverte de notre misère qui est à notre portée car nous la faisons quotidiennement. Je pense en particulier à notre incapacité de prier et de vivre dans la supplication continuelle. Saint Paul ne manque pas de nous le faire remarquer: *L'Esprit vient en aide à notre faiblesse, car nous ne savons pas prier comme il faut* (Rm 8,26). En toute rigueur de termes, *nous ne savons pas ce qu'il faut demander pour prier comme il faut*. Il faudrait aussi ajouter que cette impossibilité ne vise pas seulement le contenu de la prière, mais le fait même de nous mettre en prière et de durer dans celle-ci. Qui a un peu l'expérience de la prière sait bien que l'impossibilité ne vient pas des causes extérieures: distractions, manque de temps ou de formation, etc., mais d'une incapacité plus profonde qui cherche ses racines dans le cœur. Il y a en nous comme deux niveaux: un plan géographique où l'Esprit gémit à cause de notre souffrance humaine et un plan géologique où il gémit parce que nous n'aimons pas Dieu. C'est jusque là qu'il faut descendre par le cri pour découvrir la source de notre prière.

Il y a aussi notre pauvreté morale qui se traduit par l'expérience douloureuse de notre incapacité à faire la volonté de Dieu et à observer ses commandements. Nous portons l'amour en nous comme une nostalgie et un désir que seul l'Esprit-Saint peut rendre effectif. Enfin il est un autre domaine où la pauvreté nous est encore plus difficile à supporter, surtout à une époque où les sciences humaines promettent l'équilibre psychologique et l'épanouissement à partir de différentes techniques. «Vivre à l'aise dans sa peau» devient un but auquel on sacrifie temps, argent et même confort, sans parler des cures qui exigent une véritable ascèse, semblable à celle proposée par les différentes écoles spirituelles.

Et il faut bien reconnaître que les résultats sont minces, que *le fond du cœur de l'homme est double et impénétrable* (Ps 64,6-7) et que personne n'est maître de ses profondeurs qui échappent aux lucidités les plus averties. Il y a aussi des dynamismes rebelles à toute bonne volonté, même si la liberté a le dernier mot. Personne n'est maître de lui comme de l'univers. Personne ne peut sonder le fond de l'homme, s'il n'est animé de l'Esprit de Dieu. Au terme d'un pareil effort de lucidité et de volonté pour parvenir à l'équilibre de la maturité, bien des hommes sont obligés de reconnaître comme Thérèse de l'Enfant-Jésus disait à Mère Mère Marie de Gonzague: «Me grandir c'est impossible, je dois me supporter telle que je suis» (M.A. p244) . «Qui donc parmi les hommes connaît ce qui est dans l'homme, sinon l'esprit de l'homme qui est en lui». (1 Cor 2,11) De même, aussi, tous les hommes qui cherchent à connaître Dieu par le seul effort de l'intelligence et de la volonté sont obligés d'admettre que leur connaissance de Dieu est pauvre, caduque et fragmentaire. Nous aurons toujours besoin de dire: «Viens lumière des cœurs»!

2. Viens, dispensateur des dons

C'est là que nous avons réellement besoin de recevoir les dons de l'Esprit-Saint pour sonder les profondeurs de Dieu et aussi les profondeurs du cœur de l'homme transformées par l'Esprit de Jésus Ressuscité: *L'Esprit sonde tout, même les profondeurs de Dieu... Pour nous, nous n'avons pas reçu l'esprit du monde, mais l'Esprit qui vient de Dieu, afin que nous connaissions le dons de la grâce de Dieu* (1 Cor 2,10 et 12). Nous n'aurons jamais fini d'implorer Dieu avec insistance et persévérance en disant: «Viens, dispensateur des dons!» étant bien entendu que le don suprême étant l'Esprit-Saint lui-même promis par le Christ, qui se «fragmente» en nous par les dons particuliers décrits par Isaïe et la théologie spirituelle (Jean de Saint-Thomas): *Sur lui reposera l'Esprit de Yahvé, esprit de sagesse et d'intelligence, esprit de conseil et de force, esprit de connaissance et de crainte de Yahvé* (Is 11,2).

Il est bon de se demander en quel sens vont jouer les dons du Saint-Esprit dans la prise de conscience de notre pauvreté. Ecartons d'emblée une fausse piste dans laquelle nous rêvons souvent de nous engager. Elle pourrait se définir ainsi: nous allons offrir notre faiblesse au Christ et il va la transformer en force. Dieu respecte trop notre liberté pour agir ainsi à coups de baguette magique et nous traiter de ce fait en irresponsables, d'autant plus que nous aurions vite fait de nous prévaloir de cette force acquise par la pure grâce de Dieu pour satisfaire notre orgueil, même spirituel.

Le Christ n'avait pas besoin de refuser la faiblesse pour être fort: pas plus que sa doctrine n'était sa doctrine, sa force n'était pas sa force, mais celle du Père, et il a voulu que cela soit manifesté par l'évidence de sa propre faiblesse durant la Passion: *Certes le Christ a été crucifié en raison de sa faiblesse, mais il est vivant par la puissance de Dieu. Et nous aussi, nous sommes faibles en lui, bien sûr, mais nous vivrons avec lui, par la puissance de Dieu* (2 Cor 13,4). Quiconque refuse d'être faible refuse la force de Dieu, selon la parole de Paul: *Quand je suis faible, c'est alors que je suis fort... Ma grâce te suffit: ma puissance donne toute sa mesure dans toute la faiblesse* (2 Cor 12,7-10).

Une question se pose alors à nous: voulons-nous être forts de notre propre force ou revêtus de la force d'en-haut qui soulève notre faiblesse, sans qu'elle cesse d'être une faiblesse et qui se manifeste comme telle par des chutes dont nous ne saurons jamais avec certitude, dans quelle mesure elles sont des fautes? Cette obscurité même doit être acceptée, car Jésus aurait pu dire aussi en tombant: «J'aurais dû mieux faire»... mais justement il ne voulait pas faire mieux. Ce n'est pas un encouragement à la paresse ou au laisser-aller, mais une vue réaliste de notre pauvreté transfigurée par la puissance de la résurrection. Un jour, quand toutes nos prétentions à réaliser notre sainteté par nous-mêmes seront épuisées et que nous serons nous-mêmes «épuisés», Dieu transformera notre faiblesse en force.

Pour l'instant, les dons du Saint-Esprit vont jouer à un autre niveau. Ils vont nous faire comprendre vitalement que notre pauvreté est notre vraie «richesse», face à l'Amour miséricordieux du Père. Naturellement, l'homme se détourne de cette pauvreté car il est attiré par la richesse et la splendeur de Dieu et c'est normal! Le don de science ne va pas seulement nous faire comprendre le néant des créatures, mais il va nous suggérer de savourer la douceur de n'être rien. Il nous le suggère mais ne nous l'impose pas: «Si tu veux»! Bien que ce soit une simple suggestion..., il vaut mieux peut-être ne pas trop lui tourner le dos car c'est le secret même de notre entrée dans la vie trinitaire.

Quelques jours avant de mourir, Thérèse de Lisieux conseillait à sa sœur Céline qui se désolait de ses faiblesses et de ses imperfections «d'aimer doucement sa misère» (C.J. 5-7-1 Dern Ent p237). C'est le sens de toute la spiritualité thérésienne que le Père Molinié o.p. définit ainsi en langage théologique! «Lorsque la charité instruit notre intelligence de ces choses "par mode de nuit et de saveur", on dit qu'elle fait jouer le don de science, qui ne nous révèle pas seulement la vérité du néant de la créature, mais le charme finalement trinitaire de ce néant». (Note de Retraite à l'abbaye de Ker Moussa). C'est le sens même de la parole du Christ à sainte Catherine de Sienne: «Fais-toi capacité, je me ferai torrent», ou «Je suis Celui qui est, tu es celle qui n'est pas!»

C'est la folie de Dieu qui se dévoile dans la folie de la Croix: le Christ se vide totalement de lui-même pour se laisser envahir par la Gloire de Dieu. C'est à prendre ou à laisser, sans quoi pas de vie mystique. Plus nous avancerons et plus nous nous distinguerons de Dieu. Il nous fait tous les dons et nous croyons qu'il nous aime à cause de ses cadeaux alors qu'il est séduit uniquement par notre misère. L'Esprit-Saint nous dévoile un secret étrange : l'art de rejoindre notre misère comme si elle était une perle précieuse, difficile à trouver et digne de la recherche la plus passionnée.

Nous avons besoin du don d'intelligence pour pressentir la sainteté de Dieu et du don de science pour goûter notre vérité en face de lui alors que le don de sagesse nous fait savourer la douceur des relations à l'intérieur de la Bienheureuse Trinité : *Qu'ils soient un comme nous sommes un* ! Notre tendance naturelle est évidemment de fuir cette misère, cette fuite n'impliquant d'ailleurs aucun effort constructif pour la guérir ou l'améliorer, mais simplement le refus obscur et farouche d'en prendre conscience, d'être affronté au spectacle d'une indigence dont la profondeur métaphysique dépasse tout ce que nous pouvons soupçonner.

3. Viens, Lumière des cœurs

Alors, quand nous prétendons devenir meilleurs, nous faisons inconsciemment beaucoup d'efforts pour dissimuler à tous les regards et d'abord au nôtre, à coup de «bonnes actions», combien nous sommes *mauvais*, selon l'expression du Christ (Lc 11,13). Le don de science nous suggère donc, en nous le faisant savourer délicatement, avec quelle tendresse Jésus «aime notre misère». Et le don de conseil nous invite à rejoindre cette misère, non pas dans la lucidité impitoyable et d'ailleurs vraie que nous suggère le démon (d'où vient peut-être la tentation de désespoir du Curé d'Ars), mais dans la lucidité plus profonde encore que le Saint-Esprit nous offre par mode de saveur en nous apprenant à découvrir avec stupeur dans cette misère l'arme absolue qui nous donne tout pouvoir sur le cœur de Dieu. C'est cette pauvreté qui séduit Dieu en nous et non pas les dons qu'il nous a déjà faits, ni aucun de ceux qu'il est prêt à déverser en avalanche sur cette misère qui l'attire — ce qui se comprend bien au fond si l'on songe qu'elle est la seule chose qu'il ne peut pas trouver en lui, la seule par conséquent qu'il peut aimer en dehors de lui.

C'est tout cela qui semble abstrait à dire que le Saint-Esprit nous suggère inénarrablement à travers les murmures des dons d'intelligence, de science et de conseil qui pourraient se résumer dans la crainte révérentielle et amoureuse de Dieu. Il nous restera à dire comment les dons de piété et de sagesse nous font goûter la vie d'amitié avec les trois personnes de la Sainte Trinité. Le don de force sera rattaché à la puissance de la résurrection qui se déploie dans le dynamisme de l'Esprit. Mais ces dons qui se rattachent davantage à la volonté et à l'affectivité (force, sagesse et piété) ne peuvent jouer que si l'intelligence est éclairée par les dons de science et de conseil.

Alors rejoindre notre misère, c'est rejoindre une région qui, selon qu'on la regarde seul ou à travers les pressentiments du don de science, est la source d'un désespoir absolu ou de la confiance la plus folle et la plus éperdue. Car, si le propre de Dieu est de trouver du charme à notre misère, le propre de la créature, c'est d'aimer d'abord Dieu, l'Etre, le Bien et toutes les perfections. Naturellement parlant, notre pauvreté est donc ce que nous trouvons de moins aimable au monde et finalement, nous ne l'aimons en nous et chez les autres, que dans la mesure où elle est déjà comblée.

Dieu seul peut nous aimer comme des êtres à combler, l'Esprit-Saint peut nous communiquer ce privilège de son amour, mais cela ne nous est absolument pas naturel. Alors seulement, on peut déployer sa misère sous son regard pour la lui offrir, comme on débride une plaie devant un médecin, on peut même rechercher la dimension la plus profonde de cette misère parce que c'est dans cette zone que Dieu nous donne rendez-vous et nous attend. Lorsque nous l'aurons trouvée, nous aurons trouvé du même coup sa miséricorde: c'est là qu'elle se cache et nulle part ailleurs. C'est l'Esprit-Saint qui nous introduit dans ce lieu de rendez-vous inconnu aux yeux du monde et où nous attend le cœur miséricordieux du Christ. Ce lieu est mystérieux et obscur, seul l'Esprit peut nous guider jusque dans ces profondeurs par le pressentiment d'une saveur inexprimable. Pour terminer, nous voudrions introduire les lecteurs à la prière par un texte de Jean de Fécamp: «Invocation à l'Esprit», on peut trouver ce texte dans *La tradition des prières de S. Anselme in Revue bénédictine*, (Maredsous 1924):

Invocation à l'Esprit (de Jean de Fécamp)

«Amour divin, ô lien sacré qui unis le Père tout-puissant et son bienheureux Fils, tout-puissant Esprit Paraclet, très doux consolateur des affligés, pénètre de ta souveraine vertu le tréfonds de mon cœur; que ta présence amie remplisse de joie, par l'éclat étincelant de ta lumière, toutes les retraites obscures de ma demeure à l'abandon, et viens féconder de la richesse de ta rosée tout ce qu'une longue sécheresse a flétri.

«Déchire, d'un trait de ton amour, le secret de mon être intérieur embrasé, en les pénétrant de ton feu salutaire, les moelles de mon cœur qui languit, et consume, en y projetant la flamme d'une sainte ardeur, toutes les profondeurs de mon esprit et de mon corps. Abreuve moi au torrent de ta joie, afin que plus rien ne me plaise des charmes empoisonnés du monde!

«Juge-moi, Séigneur, et sépare ma cause de celle des impies. Enseigne-moi à faire ta volonté, parce que tu es mon Dieu. Oui, je croi qu'en celui que tu habites, tu établis aussi le séjour du Père et du Fils. Bienheureux celui qui sera digne de t'avoir pour hôte, puisque par toi le Père et le Fils feront chez lui leur demeure.

«Viens donc, ô viens, consolateur très bon de l'âme qui souffre, son secours dans l'épreuve comme dans la facilité. Viens, toi qui purifies les souillures, toi qui guéris les plaies. Viens, force des faibles, soutien de ceux qui tombent. Viens docteur des humbles, vainqueur des orgueilleux. Viens, ô tendre Père des orphelins, juge des veuves plein de mansuétude. Viens, espérance des pauvres, réconfort de ceux qui défaillent. Viens, Etoile des navigateurs, port de ceux qui font naufrage. Viens, ô gloire insigne de tous les vivants, unique salut de ceux qui vont mourir.

«Viens, ô le plus saint des Esprits, viens et prends-moi en pitié. Rends-moi conforme à toi, et incline-toi jusqu'à moi avec bienveillance: pour que ma petitesse trouve grâce devant ta grandeur, mon impuissance devant ta force; selon ton immense miséricorde, par Jésus-Christ mon sauveur, qui vit en unité avec le Père et avec toi, et qui étant Dieu, règne dans tous les siècles des siècles. Amen!»

3

**Consolateur souverain,
Hôte très doux de l'âme,
Adoucissante fraîcheur**

1. Quelques précisions au sujet du mot

Il y a des mots que l'on n'ose plus employer tellement ils sont «piégés», on les a chargés d'un tel potentiel de mièvrerie ou de sentiments malsains qu'ils sont à la frontière du pathologique et du normal. A leur sujet, on subodore toujours des phénomènes de compensation ou d'immaturité. Ainsi il en va du mot «consolation» qui pour beaucoup, a des relents doloristes ou infantiles. Et cependant, on ne peut pas rayer d'un trait de plume une expression ou une réalité que le Christ lui-même a utilisée et qui est déjà présente dans l'Ancien Testament, même si on ne parle pas de «consolateur». Ainsi, pour définir sa mission dans la synagogue de Nazara, Jésus annonce qu'il a reçu un message de consolation pour le peuple. Et pour cela, il fait appel à un texte d'Isaïe :

L'Esprit du Seigneur est sur moi parce qu'il m'a conféré

l'onction, pour annoncer la bonne nouvelle aux pauvres. Il m'a envoyé proclamer aux captifs la libération et aux aveugles le retour à la vue, renvoyer les opprimés en liberté, proclamer une année d'accueil par le Seigneur (Lc 4,18-19. Is 61,1-3).

Yahvé s'était lui-même présenté comme Celui qui console son peuple: *C'est moi, je suis celui qui vous console, qui es-tu pour craindre l'homme mortel, le fils d'homme voué au sort de l'herbe* (Is 51,12). Naturellement, Jésus le Fils de Dieu aura pour mission de continuer le rôle de consolation accompli par son Père. Et quand il annoncera à ses disciples son départ, il évoquera immédiatement le rôle du Paraclet, le Consolateur qu'il va leur envoyer d'auprès du Père, pour les défendre.

Si les hommes d'aujourd'hui ont tant de peine à appeler Dieu, le Christ ou l'Esprit-Saint le Consolateur, ne serait-ce pas à cause d'un certain refus d'être sauvés par un Autre, de se reconnaître pécheurs et dans l'impossibilité d'en sortir par eux-mêmes. En d'autres termes, pour accepter d'être consolé, ne faut-il pas reconnaître que nous sommes des êtres blessés, gisant au bord de la route et attendant qu'un bon Samaritain veuille bien jeter sur nous un regard de miséricorde. C'est ainsi que Dieu se présente dans Ezéchiel: *Je chercherai la brebis qui est perdue, je ramènerai celle qui est égarée, je panserai celle qui est blessée, je fortifierai celle qui est malade* (Ez 34,16). Ainsi au lieu de nous braquer sur le mot «consolation», en disant qu'il ne passe plus, ne vaudrait-il pas mieux essayer de comprendre la réalité qu'il recouvre et qui est la nôtre, que nous le voulions ou non, si nous reconnaissons le Christ comme Sauveur.

On pourrait aussi faire appel à toute la tradition spirituelle qui a fait usage de ce mot pour approcher le mystère de notre relation à l'Esprit dans les questions délicates du discernement. Ainsi saint Ignace évoquera la «consolation sans cause préalable» (Ex. 330). Et pour couper court à toute interprétation erronée, il la définira selon trois critères:

«J'appelle consolation quand dans l'âme est excité quelque mouvement intérieur qui fait que l'âme commence à brûler de l'amour de son Créateur et Seigneur; et par suite, quand l'âme ne peut plus aimer aucune créature sur la face de la terre en elle-même, mais dans le Créateur de toutes choses. De même quand elle verse des larmes qui meuvent à l'amour de son Seigneur, que ce soit par douleur de ses péchés, ou pour la Passion du Christ notre Seigneur ou de toutes autres choses directement ordonnées au Service et Louange. Enfin j'appelle consolation toute augmentation de foi, d'espérance et de charité, toute joie intérieure qui appelle et attire aux choses célestes et au propre salut de son âme, donnant à l'âme le repos et la pacifiant dans son Créateur et Seigneur» (Ex. 316).

En examinant de près ce texte, il est intéressant de notre combien saint Ignace évite de parler de la consolation comme d'un état passif où l'homme subirait sans être mis en mouvement, même si celui-ci est provoqué par Dieu. De même, il n'enferme jamais la consolation dans les seuls sentiments ou les pures émotions qui ébranlent les puissances pour la seule jouissance de la personne. La consolation «entre, sort, donne, produit ou attire», c'est une motion qui définit l'action divine, qui augmente la foi, l'espérance ou la charité. Ce qui revient à dire que le propre même de la consolation est de donner amour, joie et paix à un être pour l'aider à sortir de lui et à se livrer au Créateur ou aux autres. Toute consolation qui replierait un être sur lui-même ne viendrait pas du bon esprit, car l'arbre doit toujours être jugé à ses fruits.

Une fois écartées les fausses conceptions ou les contrefaçons de la consolation, nous pouvons peut-être regarder comment le Christ présente à ses Apôtres, dans les chapitres 14 et 16 de saint Jean, la venue de l'Esprit consolateur. C'est lui qui désormais va permettre aux disciples de tenir bon au milieu des épreuves et des tribulations. Il va assurer une nouvelle présence du Christ ressuscité qui instaure avec ses apôtres des relations autres.

2. La «consolation» d'une autre Présence

Il faudrait relire ici les chapitres 14 à 17 de l'Evangile de saint Jean pour comprendre l'échange intense des relations qui s'établissent entre Jésus et ses apôtres. Avec sa simple intelligence d'homme, sans parler de la conscience divine qu'il a de sa fin, Jésus voit bien qu'il marche vers la mort. Il l'a dit clairement dans la parabole des Vignerons homicides. En un geste ultime, accompli dans la sérénité, il a livré aux siens son Corps brisé dans le pain rompu et son sang versé dans le vin répandu. A l'agonie, il vivra ce don dans l'angoisse, préférant la volonté du Père à la sienne. C'est entre deux que se place le discours après la Cène où Jésus évoque le trouble que va provoquer dans le cœur de ses disciples son exode à Jérusalem : *Que votre cœur ne se trouble pas, vous croyez en Dieu, croyez aussi en moi* (Jn 14,1).

Entre Jésus et les siens se sont noués des liens profonds qui s'expriment dans les échanges journaliers : *Je ne vous appelle plus serviteurs mais amis parce que tout ce que j'ai entendu de mon Père, je vous l'ai fait connaître* (Jn 15,15). Ces liens sont beaucoup plus profonds que ceux de l'amitié humaine car Jésus les a introduits dans son dialogue d'intimité avec le Père. Il ne leur parle plus d'une manière énigmatique mais il leur communique ouvertement tout ce qui concerne le Père (Jn 16,25). On comprend que les apôtres aient été fascinés par le rayonnement intense qui émanait de la personne de Jésus parce qu'ils soupçonnaient le secret de sa relation au Père.

Il en va ainsi des êtres que nous aimons et qui rayonnent la sainteté et la douceur. Dès que nous apprenons leur existence menacée, nous tremblons aussi bien pour eux que pour nous, car nous mesurons le vide que leur départ eventuel creusera. Jésus devine bien les sentiments de tristesse qui habitent le cœur des siens au moment où il va les quitter. C'est pourquoi il évoque le temps où il était avec eux et celui où il leur sera enlevé : *Je ne l'avais pas dit dès le début car j'étais avec vous. Mais maintenant je vais à Celui qui m'a envoyé et aucun d'entre vous ne pose la question : «Où vas-tu»*? *Mais parce que je vous ai dit cela, l'affliction a rempli votre cœur* (Jn 16,4-6). Il connaît la souffrance de ses apôtres car il la vit du dedans d'une manière encore plus profonde qu'eux, il est seul à savoir la place qu'il tient dans leur existence : *En vérité, en vérité, je vous le dis,*

*vous allez gémir et vous lamenter tandis que le monde se ré-
jouira; vous serez affligés mais votre affliction se tournera en
joie* (Jn 16,20).

Progressivement, Jésus va habituer ses disciples à une autre
présence: *Encore un peu et vous ne m'aurez plus sous les yeux
et puis encore un peu et vous me verrez* (Jn 16,19). Le Christ va
donc les initier à des rapports nouveaux avec lui, à une intimité
spirituelle, à celle précisément qu'il convient d'avoir avec le Fils
de Dieu. Il ne suffira plus de le voir avec les yeux de la chair
pour le reconnaître, il faudra un regard illuminé par l'Esprit-
Saint pour déceler sa présence mystérieuse au cœur de leur vie.

Bien plus, Jésus va montrer à ses disciples que cette nouvelle
présence dans l'Esprit est conditionnée par son départ. Ils
étaient tellement habitués à lui qu'ils risquaient de ne plus le
voir, surtout de ne plus rechercher le mystère de sa présence
dans la foi. «Un être nous manque et tout est dépeuplé» (La-
martine). Un être nous manque et tout est repeuplé, oserait-on
dire! Une fois absent, ils seront obligés de le chercher, non plus
dans des liens matériels de proximité physique, mais dans les
liens spirituels. Il ne sera plus à côté d'eux, mais il sera vivant
en eux: *Il vous est bon que je m'en aille; en effet, si je ne pars
pas, le Paraclet ne viendra pas à vous; si au contraire, je pars,
je vous l'enverrai* (Jn 16,7). Ainsi l'envoi de l'Esprit est condi-
tionné par le départ de Jésus.

Et c'est toujours la même parole de consolation de Jésus: *Je
prierai le Père, qui vous donnera un autre Consolateur pour
être à jamais avec vous: l'Esprit de vérité, que le monde ne peut
recevoir, parce qu'il ne le voit ni ne le connaît. Mais vous, vous
le connaîtrez, parce qu'il demeurera chez vous et qu'il sera en
vous. Je ne vous laisserai pas orphelins, je vous reviendrai* (Jn
14,16-18). Dans les relations nouvelles, «l'essentiel est invisible
aux yeux», on ne voit bien qu'avec le cœur car la présence de
Jésus est intérieure, il n'est plus à côté de ses disciples et ils ne
doivent pas le retenir car il demeure en eux.

De cette promesse de Jésus, il ressort nettement que la présence de l'Esprit au cœur ne viendra pas seulement remplacer
sa présence personnelle, mais bien la rendre, la renouveler au

plus intime : *Je viendrai à vous... Je serai avec vous, parce que je vivrai et vous vivrez...* Une telle présence est préférable à celle que les apôtres ont connu jusqu'ici, c'est pourquoi il est bon que Jésus parte.

Saint Athanase remarque qu'en tout l'Ancien Testament, il n'est point fait mention du Saint-Esprit sous le nom de Consolateur. La raison en est exprimée dans ces paroles du Seigneur : *Si je ne m'en vais point, le Consolateur ne viendra point à vous; mais si je m'en vais, je vous l'enverrai.* Il fallait que le Verbe incarné entrât dans la Gloire avant que d'envoyer le Saint-Esprit comme Consolateur.

Il en va de la présence de Jésus comme de la présence des êtres qui nous ont quittés, nous ne devons plus les chercher dans le passé, ni dans la forme où nous les avons connus car ils ne sont plus là, nous devons les chercher en avant dans le Christ Ressuscité. Leur présence est purement intérieure. Jadis ils ne savaient pas tout de nous, leur amour devait traverser l'opacité de notre corps, désormais ils nous voient dans la transparence et nous aiment tels que nous sommes.

3. Hôte très doux du cœur

Une telle présence du Christ Ressuscité dans notre cœur est l'œuvre du Saint-Esprit Paraclet, qui demeure en nous (Jn 14,17). Le monde est incapable de le voir et de l'accueillir mais nous, nous le connaissons par le doux murmure de sa présence en nous. A partir du moment où il habite dans notre cœur, nous connaissons que Jésus est en nous, tout en demeurant dans le Père : *En ce jour-là, vous connaîtrez que je suis en mon Père et que vous êtes en moi et moi en vous* (Jn 14,20). C'est dans cette lumière qu'il faut relire le chapitre 15 de saint Jean : *Demeurez en moi comme je demeure en vous* (v. 4). *Comme le Père m'a aimé, moi aussi je vous ai aimés: demeurez dans mon amour* (v. 8).

Quand Jésus dit : *Le Père vous donnera un autre Paraclet* (Jn 14,16), il emprunte le mot au vocabulaire juridique. Le

«Paraclet» désigne celui qui est appelé auprès d'un accusé pour l'aider et le défendre: c'est l'avocat, l'auxiliaire, le défenseur. C'est à partir de là qu'on voit apparaître le sens de Consolateur et d'intercesseur. Chez saint Jean, le mot «Paraclet» désigne tantôt le Christ et tantôt l'Esprit, puisque ce dernier rend Jésus intérieurement présent à l'homme. Mais son rôle est le même: il apporte le réconfort à celui qui est écrasé par l'épreuve.

C'est lui qui exhorte le chrétien à tenir bon au milieu des épreuves et des tribulations, surtout au moment de la persécution. Il les aide dans le vaste procès que le monde et Satan poursuit contre eux. Quand l'Eglise primitive grandit et vit dans la paix, Luc dit qu'elle est comblée de la consolation de l'Esprit (Act 9,31). De même quand Pierre et Jean reviennent d'avoir comparu devant le Sanhédrin, la communauté se met en prière. On ne demande pas que la persécution cesse, mais la force d'annoncer la Parole avec assurance, et surtout on supplie Dieu d'opérer des signes et des prodiges par le Nom de Jésus: *Tandis qu'ils priaient l'endroit où ils se trouvaient réunis trembla; tous alors furent remplis du Saint-Esprit et se mirent à annoncer la Parole de Dieu avec assurance* (Act 4,31).

Il est un autre domaine plus intérieur où l'Esprit-Saint nous fait éprouver son rôle de Consolateur, c'est dans l'épreuve et la tentation, au moment où nous sommes blessés et sans force au bord de la route. Il manifeste alors son action par le rayonnement de sa présence au plus intime du cœur. Il lui suffit d'être là pour que nous soyons comme envahis par sa douceur et sa paix. En ce sens, il n'enlève pas les tentations et les épreuves, comme il ne supprime pas la persécution, mais il nous fait comprendre qu'elles entrent dans le dessein d'amour du Père, en nous apprenant à ne pas nous raidir contre elles. Ainsi quand la communauté prie dans la persécution: *Oui, ils se sont vraiment assemblés en cette ville... contre Jésus, ton saint serviteur, que tu avais oint. Ils ont ainsi réalisé tous les desseins que ta main et ta volonté avaient établis* (Act 4,27-28). Le Consolateur brise la dureté de notre cœur et l'attendrit par sa douceur de telle sorte qu'il devienne liquide et se laisse envahir par l'amour crucifiant de Dieu c'est lui qui nous fait goûter l'onction qu'il y a dans la Croix.

Ainsi nous n'avons pas à craindre de tomber dans ces contrefaçons de la consolation que nous avons évoquées au début et qui risqueraient de nous infantiliser. C'est la présence même de l'Esprit qui nous console en faisant croître dans notre cœur l'amour du Seigneur et en nous donnant de le goûter et de l'expérimenter. On retrouve ici ce que saint Ignace dit de la consolation qui est un accroissement de foi, d'espérance et de charité. De même, l'Esprit agit comme consolateur quand il donne à l'homme les larmes de la componction «pour ses péchés ou pour la Passion du Christ»: *Heureux ceux qui pleurent car ils seront consolés* (Mt 5,5). Ils recevront la consolation définitive (Lc 2,25) qui seule les délivrera de leur affliction. Un Jésuite mystique du XVIIe siècle, le P. Lallemant a bien approché le rôle consolateur de l'Esprit dans la vie spirituelle:

«Le Saint-Esprit nous console particulièrement en trois choses. Premièrement dans l'incertitude de notre salut qui est terrible... Nous ne pouvons mériter la persévérance finale, si la direction et la protection de Dieu nous manquent... C'est cette incertitude qui fait trembler les saints; mais dans cette peine le Saint-Esprit nous console; étant l'Esprit d'adoption des enfants de Dieu, et, comme dit saint Paul, le gage et l'assurance de l'héritage céleste. Quand on a reçu le gage, et qu'on a eu quelque connaissance expérimentale de Dieu, il est assez rare qu'on vienne à se perdre. Le Saint-Esprit rend aux âmes ferventes et fidèles un témoignage intérieur de ce qu'elles sont à Dieu et de ce que Dieu leur est; et ce témoignage bannit leur crainte et fait leur consolation.

«Secondement, le Saint-Esprit nous console dans les tentations de démon, et dans les epreuves et les afflictions de cette vie. L'onction qu'il répand dans les âmes les anime, les foritfie, les aide à remporter la victoire: elle adoucit leurs peines et leur fait trouver des délices dans les croix.

«Troisièmement, le Saint-Esprit nous console dans l'exil où nous vivons ici-bas, éloignés de Dieu. Ce qui cause aux âmes saintes un tourment inconcevable; car ces pauvres âmes sentent en elles ce vide comme infini, que nous avons en nous, et que toutes les créatures ne peuvent remplir, qui ne peut être rempli que par la jouissance de Dieu: tandis qu'elles en sont séparées, elles languissent et souffrent un long martyre, qui leur serait insupportable, sans les consolations que le Saint-Esprit leur donne de temps en temps. Toutes celles qui viennent des créatures ne servent qu'à augmenter le poids de leurs misères. J'ose bien assurer, dit Richard de Saint-Victor, qu'une seule goutte de ces divines consolations peut faire tout ce que tous les plaisirs du monde ne sauraient faire. Ceux-ci ne peuvent rassasier le cœur; et une seule goutte de la douceur intérieure que le Saint-Esprit verse dans l'âme, la ravit hors d'elle, et lui cause une sainte ivresse». (Louis Lallemant. S.J. *Doctrine spirituelle*. Collection Christus. Textes n° 3. D.D.B. Int. et Notes de F. Courel, S.J. 1959, pp. 183-184).

Pour nous aider dans la prière, nous pourrions reprendre une oraison de nos frères d'Orient qui ouvre toutes leurs célébrations liturgiques:

«O Roi Céleste Consolateur, Esprit de vérité.
Toi qui es partout présent et qui emplis tout,
Trésor de biens et Donateur de vie,
Viens et demeure en nous,
Purifie-nous de toutes souillures et emplis nos âmes,
Toi qui es Bonté.»

Et une très belle prière de Sainte Alphonse de Ligori, pour demander les grâces du Saint-Esprit:

«O Esprit-Saint, divin Paraclet, Père des pauvres, Consolateur des affligés, Sanctificateur des âmes, me voici prosterné en votre présence, je vous adore avec la plus profonde soumission, et je répète mille fois avec les séraphins qui se tiennent devant votre trône: Saint, Saint, Saint!

«Je crois fermement que vous êtes éternel, consubstantiel au Père et au Fils. J'espère que, par votre bonté, vous sanctifierez et sauverez mon âme. Je vous aime, ô Dieu d'amour! Je vous aime plus que toutes les choses de ce monde; je vous aime de toutes mes affections, parce que vous êtes une bonté infinie qui mérite seule toutes les amours. Et puisque, insensible à toutes vos inspirations saintes, j'ai eu l'ingratitude de vous offenser par tant de péchés, je vous en demande mille pardons et je regrette souverainement de vous avoir déplu, ô Bien suprême! Je vous offre mon cœur, tout froid qu'il est, et je vous supplie d'y faire entrer un rayon de votre lumière et une étincelle de votre feu, pour fondre la glace si dure de mes iniquités.

«Vous qui avez rempli d'immenses grâces l'âme de Marie et enflammé d'un saint Zèle le cœur des apôtres, daignez aussi embraser mon cœur de votre amour. Vous êtes un esprit divin, fortifiez-moi contre les mauvais esprits; Vous êtes un feu, allumez en moi le feu de votre amour; Vous êtes une lumière, éclairez-moi en me faisant connaître les choses éternelles; Vous êtes une colombe, donnez-moi des mœurs pures; Vous êtes un souffle plein de douceur, dissipez les orages que soulèvent en moi les passions; Vous êtes une langue, enseignez-moi la manière de vous louer sans cesse; Vous êtes une nuée, couvrez-moi de l'ombre de votre protection; enfin, Vous êtes l'Auteur de tous les dons célestes: Ah! je vous en conjure, vivifiez-moi par la grâce, sanctifiez-moi par votre charité, gouvernez-moi par votre sagesse, adoptez-moi pour votre enfant par votre bonté, et sauvez-moi par votre infinie miséricorde, afin que je ne cesse jamais de vous bénir, de vous louer, et de vous aimer, d'abord sur la terre pendant ma vie, et ensuite dans le ciel durant toute l'éternité.»

(*Œuvres ascétiques, Saint Alphonse de Ligori*, par le P. Dujardin, vol. IV, Casterman, édit 1886).

4

Dans le labeur, le repos,
Dans la fièvre, la fraîcheur,
Dans les pleurs, le réconfort.

J'ai l'intention maintenant de m'adresser à ces hommes dont la générosité vacille et qui connaissent l'épreuve de la fatigue, du doute ou de l'ennui. Ils se reconnaîtront sûrement dans la parole d'Elie, assis sous un genêt et souhaitant la mort : *C'en est assez maintenant, Yahvé! Prends ma vie, car je ne suis pas meilleur que mes pères* (1 Rois 19,4). Qui d'entre nous n'a pas un jour prononcé ces paroles ou du moins des mots semblables lorsqu'il a été affronté à l'échec ou au rejet de ses frères? C'est alors que la fièvre des tentations s'empare de nous, en faisant miroiter à nos yeux les mirages trompeurs d'une eau apparemment désaltérante mais coulant d'une source empoisonnée. Heureux ceux qui savent alors pleurer, même des larmes très grossières, car ils sont sur la voie du repentir et s'ils acceptent de crier vers Dieu, ils pourront recevoir la Consolation de l'Esprit.

Parlant du moine qui expérimente l'épreuve de l'acédie, saint Macaire dit que les tentations et les épreuves de toutes sortes l'amènent au bord de l'abîme où il est «à deux doigts» de cul-buter. Heureusement, ajoute-t-il, le Dieu Ami des hommes le prenant en pitié, vient à son secours par la force de son Esprit, et lui donne de franchir l'abîme. Dans la Bible, on retrouve le même thème, celui d'être sauvé «à moins cinq», lorsqu'Isaïe évoque les prodiges de Dieu pour son peuple. Les Israélites remercient Dieu d'avoir dosé le châtiment. Pour les païens et les Egyptiens, la «tasse» a été totale. Les Hébreux aussi ont été châtiés, mais jusqu'à la limite de ce qu'ils pouvaient supporter: c'était «à moins cinq»! Et souvent, nous demandons à Dieu au cours des oraisons de Carême: «Fais-nous la grâce de respirer au milieu de ces épreuves.»

Lorsqu'un homme est ainsi affronté à l'épreuve de la fatigue et du découragement, il ne peut que crier vers Dieu: *Dans mon angoisse, j'invoquai Yahvé, vers mon Dieu, je lançai mon cri, il entendit de son temple ma voix et mon cri parvint à ses oreilles* (Ps 18,7). Ce n'est pas le moment de chercher pourquoi on en est là, si c'est par notre faute ou non: la solution n'est pas en arrière mais en avant, dans la supplication. Ensuite l'Esprit-Saint nous fera découvrir les causes de cet état et nous verrons clairement ce qu'il ne faut plus faire. L'important est d'avancer là où l'on est.

1. Vous qui peinez sous le poids du fardeau

Mais demandons-nous d'abord à quel genre de fatigue l'Esprit-Saint peut apporter le repos? Et pour cela, interrogeons l'évangile dans un texte fondamental où Jésus annonce qu'il va apporter le repos à ceux qui peinent sous le poids du fardeau. Si l'Esprit-Saint continue aujourd'hui parmi nous l'œuvre du Christ, il y a des chances que ce soit à cette fatigue-là qu'il va apporter le repos: *Venez à moi, vous tous qui peinez sous le poids du fardeau, et moi je vous donnerai le repos. Prenez sur vous mon joug et mettez-vous à mon école car je suis doux et humble de cœur, et vous trouverez le repos de vos âmes. Oui, mon joug est facile à porter et mon fardeau léger* (Mt 11,28-30).

Dans le Judaïsme, l'image du joug désigne couramment la Loi de Dieu écrite ou orale (Si 6,24-30... 51,26-27). Ce joug n'est pas ressenti toujours comme pesant ou blessant, il peut même être source de joie. Ici Jésus oppose son interprétation libératrice de la Loi au légalisme juif car, en même temps qu'une Loi renouvelée, Jésus apporte aux hommes la joie du Royaume. Il suffit de lire le Sermon sur la montagne qui baigne dans une atmosphère de joie: Heureux les pauvres, heureux les doux, heureux les miséricordieux, etc.

Et cependant Jésus dit que la loi est un lourd fardeau qui pèse sur les épaules de ses disciples, au point de les écraser. Il faudrait relire ici les chapitres 5 et 6 de Matthieu où Jésus énonce la loi nouvelle et à ce sujet il explique le rôle de Loi (celle de Moïse bien sûr): *N'allez pas croire que je sois venu abolir la Loi et les prophètes: je ne suis pas venu abroger, mais accomplir* (Mt 5,17). Cela, on s'en doutait bien, mais Jésus va s'attacher à montrer toutes les profondeurs de la Loi et par là notre incapacité à la pratiquer. Dans la nouvelle alliance, on ne peut plus se contenter des actes extérieurs d'obéissance, il faut descendre jusqu'aux profondeurs du cœur: *C'est de l'intérieur, c'est du cœur des hommes que sortent les intentions mauvaises... Tout ce mal sort de l'intérieur et rend l'homme impur* (Mc 7,20-23). C'est donc de l'intérieur vers l'extérieur que l'homme se sanctifie, par la puissance transformante de l'amour.

Relisez le Sermon sur la montagne et vous verrez que ce n'est pas facile du tout à pratiquer: *Quiconque regarde une femme avec convoitise a déjà, dans son cœur, commis l'adultère* (Mt 5,28). *Quand vous parlez, dites «oui» ou «non»: tout le reste vient du Malin* (5,37). *A qui te gifle sur la joue droite, tends aussi l'autre* (5,39). *Aimez vos ennemis et priez pour ceux qui vous persécutent, afin d'être vraiment les fils de votre Père qui est aux cieux* (5,44-45). Essayez sincèrement de pratiquer cela, non pas seulement dans la tête ou dans les bonnes intentions, mais au ras de la vie, et vous verrez que ce n'est pas difficile, mais impossible.

C'est ce que Paul explique quand il nous dit que la Loi est

impossible à observer. Il ne s'agit pas de la loi de crainte mais de la loi d'amour telle que Dieu l'a donnée à Moïse dans le Deutéronome (6,5). Quand Paul oppose la loi et la grâce, il s'agit de cette loi d'amour: *La loi, c'est un autre régime que celui de la foi* (Gal 3,12). La loi est bonne, dit Paul, mais elle ne sert à rien parce que nous ne la pratiquons pas: Dieu a enfermé toutes choses dans la désobéissance (Gal ch. 3 et 4). C'est pourquoi nous avons besoin d'un Sauveur qui nous donne la grâce d'aimer Dieu et donc de pratiquer la loi. C'est par la foi au Christ ressuscité que la grâce nous est donnée.

C'est là qu'il faut savoir calculer la dépense: reconnaître que nous sommes malades et avons besoin d'un médecin. La loi d'amour reste dans notre cœur comme une nostalgie qui nous poursuit mais nous sommes incapables d'en faire une réalité. Consultons le juge intérieur qui est en nous. Nous sentons bien que nous n'aimons pas Dieu et le prochain: cette nostalgie est enfermée dans notre cœur comme dans une prison. Nous sommes enfermés dans la désobéissance. C'est une prison dont nous ne sortirons pas à notre gré: la porte est fermée à nos cœurs parce qu'ils sont durs, raides et tordus. Acceptons de le reconnaître et de recevoir le salut que Dieu nous offre, non le salut illusoire d'une générosité naturelle condamnée d'avance au désespoir, parce que ce chemin nous est fermé comme le paradis terrestre lui-même.

Et cependant il faut pratiquer la morale et il faut obéir à la loi pour découvrir que c'est impossible. C'est à notre portée de le désirer mais ce n'est pas à notre portée de le réaliser. Tout le paradoxe de la foi chrétienne tient en cette double affirmation: la loi est impossible à pratiquer et il faut la pratiquer quand même. On désirerait aimer Dieu de tout son cœur et on découvre en soi des forces d'égoïsme, d'agressivité et de cupidité qui nous empêchent de vivre à tous moments dans un état de totale oblativité. Vous comprenez peut-être maintenant pourquoi le Christ dit: «Venez à moi, vous tous qui êtes fatigués»... d'essayer de pratiquer la loi sans y parvenir. Le but de cet effort est de découvrir expérimentalement qu'on est enfermé dans la désobéissance.

2. L'amour de Dieu a été répandu dans nos cœurs par l'Esprit-Saint (Rm 5,5)

Voilà la situation incommode dans laquelle se trouve le croyant : il ne peut pas renoncer un instant à obéir à la Loi et en même temps il se sait incapable d'obéir. On pourrait envisager ce dilemme sous un autre angle. Dans l'évangile, Jésus ne cesse de répéter aux apôtres qu'ils ne peuvent pas être ses disciples et le suivre sans renoncer à eux-mêmes : *« Si quelqu'un veut venir à ma suite, qu'il renonce à lui-même et prenne sa croix et qu'il me suive »* (Mt 16,24). Et voilà que l'homme se découvre incapable de se renoncer et d'aimer Dieu à la pleine mesure de sa vocation. Normalement, il ne pourra pas éviter un conflit et un jour ou l'autre il sera obligé de se poser le problème de l'espérance et de la confiance.

Ou plutôt, il aura à traverser la tentation du désespoir parce qu'il se sent incapable de donner à Dieu tout ce qu'il lui demande. Nous avons tous à passer par là et l'homme qui n'a pas été tenté en ce domaine ne sait rien. Il n'y a qu'une tentation : celle du désespoir, le reste, permettez-moi de vous le dire, ce sont des plaisanteries, à moins d'être la Sainte Vierge ! Il faudra faire confiance à Dieu comme Abraham qui *espéra contre toute espérance*. L'homme majeur dans la foi est celui qui a connu cette tentation et l'a traversée : c'est elle qui forge un chrétien et le fait entrer dans l'âge adulte. Je vous mets tout de suite en garde contre tous les systèmes qui esquivent ces tentations et qui par là, rendent inutiles la confiance : il n'y a pas de péché, Dieu n'en demande pas tant ou les œuvres sont inutiles. Alors on s'endort dans une sécurité hypnotique et on ne crie plus vers Dieu.

Saint Paul, le premier, a été affronté à cette tentation. Rappelez-vous ce qu'il dit de son incapacité à obéir à la Loi (Rm 7,20). Et il a donné la seule réponse valable à ceux qui sont tentés contre l'espérance. Seul l'Esprit-Saint, c'est-à-dire l'amour de Dieu (la grâce) peut venir nous guérir. Deux textes empruntés aux Romains et aux Galates (les deux Lettres qui

49

touchent aux problèmes du rapport entre la Loi et la foi) vont nous mettre sur la piste:

Bien plus, nous mettons notre orgueil dans nos détresses, sachant que la détresse produit la persévérance, la persévérance la fidélité éprouvée, la fidélité éprouvée l'espérance, et l'espérance ne déçoit pas, car l'amour de Dieu a été répandu dans nos cœurs par l'Esprit-Saint qui nous a été donné (Rm 5,5).

Quant à nous, c'est par l'Esprit-Saint, en vertu de la foi, que nous attendons fermement que se réalise ce que la justification nous fait espérer car, pour celui qui est en Jésus-Christ, ni la circoncision ni l'incirconcision ne sont efficaces, mais la foi agissant par l'amour (Gal 5,5-6).

Il faut bien comprendre la pensée de Paul. Il ne nie pas un seul instant la nécessité des œuvres puisque la foi doit agir par l'amour, mais l'homme doit compter uniquement sur la puissance de l'Esprit-Saint qui agit en lui et lui donne de réaliser par un Autre ce qu'il ne peut pas par ses propres forces. C'est la foi en la puissance de l'amour qui est le dynamisme de l'observation de la loi dans la vie chrétienne. C'est justement ce que Luther n'a pas compris jusqu'au bout lorsqu'il a interprété saint Paul. Il a dit: *La foi seule nous sauve*, il aurait dû dire «la foi agissant par l'amour. Dans la tradition spirituelle, il y a une sainte qui a merveilleusement compris et réalisé cela, c'est Thérèse de l'Enfant-Jésus qui arrivera aux mêmes conclusions que Paul, nous allons le voir. Luther est resté à un millimètre, Thérèse est allée jusqu'au bout. Ce qui fera dire à nos frères de Taizé: «Thérèse, c'est Luther qui a réussi».

Thérèse a l'intention de s'adresser à ses novices dont la générosité vacille, et qui cependant veulent se renoncer. Elle sait bien que sur ce point, on ne peut pas tricher avec l'évangile: ce serait le trahir. Que va-t-elle dire à ceux qui ne peuvent pas y arriver? Essayez quand même, mais il ne s'agit pas de réussir ou de ne pas réussir. La frontière de Thérèse est tracée entre ceux qui essaient et ceux qui n'essaient pas, et qui s'arrangent pour être tranquilles. Les premiers connaîtront la tentation contre l'espérance et ce sera leur salut. C'est par là qu'ils vont être acculés à crier au secours et à recevoir une réponse magnifique, mais s'ils se détournent de cette tentation (les seconds), ils se détourneront en même temps de ce qui va leur donner le salut et la sainteté.

Comment cette tentation va-t-elle jouer ? Oui, soutenez votre effort et plus vous ferez effort, plus vous serez désespéré. La première solution est de supprimer l'effort et alors c'est la tranquillité. Il y a une autre solution que Thérèse propose : « Soutenez votre effort, faites-vous petit, humble comme un enfant, regardez le cœur de Dieu et espérez de son amour la grâce de l'aimer et par conséquent la grâce de renoncer à ce qui n'est pas Dieu ». Thérèse ne renonce jamais à l'équation : aimer Dieu égale se renoncer à soi-même.

Soyez assez fou pour espérer d'obtenir ce que vous ne parvenez pas à réaliser par vous-mêmes. C'est une gymnastique que Thérèse a décrite à travers une image saisissante dont elle s'est servie pour une novice, sœur Marie de la Trinité, qui connaissait une tentation contre l'espérance car Thérèse était exigeante. (Vie thérésienne Janv. 79 n° 73. Marie de la Trinité, l'amie d'une Sainte. Lever son petit pied (29) p. 64. Rester petite (20) p. 65). La novice se décourageait et Thérèse lui disait : « Vous ressemblez à un petit enfant qui veut monter un escalier. Alors l'enfant lève son pied dans l'espoir de franchir quelques marches et en réalité, il n'arrive même pas à franchir une seule marche. » Thérèse accepte la situation de départ : pas une marche, mais il lève son pied.

Aux yeux d'un homme réaliste, c'est absurde. Il ne faut plus tenter de monter, il n'y a plus qu'à s'occuper d'autre chose, mais pas essayer d'aimer Dieu. Thérèse dit : « Si vous avez la foi, sachez qu'au haut de l'escalier, Dieu vous regarde avec amour et il attend. Et quand il aura estimé que vous serez mûr, à point — et c'est ici le paradoxe — car cet effort apparemment inutile produit un résultat : celui d'épuiser nos prétentions, notre dureté (c'est le sens de « macérer » cf. les macérations des saints) pour que votre cœur devienne malléable et tendre. La vieille littérature monastique parlera de l'acédie, cette espèce d'amertume ou d'acide que le moine éprouve et qui doit normalement attendrir la dureté de son cœur, s'il l'accepte avec humilité. C'est comme si l'on faisait macérer des cornichons dans du vinaigre pour les rendre mangeables. Alors Dieu viendra vous chercher et vous mènera au haut de l'escalier». Voilà la doctrine de Thérèse qui s'adresse à ceux qui sont tentés contre l'espérance et qui n'essaient aucune autre solution. Vous avez essayé de lutter contre une tentation lourde et vous n'avez abouti à rien. Que vous reste-t-il à faire? Continuez, mais en essayant de croire et d'espérer que l'amour miséricordieux vous attend au bout de ces efforts difficiles et qu'il viendra vous chercher.

Faites cela et Dieu vous donnera la grâce de l'Amour et à mesure que celui-ci grandira, grandira en vous le détachement et l'esprit de sacrifice. Et ceci est encore sa doctrine (c'est exactement celle de saint Paul dite d'une autre façon): on n'arrive pas à l'amour par l'esprit de sacrifice, mais on arrive à l'esprit de sacrifice par l'amour, et comment arrive-ton à l'Amour? Par la confiance. Elle le dit elle-même dans les Manuscrits: «C'est par la confiance et rien que par la confiance qu'on arrive à l'amour.» Ici tout le secret, c'est d'avoir confiance dans l'amour de Dieu.

3. Etre des mendiants de la grâce

On pourrait résumer la doctrine de saint Paul et de Thérèse par deux petites expressions et, selon qu'on les distingue ou les mélange, on arrive au résultat contraire: «Je ne peux pas» et «Je ne veux pas». Devant ce paradoxe d'une loi impossible à pratiquer il y a la tentation de dire: «Je ne peux pas» et cela enveloppe deux vérités. Toute l'astuce du démon, c'est de les mêler et de mettre entre deux une conjonction: «Je ne peux pas donc je ne veux pas».

Si nous ne pouvons pas, Thérèse répond: «Si les âmes les plus imparfaites comprenaient cela (sa doctrine), elles n'auraient plus peur.» *Ce qui est impossible aux hommes est possible à Dieu* (Mt 19,26), car il est infini et tout puissant et pour nous le prouver, il nous envoie Jésus et le Saint-Esprit, comme il l'a fait pour le P. Kolbe et sainte Thérèse de l'Enfant-Jésus.

Mais si nous ne voulons pas, alors nous sommes libres, personne ne peut nous contraindre, même nos déterminismes. C'est le jugement de Dieu qui est un feu dévorant et qui ne peut rien, sans le consentement de notre liberté. Mais si nous lui disons «oui» et si nous lui demandons en même temps la puissance de l'Esprit, il ne peut pas nous la refuser.

Celui qui comprend que la confiance obtient tout peut commencer à bâtir sur le roc. Celui qui ne le comprend pas bâtit sur le sable. Ceux qui veulent être généreux sans connaître l'humiliation d'être des mendiants de la grâce seront condamnés au nom de cette générosité même, car ils ne la pratiquent pas: ils croient la pratiquer ou dépensent une énergie folle pour se convaincre qu'ils la pratiquent, mais ce n'est pas vrai, ils ne le peuvent pas. C'est pourquoi ceux qui veulent être des «gens bien», soit dans l'ancien style soit dans le nouveau, connaissent ou connaîtront des ruines brutales, ou des découragements redoutables: ils ne bâtissent pas sur le roc mais sur le sable...

La générosité naturelle, c'est du sable: tout ce qu'on construit là-dessus est rapidement lézardé, miné et voué à la ruine. Le sol sur lequel nous devons construire, c'est la fondation dont le nom est Jésus-Christ. En d'autres termes, il faut prendre le bon train! Le train de la générosité est beau, séduisant, attirant, il part tout de suite comme une flèche, malheureusement il n'arrive nulle part. Le train du Saint-Esprit (ou de la grâce) est pauvre, misérable, cahotant et poussif. Il est petit comme un grain de sénevé, une mesure de levain, il démarre lentement et difficilement, mais il est le seul à arriver au but qui est le Royaume des cieux.

Il faut reconnaître cette situation-là pour être chrétien: seul le Christ peut nous délivrer de notre impuissance. C'est là qu'intervient une conception encore insuffisante du mystère du Sauveur du Saint-Esprit et de la grâce. Certains diront: pour aimer Dieu, nous avons besoin d'un Sauveur et de sa grâce, mais nous savons que ce Sauveur nous a été donné et que nous sommes libérés. Il n'y a qu'à aimer Dieu avec cette innocence retrouvée; grâce au Sang du Christ. C'est vrai, mais nous avons besoin d'une application de la Rédemption à notre propre cas. Cette application n'est pas chose faite.

Pour la faire, Dieu nous demande d'y collaborer par mode de connaissance et d'aveu actif de la gratuité de la grâce. Et la seule manière de collaborer à la grâce, c'est de la demander : *Demandez et vous recevrez, cherchez et vous trouverez, frappez et l'on vous ouvrira* (Lc 11,9). Il faut toujours prier et ne jamais se lasser. C'est la parabole de l'ami importun où Dieu se compare lui-même à quelqu'un qui n'a pas envie de donner ce dont l'autre a besoin, mais qui finit par se lasser de l'entendre toujours implorer. Pour avoir la paix, il se décide alors à lui donner ce qu'il demande. «Dieu veut être prié, dit saint Alphonse de Ligori, il veut être vaincu par une certaine importunité!»

C'est la seule manière pour nous de recevoir un don comme gratuit. C'est l'affaire de Dieu qui s'attendrit (Rm 9,16) et la première condition pour que Dieu s'attendrisse, c'est de lui demander. On ne demande pas ce à quoi on a droit : on l'exige. Si nous avons à le demander, c'est parce que nous n'y avons pas droit. Nous avons besoin de l'Esprit-Saint pour faire face à l'épreuve qui nous attend demain et il faut le demander chaque jour car l'Esprit doit venir d'en-haut :

Prière à l'Esprit-Saint pour demander la grâce (du Cardinal Newman).

«Mon Dieu, éternel Paraclet, je vous reconnais comme l'auteur de ce don immense par lequel seul nous sommes sauvés, l'amour surnaturel. L'homme est par nature aveugle et dur de cœur en toutes matières spirituelles; comment pourrait-il gagner le ciel? C'est par la flamme de votre grâce qui le consume pour le renouveler, et pour le rendre capable de jouir de ce pour quoi, sans Vous, il n'aurait aucun goût. C'est Vous, ô tout-puissant Paraclet, qui avez été et qui êtes la force, la vigueur et l'endurance du martyr au milieu de ses tourments... Par vous, nous nous réveillons de la mort du péché, pour échanger l'idolâtrie de la créature contre le pur amour du Créateur. Par vous, nous faisons des actes de foi, d'espérance, de charité, de contrition. Par Vous, nous vivons dans l'atmosphère de la terre, à l'obri de son infection. Par vous, nous pouvons nous consacrer au saint ministère et y remplir nos redoutables engagements. Par le feu que vous avez allumé en nous, nous prions, nous méditons et nous faisons pénitence. Nos âmes, si vous les quittiez, ne pourraient pas vivre davantage que ne feraient nos corps si le soleil s'était éteint.

«Mon très saint Seigneur et Sanctificateur, tout bien qui existe en moi est à Vous. Sans vous, je serais pire et pire encore avec les années et je tendrais à devenir un démon. Si je diffère du monde en quelque manière, c'est parce que Vous m'avez choisi et tiré du monde et que vous avez allumé l'amour de Dieu dans mon cœur. Si je diffère de vos saints, c'est parce que je ne demande pas assez ardemment votre grâce, ni une grâce assez grande et parce que je ne profite pas diligemment de celle que vous m'avez donnée. Augmentez en moi cette grâce de l'amour, malgré toute mon indignité.

«Elle est plus précieuse que tout au monde. Je l'accepte en place de tout ce que le monde peut me donner. Oh! donnez-la moi! elle est ma vie» (Newman: *Méditations et Prières*, traduites par Marie-Agnès Pératé, Lecoffre-Gabalda, Paris 1934. Sermons).

5

O Lumière bienheureuse,
Pénètre au plus profond
Le cœur de tes fidèles

Nous sommes ici au centre de la vie spirituelle, car tout revient finalement, dans nos existences chrétiennes, à découvrir la volonté de Dieu et à l'accomplir. La prière elle-même n'a de sens que si elle nous amène à dire effectivement : *Que ta volonté soit faite sur la terre comme au ciel* Jésus lui-même nous a prévenu que l'abandon à la volonté du Père était subordonné à la prière : *Il ne suffit pas de me dire : Seigneur, Seigneur ! pour entrer dans le Royaume des cieux ; il faut faire la volonté de mon Père qui est aux cieux* (Mt 7,21).

Mais s'il nous est facile de discerner cette volonté divine à travers les commandements et à travers les préceptes de l'Eglise, nous doutons souvent de pouvoir déceler ce que Dieu attend de nous, en particulier dans notre situation présente. Cependant, ce serait ne pas croire en Dieu et en sa Providence ou au Christ Ressuscité qui nous a promis l'Esprit de vérité, que de les penser capables de nous abandonner à nous-mêmes dans le détail de nos vies. C'est ici qu'intervient la lumière bienheureuse de l'Esprit qui parle au cœur des fidèles dans le discernement des esprits.

Or la situation s'est considérablement modifiée depuis une dizaine d'années. En effet la Renouveau a fait prendre conscience aux chrétiens de la place centrale de l'Esprit au cœur de leur prière et de leur vie. Il faut grandement s'en réjouir et en rendre grâce à Dieu, surtout à une époque où l'intériorité spirituelle avait été reléguée au second plan au profit des sciences humaines. Mais il faut aussi demeurer vigilants et exercer à cet égard la fonction de discernement pour ne pas donner foi à n'importe quel esprit.

En ce domaine, nous oscillons sans cesse entre deux attitudes opposées. La première consiste à croire que nous sommes en prise directe avec le Saint-Esprit et qu'il suffit de l'interroger sur toutes les questions obscures et à tous moments pour obtenir une réponse opératoire. Parlant de deux jeunes de ce style, rencontrés à Lourdes, un évêque me disait : « Ils me font l'impression d'avoir un téléphone rouge avec le Saint-Esprit ! » A l'opposé, il y a ceux qui se conduisent uniquement d'après leur jugement humain ou le sentiment commun de ceux avec qui ils vivent. Pour eux, le discernement est un travail de l'intelligence, fait personnellement ou en communauté, mais d'un côté comme de l'autre, on en reste sur un mode de pensée notionnel ou intellectuel, comme si le discernement était un effort de l'intelligence pour bien étudier la question et en venir à la conclusion qui s'impose par un travail purement rationnel. Dans ce cas-là, on élimine l'essentiel qui est précisément l'Esprit-Saint, même si on l'a mis au début par une prière ou à la fin par un remerciement : entre les deux, c'est l'intelligence qui a raisonné. Dans un cas comme dans l'autre, on est passé à côté du vrai discernement en évitant de descendre au plus profond du cœur, là où se déroule le vrai travail de l'Esprit.

1. Pénètre au plus profond du cœur

« La plupart des religieux, même bons et vertueux, dit le P.

Lallemant, ne suivent dans leur conduite particulière et dans celle des autres que la raison et le bon sens: en quoi plusieurs d'entre eux excellent» (*Doct. Spir.* ouvragé cité, p. 180). La raison en est très simple, c'est qu'ils ignorent les profondeurs de leur cœur habité par l'Esprit-Saint. Comme dit Bernanos, ils ont toujours utilisé la surface de leur âme, ne soupçonnant même pas qu'ils marchaient sur des profondeurs encore inexplorées. Ce n'est pas toujours de leur faute puisqu'ils ignorent l'existence de cette zone mystérieuse. Un jour viendra où, à force de supplier, ils creuseront les zones intermédiaires pour se laisser illuminer par la lumière cachée au fond de leur cœur:

«Le Saint-Esprit attend pendant quelque temps qu'ils entrent dans leur intérieur, et qu'y remarquant les opérations de la grâce et celles de la nature, ils se disposent à suivre sa conduite» (P. Lallemant. *Doct. Spir.* p. 180).

A partir du moment où un chrétien a vraiment perçu les mouvements de l'Esprit en lui, il a franchi une grande étape dans la vie spirituelle car il a décrypté la Parole personnelle que Dieu lui adressait et il est arraché à l'anonymat d'une vie impersonnelle. Le rôle du Père spirituel est d'être à l'affût de ce moment dans la vie de celui qui recourt à lui, afin de l'aider à authentifier cette parole et à y répondre: «Mais s'ils abusent du temps et de la faveur qu'il (Dieu) leur offre, il les abandonne à la fin à eux-mêmes et les laisse dans cette obscurité et cette ignorance de leur intérieur» (P. Lallemant. *Doctr. Spir.* p. 180).

L'homme comprend alors que Dieu ne l'abandonne pas à ses propres lumières pour la conduite de sa vie, mais il cesse aussi de croire à un rapport direct avec l'Esprit qui ne lui laisserait aucune marge de manœuvre. Dans le domaine du discernement spirituel, il n'y a pas d'étoile polaire qui indique directement la route mais la question du guidage n'est pas cependant insoluble: il y a des constellations qui se déplacent dans l'univers spirituel et qui permettent d'avancer dans la paix et la joie.

Nous voudrions faire appel ici à celui que nous considérons comme le «technicien» du discernement, saint Ignace de Loyola, dans le chapitre III de son *Autobiographie* (Livre de vie, n° 27). Il est déjà converti depuis des années, mais il commence à peine à se rendre compte de l'alternance des mouvements de tristesse ou de joie qu'il éprouve dans son cœur. Il prie beaucoup (Sept heures par jour) et sa prière est vraiment une supplication: «il commence à pousser des cris vers Dieu» (*Aut.* p. 69). Il faut bien noter cela car l'homme n'atteindra jamais son cœur profond sans la supplication intense et prolongée, avec une seule parole.

Ignace traverse alors une crise de scrupule «avec des dégoûts de la vie qu'il mène et de violents désirs de l'abandonner» (*Aut.* p. 72). C'est alors que se produit l'événement qui lui ouvre les yeux sur les mouvements de l'Esprit en lui: «Et c'est alors que le Seigneur voulut qu'il s'éveillât comme d'un rêve. Et comme il possédait déjà quelque expérience de la diversité des esprits, grâce aux leçons que Dieu lui avait données, il se mit à examiner par quel moyen cet esprit lui était venu et il se détermina ainsi avec une grande clarté à ne plus confesser aucune de ses fautes passées. A partir de ce jour-là, il demeura libéré de ses scrupules, tenant pour certain que Notre-Seigneur avait voulu le délivrer par sa miséricorde» (*Autob.* p. 71).

Il est intéressant de noter les paroles d'Ignace rapportées par Gonçalves de Camara: «Il s'éveilla comme d'un rêve!». Ainsi quand l'Esprit-Saint veut révéler à un homme ce qu'il fait dans sa vie, il l'invite à quitter le domaine de l'imaginaire pour le ramener au contact de sa vie réelle. C'est toujours là, dans le réel quotidien, qu'il agit. De même, lorsque nous nous posons des «problèmes» dans notre vie, la première réaction est de dire: «Il faut réfléchir et penser», c'est alors une fuite inconsciente dans l'imaginaire, le lieu privilégié où sévit le prince des ténèbres. Tandis que la prière est toujours retour au réel, là où l'Esprit agit de concert avec nous.

Dans la même ligne, il faudrait relire ici le *Journal spirituel* d'Ignace où les questions lui sont posées par les événements, les doutes que lui soumettent ses fils ou leurs expériences apostoliques, par exemple la question des revenus pour les maisons de l'ordre: «La méthode dont il usait quand il rédigeait les Constitutions était de dire chaque jour la messe, de présenter à

Dieu le point précis dont il s'occupait et de faire oraison à ce sujet. C'est toujours avec des larmes qu'il faisait oraison et disait sa messe» (*Autob.* p. 164).

Avec Ignace cherchant la volonté de Dieu, on est loin d'un homme qui a un «téléphone direct avec le Saint-Esprit». Etant donné sa docilité à Dieu, ses sept heures d'oraison quotidienne, on pourrait supposer que Dieu l'enseigne directement. Il n'en est rien. Ignace n'est pas dispensé de chercher la volonté de Dieu par une prière instante. Il n'est pas question de prier davantage, mais autrement. Nous disions plus haut qu'il est un «technicien» du discernement, ajoutons maintenant qu'avant, il a été au sens noble du terme, un «bricoleur» qui a mis au point une série de règles simples et apparemment naïves pour acheminer l'homme à trouver la volonté de Dieu.

En lisant le *Journal spirituel*, on peut se rendre compte combien il a peiné, sué et même pleuré pour découvrir ce que Dieu attendait de lui aujourd'hui. Tantôt il cherchait dans un sens et quand la route semblait barrée, il se dirigeait dans une autre direction, jusqu'à ce qu'il ait trouvé la volonté de Dieu par l'expérience des consolations. A la limite, peu importe le résultat escompté ou les conclusions du discernement, l'essentiel est dans l'expérience et la recherche qui transforme le cœur et le rend disponible pour accueillir ce que Dieu attend de lui. Il faut être plus attentif au mouvement profond de purification du cœur dans la prière qu'à la décision à prendre. Habituellement, celle-ci vient au moment où nous nous y attendons le moins, comme un don gratuit de Dieu.

Cette purification du cœur consiste essentiellement à se rendre disponible, c'est-à-dire, devant un choix à faire, de se refuser à préférer tel ou tel membre de l'alternative, d'abandonner tout préjugé qui empêcherait Dieu de nous faire savoir dans quel sens il veut que nous nous engagions. Mais à nouveau se pose une question : comment se rendre disponible si on ne l'est pas ? Disons très brièvement qu'il est d'abord nécessaire de marquer un temps d'arrêt au lieu de se livrer à la première impulsion, ensuite de prendre du recul par rapport à soi-même, de douter de son propre jugement, de se mettre enfin sous le regard de Dieu pour découvrir en nous les résistances à la totale disponibilité et pour les vaincre par la prière et la pénitence.

2. Chercher et Trouver

A la racine de cette attitude, il y a la prise de conscience que l'Esprit-Saint habite notre cœur et ne cesse d'y agir pour nous révéler les volontés du Seigneur qui ne sont plus seulement gravées sur des tables de pierre, mais dans nos cœurs de chair (2 Cor 3,3). Il faut donc se laisser guider par l'Esprit du Christ Ressuscité qui habite en nous (Rm 8,9 et 11): *Marchez sous l'impulsion de l'Esprit et vous n'accomplirez pas ce que la chair désire* (Gal 5,16). Sans cet acte de foi vive en la présence agissante de l'Esprit en nous, il ne peut y avoir de discernement spirituel. Et avant de mettre en œuvre les moyens et les techniques, il faut toujours en revenir à la foi en Dieu agissant en nous par son Esprit.

C'est pour cela que la prière commence, poursuit et achève l'œuvre du discernement. Il est dit du Père de Clorivière que: «Dès sa jeunesse religieuse, il s'était mis sous là dépendance étroite du Saint-Esprit, ne décidant rien sans le consulter, ne commençant rien sans l'invoquer, ne poursuivant rien et n'achevant rien sans le lui consacrer». De même, le P. Lallemant dira aux Tertiaires qu'ils doivent: «Demander sans cesse cette lumière et cette force du Saint-Esprit pour accomplir les volontés de Dieu, se lier au Saint-Esprit et se tenir attachés à lui, comme saint Paul qui disait aux prêtres d'Ephèse: Etant lié par le Saint-Esprit, je m'en vais à Jérusalem» (*Doctr. Spir.* p. 172).

En cela, le P. Lallemant ne fait que s'inspirer de saint Ignace. En lisant son *Journal*, on est frappé par le climat intense de prière qui baigne toutes ses démarches de discernement. Dans son Introduction, le Père Giuliani a bien fixé le cadre de cette prière: «Le soir, avant de se coucher, il faisait chercher le missel et, dans sa chambre, lisait plusieurs fois la messe et la préparait tout entière... Il nous dit lui-même qu'il se couche en pensant à la messe du lendemain. Le matin, il se livre à une première oraison qu'il nomme «oraison habituelle», il la fait souvent même avant de se lever, car sa santé est à l'époque fort mauvaise et il lui arrive d'éprouver cette pesanteur et ce vide qui ne permettent guère à l'esprit de se fixer.

«Avant l'heure de la messe, seconde oraison préparatoire au cours de laquelle, il aime méditer sur les prières de la messe du jour..., puis, nouvelle oraison durant qu'il revêt les ornements... Nous savons ensuite que sa messe dure une heure ou davantage. Il choisit des messes qui s'accordent à sa prière ou à la grâce qu'il recherche: messe de la Vierge, de la Trinité, du Saint-Esprit, du Nom de Jésus. Puis son action de grâce se prolonge fort longtemps: deux heures disent les témoins. Revenu dans sa chambre, il aime encore rester seul avec les questions qui l'agitent: réflexion ou prière. Il est bien difficile de distinguer quand l'âme est aussi pleine de Dieu. En hiver, c'est au coin du feu qu'il poursuit ce dernier temps de silence pendant lequel nul n'a encore le droit de le déranger.

«Au reste, quand le seul à seul avec Dieu cède le pas aux conversation ou aux affaires, ce n'en est pas fini de l'oraison: Ignace retombe à tout instant en prière, comme par le poids naturel de l'âme, le dialogue se poursuit dans la maison, dehors, au cours des visites reçues ou rendues. L'oraison prend alors la forme du souvenir: en se rappelant les grâces du matin, Ignace éprouve une nouvelle dévotion» (Introduction, p. 11 et suivantes).

La prière pénètre vraiment toute sa vie et assume toutes les rencontres, les fatigues et les tentations. Elle devient une vie intérieure à sa propre vie. A force de supplier, il traverse toutes les zones intermédiaires de son être et atteint la source qui s'alimente aux profondeurs les plus secrètes du cœur. Cette source n'est rien d'autre que la présence de l'Esprit en lui, mais il faut d'abord qu'elle soit repérée et dégagée pour transfigurer ensuite tous les instants de sa destinée humaine.

Ignace sait bien que ce travail du discernement n'est pas son œuvre: Dieu seul peut lui donner la lumière désirée en temps voulu. Néanmoins, c'est à lui à s'offrir, à chercher et à se disposer dans la prière. Il insiste sur l'acte d'initiative personnelle qu'il lui faut tout d'abord accomplir: «demandant à qui me recommander», «réfléchissant par où commencer». Il se dispose à accueillir Dieu et son action. Autant il marque sa volonté de «commencer», autant n'aura-t-il jamais la prétention de finir: ce n'est pas son effort, mais l'Esprit-Saint qui se termine à la personne du Christ et à la Sainte Trinité.

Ainsi le discernement est la mise en œuvre de la conjonction entre la liberté et la grâce. Il dépend de l'homme de chercher et de creuser son cœur par tous les moyens qui sont en son pouvoir, Dieu seul lui fait trouver sa grâce, en se révélant à son heure. Les lumières de Dieu et les décisions que nous avons à prendre doivent toujours être reçues. Mais il serait malhonnête de les attendre sans avoir supplié. En une phrase très concise, saint Ignace va montrer la part de travail qui revient à l'homme, tout en respectant la liberté de Dieu: «Il me parut que c'etait la volonté de Dieu que je fasse effort pour chercher et trouver, et je ne trouvais pas, et cependant il me semblait bon de chercher et il n'était pas en mon pouvoir de trouver». Après il est inondé de l'affluence des connaissances.

Il faut aussi remarquer l'influence des médiateurs dans la prière d'Ignace. Il se recommande au Christ, à la Vierge et aux saints car il sait bien que l'homme ne va pas directement à la Sainte Trinité, sans passer par des intermédiaires qui intercèdent pour lui. A certains moments, il reconnaît que le ciel ne répond pas à sa demande, parfois même il se fâche à cause des circonstances extérieures — le bruit dans la maison qui l'empêche de prier —, il lui faut alors revenir sur ses pas afin de purifier sa requête et de prendre ses distances vis-à-vis d'elle. Puis à un moment donné, il met un point final à sa recherche. Peu importe que la solution est promise au succès, cela n'a pas d'importance et la question n'est pas là. La question est de savoir si à ce moment là, Dieu lui inspire de faire ce choix.

A la limite, il importe peu qu'il soit exaucé eu non, l'essentiel est d'avoir prié en faisant la volonté de Dieu. Dans notre expérience du discernement, nous n'obtiendrons pas toujours la réponse à nos questions, mais la joie d'avoir prié sera peut-être la première confirmation de ce que Dieu veut nous donner avant toute autre reponse: «Ne dis pas, après avoir longtemps persévéré dans la prière, que tu n'es arrivé à rien; car tu as déjà obtenu un résultat. Quel plus grand bien, en effet, que de s'attacher au Seigneur et de persévérer sans relâche dans cette union avec lui» (Saint Jean Climaque. *L'Echelle*, 28° Degré, 32).

3. Une disposition du cœur à écouter l'Esprit

Si on relit de près l'*Autobiographie* ou le *Journal spirituel*, on se rend compte qu'Ignace était sans cesse en état de discernement. Il n'attendait pas que des questions se posent à lui pour essayer de les résoudre dans la prière, mais sa prière était une interrogation continuelle pour discerner la volonté de Dieu à son endroit. Ce qui revient à dire que le discernement suppose une expérience, non seulement au moment même où la décision doit être prise, mais à longueur de vie et de temps. C'est dire que le spirituel doit développer en lui une attitude d'écoute et de docilité à l'Esprit-Saint.

En ce sens, le discernement suppose une expérience et une maturité spirituelle qui n'est pas à la portée des débutants. Ceux-ci doivent d'abord vivre et apprendre à être attentifs au patient et long travail de l'Esprit en eux. Cela suppose un étalage dans le temps avec des successions de moments de prière et de dialogue. Ici la prière étant fondamentale pour purifier le cœur et nous habituer à découvrir ce que l'Esprit-Saint fait en nous. Le discernement n'est possible qu'à ceux qui vivent habituellement dans la prière. Et il ne s'agit pas de n'importe quelle prière, nous le verrons dans l'article suivant, mais d'une prière qui nous apprend à contempler l'action de l'Esprit en nous afin d'y collaborer.

De ce fait, je suis toujours prudent quand quelqu'un me dit: «Je vais faire une retraite pour voir clair, puis je prendrai une décision et j'y serai fidèle!» Le monde du discernement est plus complexe que cela et on ne manipule pas les êtres à volonté, pour obtenir une élection à tout prix. Ce n'est pas une question d'âge ou de culture mais de maturité spirituelle qui fait qu'un être accepte sans cesse de se remettre en question dans la prière. Ainsi dans notre vie, il faut être plus attentif au mouvement profond de purification du cœur et à la pédagogie à garder dans la conduite profonde de sa vie qu'à la décision précise.

Pour être capable de discerner dans la vie ce que Dieu attend de nous, il faut qu'une certaine unité, à la fois humaine et spirituelle, soit réalisée, non pas une unité intellectuelle mais une unité de vie, c'est-à-dire une unification profonde de l'être affectif et de sa puissance de relation avec Dieu et avec les autres. C'est ce que le P. Lallemant appelle la docilité à la conduite du Saint-Esprit en nous :

«Quand une âme s'est abandonnée à la conduite du Saint-Esprit, il élève peu à peu et la gouverne. Au commencemment, elle ne sait où elle va, mais peu à peu la lumière intérieure l'éclaire et lui fait voir toutes ses actions et le gouvernement de Dieu en ses actions, de sorte qu'elle n'a presque autre chose à faire que de laisser faire à Dieu en elle, et par celle, ce qu'il lui plaît; ainsi elle s'avance merveilleusement» (Doct. Spir. p. 171).

Ainsi le discernement spirituel est l'œuvre de toute une vie. Il vise à former en nous un cœur qui reconnaît l'action de l'Esprit-Saint par un certain instinct accordé aux mœurs de Dieu. Avec humour, les spirituels disent ici que «le nez peut nous rendre de grands services» (P. Pousset. S.J.) car il développe en nous un flair qui nous permet de suivre Dieu à la trace dans notre vie. La prochaine fois, nous regarderons comment une certaine forme de prière, appelée par saint Ignace «l'examen de conscience», nous permet de repérer le grand travail que Dieu opère en nous, souvent à notre insu. A la fin de sa vie, Ignace pouvait dire que «Dieu le traitait de la même manière qu'un maître d'école traite un enfant, à savoir : en l'enseignant» (*Autob*. pp. 72-73).

«Je vais vous révéler un secret de sainteté et de bonheur : Si tous les jours pendant cinq minutes vous savez faire taire votre imagination, fermer vos yeux aux choses sensibles et vos oreilles à tous les bruits de la terre pour rentrer en vous-mêmes, et là, dans le sanctuaire de votre âme baptisée, qui est le Temple du Saint-Esprit, parler à ce divin Esprit, lui disant:

«O Esprit-Saint, âme de son âme, je vous adore, éclairez-moi, guidez-moi, fortifiez-moi, consolez-moi; dites-moi ce que je dois faire, donnez-moi vos ordres; je vous promets de me soumettre à tout ce que vous désirez de moi et d'accepter tout ce que vous permettrez qui m'arrive, faites-moi seulement connaître votre volonté».

«Si vous faites cela, votre vie s'écoulera heureuse, sereine et consolée, même au milieu des peines, car la grâce sera proportionnée à l'épreuve, vous donnant la force de la porter, et vous arriverez à la porte du Paradis chargé de mérites. Cette soumission au Saint-Esprit est le secret de la sainteté» (Cardinal Mercier; *La vie intérieure, Retraite prêchée à ses prêtres*, Action catholique, Bruxelles et Beauchesne, édit. Paris 1923).

Et du Cardinal Verdier:

«O Esprit-Saint, Amour du Père et du Fils, inspirez-moi toujours ce que je dois penser, ce que je dois dire, comment je dois le dire, ce que je dois taire, ce que je dois écrire, comment je dois agir, ce que je dois faire pour procurer votre gloire, le bien des âmes et ma propre sanctification. O Jésus, toute ma confiance est en vous.»

6

Viens, Esprit créateur, nous visiter;
Viens éclairer l'âme de tes fils,
Emplis nos cœurs de grâce et de lumière,
Toi qui créas toutes choses avec amour.

1. Sentir les traces de l'Esprit en nous

Nous venons de voir que le discernement au moment des grands choix de notre existence ne s'improvise pas, mais qu'il suppose une attitude d'attention au travail que l'Esprit opère en nous tout au long de la vie. Disons que le discernement spirituel est l'œuvre d'un cœur qui reconnaît l'action de l'Esprit par un instinct. Quand Paul fait une prière pour les chrétiens de Philippes, il demande que leur *charité croissant toujours de plus en plus, s'épanche en cette vraie science et ce tact affiné qui leur donnera de discerner le meilleur* (Phil 1,9-10). Ainsi le discernement apparaît comme un sens qui s'éxerce, se développe et s'affine dans l'amour. Paul parle d'un «tact», c'est-à-dire d'un «toucher» qui permet de reconnaître la nature des choses en les palpant.

On retrouve la même attitude en saint Jean qui parle d'une onction au lieu d'un toucher, à deux reprises: *L'onction du Saint-Esprit vous enseignera toutes choses..., il n'est pas besoin qu'on vous enseigne parce que l'onction du Saint-Esprit vous enseignera tout* (1 Jn 2,20 et 27). Nous sommes ici à l'origine d'une certaine manière de concevoir l'être spirituel dans son union profonde qui discerne les réalités de l'Esprit comme l'être corporel le fait avec les sens. De la même manière, il faut qu'un être se soit développé dans la vie de l'Esprit pour devenir capable de discerner. Ce n'est pas l'œuvre d'une raison qui réfléchit ou discute, ni d'une volonté qui décide, mais d'un sens spirituel qui reconnaît l'action de l'Esprit, en repérant ses traces.

De ce fait, c'est l'homme tout entier, dans ses profondeurs les plus charnelles, qui est saisi par la lumière de l'Esprit qui l'investit progressivement jusque dans son intelligence et son affectivité. Il n'a pas d'effort à faire pour dire ceci ou choisir cela, mais il sent les choses en les accueillant. Ainsi il n'y a aucune coupure entre cet Esprit créateur qui fait exister l'homme dans son identité propre et l'Esprit qui emplit son cœur de grâce et de lumière pour le faire marcher dans les voies de Dieu: «L'Esprit crée toutes choses avec amour» (1° Str. du Veni Creator).

Mais cet instinct qui nous fait suivre à la trave l'action de Dieu dans notre vie n'est pas inné, même s'il nous est donné en germe au baptême. Il a besoin de croître et de s'affiner dans la prière. Comme tout ce qui est en nous à l'état de germe, il doit s'exercer pour devenir une habitude (au sens noble du terme philosophique «habitus»). Paul demande aux chrétiens d'être attentifs à ce que fait l'Esprit dans leur vie: *N'éteignez pas l'Esprit..., mais vérifiez tout: ce qui est bon, retenez-le; gardez-vous de toute espèce de mal* (1 Thes 5,19-22).

Au fond, il leur conseille d'être vigilants dans la prière pour ne pas se laisser guider par n'importe quelle spontanéité. Il ne faut pas prendre tous ses désirs pour des réalités venant de l'Esprit. Dans notre vie, il y a deux types de spontanéités qui surgissent à notre conscience: l'une bonne au service de Dieu; l'autre mauvaise au service de la chair (Gal 5,16-20). Nous ne sommes pas toujours sous la mouvance de l'Esprit. Et c'est là qu'intervient l'intuition de saint Ignace à propos de l'examen de conscience qui n'est pas seulement à voir en lien avec la vie morale, mais avec le discernement des esprits. Il s'agit de «filtrer» les divers mouvements spontanés qui montent du cœur pour découvrir leur source.

En envisageant de cette manière l'examen de conscience, saint Ignace rejoint toute une tradition spirituelle qui lie l'invocation du Nom de Jésus à la vigilance du cœur et surtout à la prière continuelle. L'homme veille à la porte de son cœur et dès qu'il voit monter une pensée ou une suggestion, il ne discute pas avec elle mais l'enveloppe avec le Nom de Jésus pour discerner de quelle origine elle provient. Ainsi le discernement devient le lieu de la prière continuelle : «Le souvenir et l'invocation continuels de notre Seigneur Jésus-Christ suscitent en notre intelligence un certain état divin, si nous ne négligeons ni cette prière constante que nous portons au Seigneur dans notre intelligence, ni la stricte vigilance, ni l'œuvre de surveillance. Mais attachons-nous réellement à l'œuvre de l'invocation de Jésus-Christ notre Seigneur, cette œuvre toujours recommencée, en appelant avec un cœur de feu, afin de communier au saint nom de Jésus. Car pour la vertu comme pour le vice, la répétition est mère de l'habitude, et celle-ci, comme une seconde nature, dirige le reste. Parvenue à un tel état, l'intelligence cherche les adversaires, comme un chien de chasse cherche le lièvre dans les fourrés. Mais le chien cherche pour manger ; et l'intelligence pour détruire» (*Philocalie des Pères neptiques, Hésychius de Batos*, édition de Bellefontaine, fascicule 3, p. 45).

Lorsqu'on relie l'examen au discernement, il devient prise de conscience spirituelle plus que simple examen de conscience. C'est l'attitude de la Vierge qui apprend à lire et à déchiffrer ce que Dieu fait en elle : *Quand à Marie, elle conservait tous ces souvenirs soigneusement et les méditait dans son cœur* (Lc 2,19). Pour beaucoup, l'examen a des résonances étroitement morales dont l'objectif principal est la qualité des actions bonnes ou mauvaises.

Dans la perspective d'Ignace et aussi des Pères, il s'agit plutôt de ressentir la manière dont Dieu nous touche, nous meut et nous conduit (souvent à notre insu), au cœur des sentiments que nous ressentons. C'est une prière par laquelle l'homme se situe devant Dieu, en fixant les mouvements de la grâce en lui, afin d'en garder spirituellement le souvenir et de juger de la direction qu'il lui imprime. C'est l'examen des voies de Dieu se frayant un passage à travers sa créature et l'entraînant à sa suite. Le «Journal spirituel» d'Ignace est un témoin privilégié de cette manière d'agir par l'examen des oraisons, des consolations, des affections: retour sur soi, mais dans la prière et pour connaître l'action de Dieu.

Dans l'examen ainsi conçu, ce qui survient dans notre conscience spirituelle prime et l'emporte sur nos actions qualifiables de bonnes ou de mauvaises. Comment ressentons-nous l'attirance du Père (Jn 6,44) qui travaille toujours avec le Fils (Jn 5,17) dans notre conscience spirituelle concrète? Comment notre nature pécheresse nous tente et nous attire tranquillement loin de notre Père, à travers le jeu subtil de nos dispositions spirituelles? C'est de cela qu'il s'agit dans notre examen de chaque jour, plutôt que de la réponse donnée à nos actions. Nous examinons nos dispositions spirituelles en sorte que nous puissions apporter notre collaboration et abandonner nos cœurs à l'admirable spontanéité qui est la touche de notre Père et la poussée de l'Esprit.

2. Voilà le visage pour lequel j'ai été créé!

Ainsi l'examen dont nous parlons n'est pas un effort de perfectionnement spirituel ou moral, c'est une expérience, dans la foi, de notre croissante sensibilité aux mouvements de l'Esprit du Christ pour s'approcher de nous et nous appeler. Evidemment cette croissance demande du temps, mais elle nous apprend à voir émerger dans la prière le visage pour lequel nous avons été créés.

S'il y a une question qui tourmente l'homme, c'est bien celle de son identité: qui suis-je? D'où suis-je? Où vais je? Nous sommes tous à la recherche de notre être, de notre mon propre. Nous ne connaissons pas ce nom, nous en connaissons seulement le désir. Il n'a jamais réellement pris corps dans aucune pensée, image ou émotion. Il nous appelle sans cesse hors de nous-mêmes pour le suivre et si nous essayons de le circonscrire, il nous échappe: *A celui qui vaincra, je donnerai une pierre blanche et sur cette pierre est écrit un nom nouveau que personne ne connaît, si ce n'est celui qui le reçoit* (Ap 2,17).

Au sujet de ce nom, bien des choses demeurent mystérieuses pour nous. Il nous est donc simplement demandé d'être fidèles à la lumière reçue de l'Esprit aujourd'hui, sans nous inquiéter de ce qui demeure obscur et que Dieu ne nous demandera pas. Cela doit suffire pour nous mettre dans la paix, à propos du caractère mystérieux de notre vocation à venir. Dieu lui-même nous a créés (Ps 139), en nous appelant par notre nom, il nous enveloppe de sa tendresse et nous invite à découvrir chaque jour ce visage nouveau qu'il façonne avec nous. Il n'y a rien de plus personnel que ce nom nouveau qui, même dans l'éternité, demeurera un secret entre Dieu et nous. Nous ne connaissons pas le contour précis de ce visage, ni sa réalisation concrète, nous en avons simplement le pressentiment. Il suffit qu'il ait mis en nos cœurs une soif inextinguible de prière, accompagnée d'un sentiment de joie et de douceur, pour que nous ayons une esquisse de ce visage, sans qu'il ait besoin de nous dire comment l'incarner d'une manière visible. A la limite, il suffit d'être là avec le Christ et de demeurer en lui: ce qui est le but de la prière. A certains jours, nous sommes comblés de joie par une seule parole de Jésus: «*Venez à moi, vous tous qui peinez sous le poids du fardeau*» (Mat 11,28): «S'il venait à se manifester à nous, nous le reconnaîtrions... Sans aucun doute possible, nous dirions: «Voilà la chose pour laquelle j'ai été créé.» Nous ne pouvons en parler à personne. C'est la secrète signature de chacune de nos âmes, l'incommunicable besoin que rien ne peut apaiser et, ce que nous désirions avant de rencontrer notre femme (c'est un Pasteur anglican qui parle), avant de nous faire des amis, ou de choisir notre carrière et que nous désirerons encore sur notre lit de mort, quand notre esprit ne connaîtra plus ni femme, ni amis, ni carrière. Tant que nous existons, il existe. Si nous le perdons, nous perdons tout» (Lewis. *Le problème de la souffrance*, p. 177 et sv.).

Le but de l'examen est de nous mettre à la recherche de ce visage et de ce nom. Il n'a donc pas un caractère général et vague: c'est une expérience quotidienne de confrontation de notre identité chrétienne singulière et de la manière dont le Christ délicatement nous appelle à découvrir et à approfondir ce visage et ce nom. Nous devrions faire chaque fois notre examen avec toute la netteté dont nous saisissons notre identité et non pas le faire simplement comme le ferait tout chrétien, mais comme ce chrétien particulier qui a reçu dans la foi une vocation et une grâce uniques.

Ainsi l'examen tel que l'entend saint Ignace est un temps de prière. Ce n'est pas une réflexion vide sur soi-même ou une introspection. C'est une prière où l'homme repasse, à travers la mémoire du cœur, sous le regard du Père, tout le film de sa vie. C'est dans la prière contemplative que le Père nous révèle, au rythme qui lui plaît, l'ordonnance de toute notre vie dans le Christ. L'Esprit de Jésus ressuscité, présent au cœur du croyant, le rend capable de sentir et d'entendre cette interpellation pour le mener à l'obéissance de la foi dont parle saint Paul (Rm 1,6 et 16,26). L'œuvre de l'examen est de sentir et d'identifier ces invitations intimes du Seigneur qui guident et approfondissent chaque jour notre adhésion au Christ. Ainsi compris, l'examen est avant tout prière.

Mais si l'examen est dans la ligne de l'oraison contemplative, il ne faut jamais le confondre avec l'oraison quotidienne. Ainsi il y a des gens qui prient beaucoup et ne perçoivent jamais ce que Dieu leur demande dans la vie quotidienne car leur prière, même intense et prolongée, s'est isolée du reste de leur vie, celle-ci ne baignant plus dans la prière «qui trouve Dieu en toutes choses». Il ne faut donc pas trop vite se dispenser de l'examen sous prétexte qu'on vit cette attitude tout au long de la journée. L'examen a un caractère concret et précis que nous allons expliciter.

Ignace conseille d'y consacrer chaque jour deux fois un quart d'heure pour former en nous un cœur en état de discernement continuel : ce serait déjà très bien si nous pouvions y consacrer un temps réel chaque soir, avant le coucher. Encore que nous sachions très bien que de subtils raisonnements nous invitent à abandonner l'examen quotidien sous prétexte que nous serions « arrivés » à ce discernement continuel du cœur dans la situation concrète où nous vivons. Ce prétexte peut empêcher la croissance de notre sensibilité spirituelle à l'Esprit et à ses voies dans notre vie quotidienne. Nous devons sans cesse demander ce discernement comme Salomon (1 Rois 3,9) (c'est de sa prière que s'inspirera la notre à la fin de ce chapitre), mais aussi accueillir son développement en nos cœurs. Jetons donc un coup d'œil assez bref pour en dégager les lignes forces sur la forme d'Examen qu'Ignace propose dans les *Exercises*, au numéro 43. Il comporte cinq points :

3. L'Examen lui-même

On pourrait le définir comme une prise de conscience renouvelée quotidiennement, de notre identité spirituelle devant Dieu, et de l'histoire que son Esprit invente avec nous et en nous. C'est le souvenir incessant de l'action du Saint-Esprit dans le cœur. Il se situe donc sur le plan de la parfaite disponibilité d'un être à l'action de Dieu. Il s'agit de se remettre dans le courant du Saint-Esprit pour donner encore plus de prise à son action après les défaillances inévitables.

a) *Demander la lumière*

Comme premier point de l'examen, Ignace propose l'action de grâce et ensuite de demander la lumière. On pourrait intervertir les deux premiers points sans changer grand chose. Pour ma part, je proposerai comme introduction appropriée à l'examen la prière pour être éclairé. Il s'agit de plonger dans ma vie un regard guidé par l'Esprit-Saint et de répondre courageusement à l'appel que Dieu me fait sentir de l'intérieur. De ce fait, l'examen ne sera pas seulement une démarche de mémoire et d'analyse, revenant sur le jour écoulé, mais un regard de foi sur ce que Dieu fait en nous.

Sans la grâce du Père qui nous attire vers Jésus (Jn 6,44) et veut bien le révéler, cette sorte de regard est impossible. Saint Ignace insiste très fort sur le fait de demander la grâce. Il faut veiller à ne pas se laisser enfermer dans les puissances naturelles. Dans le monde de Dieu, il faut demander pour recevoir et accueillir. C'est la raison pour laquelle nous sommençons l'examen en demandant explicitement cette illumination qui va survenir à travers nos facultés naturelles, mais dont celles-ci ne seraient jamais capables par elles-mêmes. Que l'Esprit daigne m'aider à me voir un peu moi-même comme il me voit!

b) *Rendre grâce pour les dons reçus*

La condition du chrétien au milieu du monde est celle d'un pauvre, ne possédant rien, et pourtant comblé à chaque instant et à travers toutes choses. Il est bon ici de repérer et d'apprécier le moindre don reçu pour le rendre au Seigneur dans l'action de grâce. Il faut même «faire eucharistie» avec nos faiblesses et nos misères. Peut-être, dans la spontanéité du moment, nous n'avons pas eu conscience du don reçu; et maintenant en cet exercice de prière réfléchie, nous voyons dans une tout autre lumière les dons de Dieu au cours de la journée. Cette gratitude devrait s'attacher aux dons concrets et personnels dont nous sommes chacun gratifiés.

c) *Revoir nos actes comme des réponses*

Notre principal souci ici, est de voir ce qui est survenu en nous, quel travail Dieu a-t-il accompli, que nous a-t-il demandé? Ce n'est qu'en second lieu qu'il faut considérer nos actions. Il faut donc que nous soyons devenus attentifs à nos sentiments intérieurs, à nos dispositions intimes, aux très délicates pressions de l'Esprit dans notre vie spirituelle. C'est ici, au cœur de notre affectivité, que Dieu nous meut et traite avec nous de la façon la plus intime. Il faut passer au crible du discernement ces «esprits» pour reconnaître l'appel de Dieu au cœur de notre être. C'est une attitude d'attention et d'écoute à développer en nous, en faisant taire tous nos circuits.

d) *Une contrition réelle*

Ignace dit ici : «Demander pardon de ses fautes à Dieu, notre Seigneur» (Ex. 43). Avons-nous reconnu l'action de Dieu, son appel au cœur de notre vie? Trop souvent, notre activité prend le pas et nous perdons tout sens de la réponse. Nous devenons auto-actifs et auto-motivés, plutôt que mus et motivés par l'Esprit (Rm 8,14). Dans la lumière de la foi, c'est la qualité de l'activité comme réponse, plus que l'activité elle-même, qui fait la différence pour le Royaume de Dieu.

C'est alors que se produit une recréation de l'être, une libération intérieure du cœur. C'est là que naît la première vraie contrition. C'est une très grande grâce, une source de joie continuelle dans le Saint-Esprit que la vraie contrition évangélique. Nous découvrons en même temps le visage du Père, sa Miséricorde et nous prenons conscience de notre faiblesse. La miséricorde et la contrition révèlent le lieu du cœur et font jaillir la prière. Le douzième degré d'humilité, dans la Règle de saint Benoît, est à la fois un sommet de contrition — le publicain n'ose plus lever les yeux vers le ciel — et un sommet de prière car il répète sans cesse, ce qui deviendra «la prière de Jésus». D'où le filtrage des pensées ou la purification du cœur dans le souvenir incessant de ce même Nom de Jésus.

e) *Une conversion concrète*

«Prendre la résolution de se corriger avec sa grâce» (Ex. 43). Ceci nous amène à réfléchir à ce que saint Ignace appelle l'examen particulier qui a souvent été mal compris. On en a fait un effort de division et de conquête : descendant la liste des vices ou remontant celle des vertus dans une recherche planifiée et mécanique de la perfection. Plutôt qu'une approche programmée de la perfection, l'examen particulier veut être une rencontre personnelle, respectueuse et loyale, avec le Seigneur dans nos cœurs.

Lorsque nous nous éveillons pour de bon à l'amour de Dieu, nous commençons à nous rendre compte que des choses doivent changer. Nous achoppons en tant de domaines et nous avons à nous défaire de tant de défauts! Mais le Seigneur ne nous demande pas d'entreprendre cela d'un seul coup. Habituelle-ment, nous avons dans le cœur une zone où, spécialement, il nous appelle à la conversion, laquelle est toujours le commen-cement d'une vie nouvelle. Il y a un «coin» en nous où il nous pousse du coude et nous rappelle que, si nous sommes sérieux avec lui, cela doit changer.

C'est souvent le point que nous voulons oublier et peut-être entreprendre plus tard. Nous ne voulons pas entendre la Parole de Dieu nous condamner à ce propos et, en conséquence, nous essayons de l'oublier et de nous en distraire en travaillant dans un autre coin plus sûr, qui nous demande conversion, mais pas avec le même aiguillon de la conscience et de la volonté de Dieu. Nous travaillons sur un point et Dieu veut précisément autre chose.

Il y a par exemple dans notre vie des péchés qui nous gênent et d'autres qui ne nous gênent pas, mais qui peuvent gêner Dieu. Les péchés qui nous gênent sont ceux qui nous empêchent de répondre à l'image du chrétien que nous désirons être: sensualité, colère, gourmandise, impureté etc... Mais il y a aussi un péché qui fait corps avec notre être le plus intime: nous n'en avons pas conscience, nous ne le voyons pas et il ne nous gêne pas. Il y a aussi des gens qui veulent pratiquer un certain type de perfection que Dieu ne veut pas pour eux. J'ap-pelle ce péché un «certain mensonge autour de nous-mêmes».

Il y a en nous quelque chose qui tisse un mensonge autour du cœur (et cela requiert une psychanalyse du Saint-Esprit). Seule la lumière de l'Esprit-Saint peut attaquer et dissoudre ce men-songe qui est le principal obstacle à l'action de Dieu en nous. Il faut faire un pacte avec la lumière pour comprendre ce men-songe qui est une faute cachée. C'est le péché qu'on ne peut pas savoir et qu'on ne regrette pas, dont parle le psaume: *Par-donne-moi, Seigneur, mes fautes cachées*. Il faut donc que Dieu nous révèle ce péché et l'appel précis à la conversion qu'il nous adresse, en nous le faisant sentir intérieurement. Il vaut mieux prendre le temps d'apprendre quel examen particulier Dieu attend de nous pour le moment, plutôt que de nous attaquer arbitrairement à telle ou telle imperfection.

Ainsi l'examen de ce point particulier de notre vie est une expérience très personnelle, sincère et parfois très délicate, de l'appel que Dieu nous adresse au fond du cœur pour que nous nous tournions vers lui. L'objet de cette conversion peut rester le même longtemps. L'important est que nous percevions cette sorte d'interpellation comme venant de lui. Cette conversion ne porte pas habituellement sur beaucoup de points mais sur un aspect précis de notre vie, bien à notre portée et elle s'exprime dans des actes de renoncement que nous n'avons aucune excuse de ne pas faire.

La valeur de l'acte ne porte pas sur son importance, mais sur l'aspect d'obéissance à l'Esprit qui nous le propose. Lorsque cette attention particulière est saisie comme une expérience personnelle de l'amour que le Seigneur a pour nous (quelle que soit sa forme: par exemple un appel à une humilité plus vraie, ou à une disponibilité plus ouverte, ou à prendre les autres tels qu'ils sont), alors nous comprenons que saint Ignace nous suggère d'y appliquer toute notre conscience à ces deux moments importants de la journée: en la commençant et en la terminant. Il faut commencer par faire cet examen d'une manière un peu systématique pour qu'il devienne ensuite un mouvement naturel de notre cœur, une sorte de souvenir constant et purifiant du Seigneur Jésus au plus intime de notre vie, selon la belle formule de saint Alphonse Rodriguez, le frère portier de Majorque: «Quand j'éprouve une amertume en moi, je mets cette amertume entre Dieu et moi et je le prie jusqu'à ce qu'il la transforme en douceur.»

4. Les suggestions de l'Esprit

Sur le plan théologique, c'est la mise en œuvre du don de Conseil: motion fine du Saint-Esprit qui vient nous suggérer ce qu'il faut faire dans la vie. Nous avons les commandements! Est-ce que cela ne suffit pas? Il faut croire que non. C'est ce que le jeune homme riche disait au Christ: *J'ai suivi tous les commandements depuis ma jeunesse!* Et le Christ lui répond: *Une chose te manque encore!* Laquelle? C'est celle que le

Saint-Esprit nous fait découvrir par mode de suggestion. Ce que je vous dis là est difficile à exprimer car il n'est pas facile de parler des suggestions, alors que c'est plus simple de parler des commandements. Les suggestions du Saint-Esprit sont encore beaucoup plus importantes parce qu'il faudra bien un jour en arriver à les entendre et si nous fermons notre cœur aux suggestions, il ne nous aura pas servi à grand chose d'écouter les commandements. Je vous parle ici des suggestions et pas seulement de la morale chrétienne, au sujet de laquelle nous sommes parfois saturés. Les suggestions sont bien plus terribles et le Christ nous invite à répondre. Il ne nous oblige pas, mais il nous le suggère: «Si tu veux, je ne te l'impose pas»! C'est une affaire d'amour et aucun «gendarme divin» ne viendra nous surprendre si nous n'avons pas écouté les suggestions. Mais n'oublions pas: l'amour a des sanctions bien plus terribles que tous les appareils de répression policière. Le fait qu'il se taise et ne nous parle plus est peut-être la sanction la plus douloureuse à supporter.

Ce qui est ici visé, c'est un plus large accueil de l'amour de Dieu, un plus grand abandon. Mais d'un autre côté, plus nous nous livrons à Dieu, plus nous sommes provoqués à être actifs par nous-mêmes. Le «laisser faire» Dieu n'implique aucun laisser-aller, aucun à peu près. Au contraire, plus sera fort et profond notre désir de faire la volonté de Dieu, plus il faudra mettre en éveil notre intelligence et notre attention pour saisir vers quoi il nous oriente, à quoi il nous appelle.

Prière pour obtenir la Sagesse de l'Esprit

1 Rois 8,52

Sg 9,13

Rm 11,34

Seigneur, que tes yeux soient ouverts sur la supplication de ton serviteur et de ton peuple, pour écouter tous les appels qu'ils lanceront vers Toi. Quel homme en effet peut connaître le dessein de Dieu et qui peut concevoir ce que veut le Seigneur? Tes décrets sont insondables et tes voies incompréhensibles. Cependant tu nous guides par

la sagesse de ton Esprit et tu es un Père
plein d'attention et de tendresse pour tes
enfants. Nos pensées sont timides et insta-
bles nos réflexions. Les multiples soucis
obscurcissent l'œil de nos cœurs et comme
dit Baudelaire, à propos du poète qui hante
les nuées: «Ses ailes de géant l'empêchent
de marcher». Nous avons peine à conjecturer ce qui est sur la terre et ce qui est à notre portée nous ne le trouvons qu'avec effort, mais ce qui est dans les cieux qui l'a
découvert? Et ta volonté, qui l'a connue,
sans que tu aies donné la sagesse et envoyé
d'en-haut ton Esprit-Saint?

Dieu des Pères et Seigneur de tendresse,
toi qui, par ta parole as fait l'univers, toi
qui, par ta Sagesse, as formé l'homme pour
dominer sur les créatures que tu as faites,
donne-moi la Sagesse qui vient d'auprès de
toi car je suis un homme faible, peu apte à
comprendre la justice et les lois. La sagesse
seule sait ce qui est agréable à tes yeux et ce
qui est conforme à ta volonté. Mande-la
des cieux saints, de ton trône de gloire en-
voie-la, pour qu'elle me seconde et peine
avec moi, et que je sache ce qui te plaît;
car elle sait et comprend tout. Elle me gui-
dera prudemment dans mes actions et me
protègera par sa gloire.

Seigneur, prends pitié de nous car nous
demeurons un mystère pour nous-mêmes et
toutes les sciences humaines ne font que re-
culer les limites de ce mystère. Seul l'Esprit-Saint peut sonder les profondeurs de
Dieu et les profondeurs du cœur de l'homme car nul ne connaît ce qui concerne
Dieu, sinon l'Esprit de Dieu. Sois béni de

Sg 9,14-17

Sg 9,1... 11

1 Cor 2,10-12

nous avoir donné par Jésus ton Fils ressuscité, l'Esprit qui vient de toi et nous fait connaître les dons gracieux que tu nous as faits. Qui en effet a connu la pensée du Seigneur, pour pouvoir l'instruire? Et nous l'avons, nous, la pensée du Christ.

Jn 14,1
Mt 28,20

Quand nous marchons dans la nuit, ne permets pas que nos cœurs se troublent car tu es ressuscité et tu demeures avec nous jusqu'à la fin des temps. Dans l'obscurité et les complications de l'existence, nous croyons que tu ne peux pas nous abandonner à nos propres lumières pour nous guider. Tu nous as promis l'Esprit de vérité Jn 16,13 qui nous introduira dans la vérité tout entière, si nous acceptons de ne pas pactiser avec l'esprit du monde et de chercher patiemment dans la prière sa longueur d'ondes. Il ne nous appartient pas de le trouver, Toi seul peu nous le donner quand tu le veux et comme tu le veux. Quand des questions réelles se posent à nous, apprends-nous à ne pas fuir dans l'imaginaire de la réflexion, mais à consacrer beaucoup de temps à te supplier. Ne permets pas que nous lâchions la prière avant d'avoir reçu la lumière de la Très Sainte Trinité, de qui vient tout bien et tout don.

Phil 1,9-10

Fais croître en nous la charité afin qu'elle s'épanche en cette vraie science et ce tact affiné qui nous donneront de discerner le meilleur et de nous rendre purs pour le jour de ta visite. Purifie nos pensées enténébrées qui nous rendent étrangers à la lumière de Dieu. Guéris l'endurcissement de nos cœurs Eph 4,17-30 qui est la véritable cause de notre ignorance des voies de Dieu. Que ton Esprit nous

82

renouvelle par une transformation spirituelle de notre jugement, afin que nous
puissions revêtir l'homme nouveau qui a
été créé selon Dieu, dans la justice et la
sainteté de la vérité. Apprends-nous à discerner les tentations du malin qui nous
pousse au découragement dans les faiblesses
et ferme nos yeux et nos oreilles aux délicates motions de ton Esprit. Que jamais nous
ne contristions l'Esprit-Saint de Dieu qui
nous a marqués de son sceau pour le jour de
la Rédemption. Rends-nous vigilants à ne
pas éteindre l'Esprit en nous, mais à tout
passer au crible du discernement, afin de
retenir ce qui est bon et de rejeter ce qui est
mal.

Eph 4,30

1 Thes 5,19

Aux jours de sa vie mortelle, Jésus a souvent refusé de répondre aux questions
qu'on lui posait: soit qu'on lui tendait un
piège, soit qu'il voulait donner autre chose
que ce qu'on lui demandait. Ainsi il promet
le pain de la vie à ceux qui lui demandent à
manger tout leur saoul. De même, à ceux
qui veulent l'enfermer dans des questions
sans intérêt, à propos du mariage, il parle
de la puissance de Dieu, de la résurrection
et du buisson ardent. Ainsi, il laissera bien
des questions que nous lui posons sans réponse, même après avoir longuement et intensément prié.

Jn 6,26

Mt 22,23-33

Seigneur, apprends-nous alors à ne pas
nous décourager de ton silence. Si tu ne
nous réponds pas, c'est que tu nous estimes
assez confiants pour vivre dans cette obscurité de la foi, en nous débrouillant avec nos
questions. Mais nous sommes sûrs que tu es
avec nous, comme tu as été avec ton Fils, à

Gethsémani. L'essentiel n'est pas que tu réponds à nos questions, mais que tu sois toi-même la réponse à nos questions, car tu es la voie, la vérité et la vie. Tu es venu nous apprendre à vivre avec nos questions, car tu les vis avec nous et en nous. Avec humilité, nous ferons alors appel à nos puissances naturelles, éclairées par ton Esprit, et nous accueillerons avec joie la réponse qui monte, à notre insu, des profondeurs du cœur. La meilleure réponse sera alors ton silence — celui de Jésus sur la Croix — qui devient parole dans la puissance de la Résurrection.

Jn 14,6

Gal 2,20

7

Le discernement spirituel des charismes dans la communauté primitive

Nous aurions pu intituler ce chapitre: «La manière d'agir des apôtres dans la communauté primitive». «Notre manière d'agir», aurait pu dire les apôtres! C'est dire qu'il ne sera pas question ici du discernement communautaire tel qu'on l'envisage habituellement dans une perspective ignatienne. Si l'on souhaitait aborder la question sous cet angle, on pourrait consulter les articles du P. Viard, parus dans la revue *Vie chrétienne* d'octobre 1970 à juin 1971, intitulés «Pratique du discernement communautaire». Notre propos est plus «naïf» et donc moins technique et plus limité. A partir de trois situations concrètes: le remplacement de Judas, l'institution des Sept et les charismes dans la communauté de Corinthe, nous voudrions saisir sur le vif «la manière de faire» et la pratique de l'Eglise primitive, qui se laisse conduire par l'Esprit dans les voies imprévues et imprévisibles de Dieu. Peut-être avons-nous des chances d'y découvrir des «couloirs» où souffle l'Esprit pour éclairer notre propre manière d'agir aujourd'hui...

1. Le remplacement de Judas (Act 1,15 à 26)

Avant d'entrer dans le vif du sujet, il est bon de fixer le cadre dans lequel se pose la question du remplacement de Judas. La communauté des onze est en prière au Cénacle, avec Marie, Mère de Jésus et elle persévère dans la supplication, dans l'attente de ce que le Père a promis (Act 1,1 à 14) comme nous l'avons déjà vu. C'est aussi une communauté où l'on partage : tous les biens sont mis en commun (Act 2,44). On peut aussi remarquer que ces hommes-là se connaissent depuis pas mal de temps, ils ont vécu ensemble une prodigieuse expérience spirituelle, au contact du Christ qui les a choisis personnellement. Ils ont été témoins de sa prière, de sa prédication et des signes qu'il a opérés dans le peuple en faisant le bien (Act 2,22). Surtout, ils ont été témoins de sa Résurrection et ils croient à sa présence spirituelle au cœur de la communauté (Mt 28,20). Après la résurrection, ils ont été invités à revenir en Galilée (Mc 16,7) là où ils avaient été témoins de la révélation du Royaume et où ils avaient fait leur belle profession de foi. Il faut insister sur ces deux aspects : ce sont des hommes qui se connaissent déjà dans la vie humaine, en ce sens qu'ils ont mangé, dormi et souffert ensemble ; ensuite ils ont fait une expérience assez extraordinaire de la proximité du Christ qu'ils ont proclamé Fils de Dieu (Mt 16,16), à une époque privilégiée de leur vie.

Ce ne sont pas des inconnus les uns pour les autres puisqu'ils ont cheminé ensemble depuis trois ans. Par ailleurs, ils se sont souvent affrontés dans leur différence mutuelle et parfois même ils se sont opposés, au point que l'un d'eux a renié le Maître et un autre l'a trahi. Mais ils ont quelque chose en commun : ils sont rassemblés au nom de Quelqu'un qu'ils attendent du dehors et qui cependant, est déjà présent au milieu d'eux : l'Esprit venant du Père et promis par Jésus ressuscité, vivant dans la communauté. Leur centre d'intérêt n'est pas à l'intérieur du groupe, mais ils sont tendus vers une mission commune qu'ils ont reçu du Christ et qui est de prêcher la conversion, en annonçant la présence du Royaume au milieu du monde.

On dirait aujourd'hui que c'est un groupe motivé, non seulement par la vie quotidienne ou la cohabitation, mais par une préparation et une formation que leur a donné le Christ pendant les trois années de sa vie publique. Ils ont été formés à la prière (Lc 11,1), au renoncement à leurs propres vues et souvent ils ont été rappelés à l'ordre (Lc 9,55) pour se soumettre à la loi de la communauté qui est celle des béatitudes, de l'humilité et de l'esprit d'enfance. Jésus a souvent insisté sur la conversion de leur jugement car *leurs vues n'étaient pas celles de Dieu, mais celles des hommes* (Mc 8,33). Ils ont vécu la correction fraternelle (Lc 17,3-4). Ils ont aussi été prévenus des persécutions et des tribullations (Mc 13,5-13) qu'ils auracent à souffrir dans leur vie appostôlique car ils ne sont pas au-dessus du maître : *Du moment qu'ils ont traité de Beelzéboul le maître de la maison, que ne diront-ils pas de sa maisonnée* (Mt 10,25-26), mais ils sont assurés de la défense de l'Esprit quand ils affronteront leurs persécuteurs dans les tribunaux. C'est par la persévérance qu'ils gagneront la Vie (Lc 21,12-19). C'est vraiment une communauté de disciples, réunis au nom du Christ et orientés vers le but qui les rassemble. Tout ce qu'ils demanderont au Père ensemble leur sera accordé (Mt 18,19-20). Le Christ a passé des années à faire naître cette communauté dans la foi, la prière et l'action apostolique.

Il faut aussi noter le climat eucharistique de prière qui baigne la communauté. Ce n'est pas une prière fugitive et momentanée, comme l'expression d'un besoin passager, mais une prière assidue qui réclame une structure de lieu et de temps. Luc note souvent qu'ils étaient *assidus* et *persévérants* dans la prière de louange et d'action de grâce : *Jour après jour, d'un seul cœur, ils fréquentaient assidûment le Temple et rompaient le pain dans leurs maisons, prenant leur nourriture avec allégresse et simplicité de cœur. Ils louaient Dieu et avaient la faveur de tout le peuple. Et chaque jour, le Seigneur adjoignait à la communauté ceux qui seraient sauvés* (Act 2,46-47). En un mot, c'est une communauté où l'on se laisse enseigner, où l'on est fidèle *à la fraction du pain et à la communion fraternelle* (Act 2,42).

C'est aussi une communauté structurée, liée organiquement

où il y a quelqu'un qui mène et fait partager aux autres la motivation reconnue par tous: *Pierre se leva au milieu des frères* (Act 1,15). La décision à prendre n'est pas seulement l'émanation des désirs d'un groupe. C'est dire qu'il y a un critère objectif dans le choix que l'on doit faire. Pour cela, Pierre fait appel à un dessein de salut, annoncé par une parole prophétique:*Frères, il fallait que s'accomplît l'Ecriture où, par la bouche de David, l'Esprit-Saint avait parlé d'avance de Judas qui s'est fait le guide de ceux qui ont arrêté Jésus...* (Act 1,16-20). Pour ne pas verser dans le subjectivisme, on recourt à l'Ecriture pour éclairer ce qui s'est passé et ouvrir des perspectives d'avenir. On ne choisit pas n'importe qui, n'importe quand et n'importe comment!

C'est pourquoi il y a toute une information et un enseignement donné par Pierre qui précise les critères du choix de celui qui doit remplacer Judas: *Il faut donc que de ces hommes qui nous ont accompagnés tout le temps que le Seigneur Jésus a vécu au milieu de nous, en commençant au baptême de Jean jusqu'au jour où il nous fut enlevé, il y en ait un qui devienne avec nous témoin de sa résurrection* (Act 1,21-22). C'est une communauté apostolique qui est témoin de la résurrection *avec nous*. On ne choisit pas comme apôtre quelqu'un qui a entendu parler de Jésus et qui peut le décrire, mais un homme qui l'a vu et connu; en un mot, il faut une rencontre personnelle avec le Christ vivant en Galilée et à Jérusalem (Act 13,31) et surtout avoir été témoin de sa résurrection (Act 2,32 - 3,15 - 4,33 et 10,41). Comme dit Jean, il faut l'avoir entendu, vu de nos yeux, contemplé; en un mot avoir touché le Verbe de Vie (1 Jn 1,1).

On utilise alors les moyens humains adaptés aux choix que l'on doit faire: c'est la présentation des deux candidats, Barsabbas et Matthias. Mais l'essentiel réside avant tout dans la prière adressée à Dieu. On invoque le Seigneur qui sonde les cœurs de tous les hommes, car c'est lui qui choisit en vérité et l'on doit recevoir de lui la décision à prendre. Il est intéressant de remarquer que toutes les prières dans les Actes commencent toujours par une reconnaissance du Dieu Créateur qui mène les événements de l'histoire (Act 4,24): *Toi, Seigneur, qui connais le cœur de tous les hommes, montre-nous lequel de ces deux hommes tu as choisis pour occuper dans le ministère, la place qu'a délaissée Judas pour s'en aller à sa place à lui* (Act 1,24-25). Pour qu'il y ait un vrai discernement spirituel, il faut un choix bien précis à faire et il faut prendre soin de le formuler. On ne fait pas de discernement spirituel sur des situations floues ou sur des choses qui relèvent d'un commandement objectif du Seigneur. Enfin on choisit un moyen humain très contingent : *Alors on tira au sort, et le sort tomba sur Matthias qui fut mis au nombre des douze apôtres* (Act 1,26).

Ce qui importe dans le discernement, ce ne sont pas tant les conclusions ou les décisions à prendre que le cheminement de l'expérience et le travail de l'Esprit qui s'opère tout au long du cheminement et qui nous amène à prendre telle décision, toujours plus ou moins contingente comme tous les choix. Mais une fois que le choix est réalisé, chacun doit accepter de se laisser mesurer par l'ensemble et entrer dans la décision prise, sans murmurer. On pourrait résumer les articulations de cette démarche par quelques propositions très simples : on est en communauté sous la conduite de quelqu'un. On se laisse éclairer par une Parole qui vient d'ailleurs. On prie intensément et on recueille les données de l'expérience, en sachant que des choses se passent tout au long du parcours.

2. L'institution des Sept (Act 6,1 à 7)

On pourrait intituler cet épisode des Actes : comment l'Eglise aidée de l'Esprit invente de nouveaux ministères quand les besoins s'en font sentir ? Il faut bien reconnaître qu'aujourd'hui nous sommes loin de cette pratique audacieuse de l'Eglise primitive ! Nous faisons des symposiums, des enquêtes et des innovations sans prier longuement et intensément pour recevoir de Dieu les ministères qu'Il voudrait nous donner. Il est urgent de passer d'une église « polycopiante » à une église priante ! Le bras de Dieu n'est pas à court pour inventer de nouvelles formes de ministères mais nous ne sommes pas assez audacieux pour créer et inventer dans la nouveauté de l'Esprit. Alors, regardons comment les choses se passent dans l'Eglise de Jérusalem.

On retrouve à peu près le même schéma que précédemment mais ici le problème est posé par la base: comme le nombre des disciples augmente, il y a des murmures chez les Hellénistes contre les Hébreux, car on néglige leurs veuves. Les douze convoquent alors l'assemblée des disciples — il n'est pas fait mention explicitement d'une prière commune —, mais lorsque Pierre dit que les apôtres doivent rester «assidus à la prière», il indique clairement la voie à suivre et la manière d'aborder toutes les questions. Il y a aussi un débat qui est un temps d'épreuve car chacun y accède par un échange de vue critique de lui-même. Puis une parole venue du groupe des douze interrompt le débat, sacrifie et clarifie la situation. Cette parole est une force spirituelle qui pénètre la réalité du débat et le transforme comme le feu pénètre la bûche:

Il ne sied pas que nous délaissions la parole pour servir aux tables. Cherchez plutôt parmi vous, frères, sept hommes de bonne réputation, remplis de l'Esprit et de sagesse et nous les préposerons à cet office: quant à nous, nous resterons assidus à la prière et au service de la communauté (Act 6,2-4).

Il est intéressant de remarquer que la balle est renvoyée à la communauté: puisqu'elle connaît des dissensions internes, il est important qu'elle apprenne à se prendre en charge elle-même et trouve en son sein des frères capables d'assumer cette charge. Le résultat fut que *la proposition plut à toute l'assemblée* (Act 6,5), qui choisit sept hommes. La communauté retrouve ainsi sa paix et sa cohésion interne. Dans un choix spirituel, il est important de se demander ce qui met la communauté dans la joie, la paix ou l'inquiétude, car il y a quelque chose qui se passe dans l'affectivité du groupe. Les apôtres peuvent alors authentifier le choix de la communauté après avoir prié, pour recevoir de Dieu la confirmation de la décision; et puis, on impose les mains car il s'agit de transmettre une fonction d'Eglise. Le résultat est clair: *La parole du Seigneur croissait; le nombre des disciples augmentaient considérablement à Jéru-*

salem et une multitude de prêtres obéissaient à la foi (Act 6,7).

Ce texte n'a pas seulement une valeur pédagogique, il est aussi riche d'enseignement pour le prêtre aujourd'hui. Nous nous demandons souvent: «Que faut-il faire pour être un bon pasteur»? Le texte des Actes nous répond: «Il faut choisir des gens qui nous aident, parce que nous devons nous consacrer à la prière, au service de la communauté, à la prédication et à l'évangélisation. Cela vaut encore aujourd'hui pour chaque évêque et chaque prêtre. Il faut mettre des priorités dans sa vie: la prière et l'évangélisation, c'est-à-dire l'annonce de la Bonne Nouvelle. L'évangélisation inclut bien sûr la charité sous toutes ses formes...

Nous devons donc trouver du temps pour prier et pour parler aux hommes de Dieu car si le nom du Père et le nom de Jésus ne sont plus annoncés au monde, nous ne sommes plus fidèles à notre mission reçue des apôtres. Le nom de Dieu est banni de la société et de la vie publique, on ose à peine en parler autour de nous, c'est devenu un sujet tabou, comme jadis la sexualité et la vie sociale. Si les apôtres et les prophètes revenaient, ils nous diraient: «Malheur à vous, si vous taisez le nom de Dieu... Annoncez le nom du Seigneur!»

Les apôtres ont donc mission de prier. Il faut reconnaître humblement que nous avons à redécouvrir la prière. Il y a aujourd'hui un renouveau de la prière chez les jeunes et même chez les adultes. Mais on a tellement suspecté la prière en disant que c'était une régression dans l'infantilisme, une projection de nos peurs ou un besoin de sécurité comme un retour au sein maternel, que ceux qui éprouvent le désir de prier se demandent s'ils ne deviennent pas conservateurs ou un peu séniles. C'est vrai qu'il y a parfois des mouvements de piété qui sont des régressions ou du fidéisme et il est utile de faire un vrai discernement en ce domaine pour ne pas donner prise aux caricatures de la prière. Mais si nous sentons en nos cœurs ce désir de renouveler notre vie de prière, ne le tuons pas: il vient de l'Esprit-Saint. Il y aura toujours des voix qui s'élèveront en nous et autour de nous pour dire que la prière nous anesthésie, nous empêche de travailler ou nous démobilise. Soyons sincères: ceux qui ont le plus travaillé dans le monde à l'évangélisation ou à la libération des pauvres ont souvent été des hommes qui priaient toujours. Il suffit de prendre l'exemple de Don Helder Camara qui se lève la nuit pour prier plusieurs heures ou de Mère Térésa qui insiste tant sur la contemplation du Christ dans l'Eucharistie pour s'en convaincre.

Nous avons aussi à prier ensemble car c'est la meilleure façon de résoudre les problèmes de communication entre nous. Dans la prière, des liens mystérieux se créent entre nous qui nous enracinent dans la communion trinitaire. Dès que des chrétiens ou des prêtres dépassent le stade de la discussion pour prier ensemble, il y a quelque chose qui se passe et les dépasse. Il y a un changement dans la direction des regards: ceux-ci ne sont plus opposés l'un à l'autre, mais ils se dirigent vers Quelqu'un qui dépasse le groupe, Dieu.

Il y a plus encore dans cette parole des Actes. Si les apôtres doivent se consacrer à la prière et au service de la Parole, ils doivent aussi apprendre aux hommes à prier et à écouter la Parole de Dieu. Depuis quelques années, on a surtout mis l'accent sur les pauvres, la justice dans le monde, la lutte contre la faim et l'oppression et il fallait le faire — cela ne veut pas dire qu'on l'a fait, même si on l'a dit —! mais on a peut-être laissé dans l'ombre un autre chemin de bonheur qui doit absolument être prêché aux hommes: c'est la voie de la prière, source de véritable joie. Seuls les gens heureux peuvent éviter d'être méchants et apprendre aux autres à s'aimer. Et on ne peut véritablement être heureux si l'on n'a pas retrouvé l'intimité avec Dieu dans la prière. Ainsi apprendre aux hommes à prier, c'est aussi leur apprendre le chemin du véritable amour fraternel.

On ne peut construire un monde fraternel sans la dimension transcendante, c'est-à-dire sans la prière. Nous vivons aujourd'hui une époque de l'histoire de l'humanité où l'on a déployé un effort considérable pour établir des moyens de communication entre les hommes, sans parler de l'effort de socialisation du monde. Et les hommes n'ont peut-être jamais connu une aussi grande solitude, au point que le suicide et la drogue sont des fléaux qui nous menacent à tous moments. Or, nous ne pourrons jamais apprendre aux hommes à vivre comme des frères si nous ne leur disons pas qu'ils ont le même Père. La prise de conscience de la paternité de Dieu est constitutive de la socialisation du monde. Le grand soir dont rêvent les marxistes s'avère de plus en plus lointain et impossible si la dimension de relation verticale à Dieu fait défaut. Or cette prise de conscience de la paternité de Dieu ne peut se faire que dans la prière, c'est-à-dire l'expérience du lien filial qui nous relie à Dieu (Gal 4,6).

Et c'est dans la même ligne que les apôtres doivent apprendre aux hommes à lire la Parole de Dieu. Nous ne faisons pas assez confiance à la puissance de l'Esprit qui agit à travers la Parole de Dieu et nous craignons que les hommes simples, sans culture biblique ne vont pas la comprendre. Faites l'expérience de donner une page d'évangile à des chrétiens et vous verrez combien ils peuvent goûter cette lecture, certains ont même une sorte de don pour l'appliquer concrètement à leur vie. C'est exactement ce qui se passe en ce moment en Amérique latine dans les communautés de base. On donne à ces hommes un texte et ils font des trouvailles assez extraordinaires, même si l'exégèse scientifique n'est pas tout à fait précise. Evidemment, la règle du discernement revient toujours à l'Eglise et aux apôtres. C'est pourquoi le prêtre doit prendre sa responsabilité dans la manière d'authentifier l'Ecriture, mais il doit aussi donner le texte de l'Ecriture aux mains des chrétiens pour qu'ils se nourrissent du pain de la Parole.

3. Révéler aux fidèles leurs charismes

Il faut relire ici les chapitres 12 à 14 de la première aux Corinthiens qui est une description de la multitude des dons qui existent dans la communauté et la deuxième épître à Timothée où Paul parle de la responsabilité de l'Apôtre dans le discernement des dons. Si l'Esprit est à l'œuvre aujord'hui dans l'Eglise, nous devons être convaincus qu'il y a dans nos communautés autant de charismes, de dons et d'aptitudes qu'à Corinthe qui n'était pas une communauté exceptionnelle, bien au contraire. Elle ressemblait beaucoup aux communautés urbaines que nous connaissons maintenant en Occident où le bien est inextricablement mêlé au mal. La seule chose qui a changé, c'est que nous ne remarquons plus ces dons et que nos frères et sœurs n'y croient plus beaucoup.

Or je crois qu'une des tâches fondamentales de l'Eglise dans le monde actuel et donc des évêques et des prêtres est de révéler aux chrétiens le don ou le charisme qu'ils ont reçu de Dieu. Ce n'est pas le fruit d'une prophétie ou d'un don de télépathie, c'est l'exercice d'un charisme que le prêtre a reçu dans l'imposition des mains et qui est le discernement des esprits. Cela suppose que le prêtre ait pris lui-même l'habitude de scruter sa vie pour y discerner les traces et les appels de l'Esprit (Ch. V et VI). Il faut d'abord être convaincu que chaque baptisé a reçu un don spécial : «pour Dieu, dit le Cardinal Etchegarray, il n'y a pas de déchet». Il s'agit donc de découvrir ce don et la plupart du temps, nous ne pouvons le reconnaître que par l'intervention et l'appel d'un autre. C'est une véritable révélation dans la vie d'un homme lorsqu'un de ses frères lui dit : «Tu as reçu tel don de Dieu, mets-le en œuvre. Tu peux faire cela !» Et il ne s'agit pas de dons exceptionnels ou spectaculaires, mais des dons ordinaires de la vie : le don d'être une bonne épouse, un vrai père ou le don de l'amitié. Il y a ainsi par exemple des gens qui ont le don de parler aux enfants et de toucher leur cœur.

D'autres ont un don d'encouragement ou de consolation, c'est important dans la communauté aujourd'hui où nos frères connaissent une crise de l'espérance. Il suffit à ces hommes de rendre visite à un malade, de recevoir un de leurs frères dans l'épreuve, de rencontrer des hommes dans l'obscurité de la foi, au-delà de leurs paroles et à leur insu, leur présence apporte la paix, la sécurité et la joie. Et quand ces hommes acceptent de se rencontrer entre eux, ils forment dans l'Eglise une communauté d'accueil, avec un ministère d'encouragement et de guérison.

Dans ce ministère de guérison (1 Cor 12,9), il faudrait inclure aujourd'hui le ministère de l'accueil spirituel de ceux qui donnent du temps pour écouter les autres. Je pense en particulier à S.O.S. Amitié. On ne répétera jamais assez l'importance de l'amour des pauvres dans l'Eglise puisque le Christ s'est identifié aux affamés, aux malades, aux étrangers et aux prisonniers (Mt 25,31 à 46). Sans oublier les pauvres du Tiers-Monde où cinquante pour cent des enfants meurent avant cinq ans, à cause de malnutrition. Il y a aussi les pauvres du Quart-Monde qui campent dans les bidonvilles et que l'on oublie si facilement. Mais il semble qu'aujourd'hui, il y ait une troisième catégorie de pauvres méconnus : ce sont ces milliers de gens et souvent de jeunes qui ne manquent de rien matériellement mais qui ont des souffrances psychiques ou morales très lourdes.

Pensons à tous ceux qui souffrent de dépression nerveuse, les exclus ou les handicapés de l'amour, les isolés, les jeunes en difficulté, et on n'en finirait pas d'allonger la liste. Ce sont aussi des pauvres qui ne sont pas reconnus parce qu'ils n'ont aucune maladie physique et de qui on rit bien souvent, en disant : « Ce sont des malades imaginaires ! » Le mal de notre monde moderne n'est peut-être plus le manque d'argent mais le manque d'amour et de tendresse. Il faut donner beaucoup de temps à ces hommes et ces femmes, non pas seulement pour écouter leur détresse — et parfois leurs niaiseries — mais pour écouter au-delà de leurs paroles ce qu'ils ne veulent ou ne savent pas dire.

Si le Christ revenait aujourd'hui, il dirait peut-être : *Va, ce que tu as — ton temps — vends-le, donne-le aux pauvres et tu auras un trésor dans le ciel ; puis viens, suis-moi* (Mc 10,21). Pour beaucoup d'entre nous, le temps est ce que nous avons de plus précieux, car nous sommes surchargés de travail et nous voudrions bien réserver ce temps pour nous, alors il est bon de le donner gratuitement aux pauvres, simplement pour les écouter jusqu'au bout de ce qu'ils ont à nous dire. C'est une forme de pauvreté et de dépossession de nous-mêmes qui permettra à la tendresse de Dieu d'envahir notre cœur et de consoler celui de nos frères. Si nous savons aussi donner gratuitement du temps à Dieu dans la prière, *le Père des miséricordes nous consolera dans toutes nos détresses, pour nous rendre capables de consoler aussi tous ceux qui sont en détresse, par la consolation que nous-mêmes recevons de lui* (2 Cor 1,3-4).

Celui qui a l'habitude de «retenir tous les événements et les rencontres personnelles, en les méditant dans la prière» (Lc 2,19) voit se développer en lui un tact spirituel, un don de discernement qui lui permet de dire à ceux qu'il rencontre des paroles comme celles-ci: «Est-ce que tu sais vraiment que tu as un don de prière..., un don de parler aux malades ou aux enfants..., une aptitude à encourager ou à guérir les cœurs»? Il y a aussi tous ces dons inaperçus: le service, la facilité à préparer une rencontre, à recevoir les gens ou à pratiquer l'hospitalité. Dans la vie de nos frères, il y a des dons qui demeurent inexploités parce que personne n'a le souci de les leur révéler. Cela appartient à notre ministère d'édification, au sens fort du mot, celui que Pierre a reçu au sortir de la grande épreuve: *J'ai prié afin que ta foi ne défaille pas. Toi donc, quand tu seras revenu, affermis tes frères* (Lc 22,32).

Nous pensons trop souvent aux charismes extraordinaires ou à celui de direction ou de gouvernement d'une communauté, mais il est bon de relire ce que dit Paul de la diversité des charismes et de l'unité de l'Esprit qui les suscite: *Il y a, certes, diversité de dons spirituels, mais c'est le même Esprit; diversité de ministères, mais c'est le même Seigneur; diversité d'opérations, mais c'est le même Dieu qui opère tout en tous. A chacun la manifestation de l'Esprit est donnée en vue du bien commun* (1 Cor 12,4-7). Ainsi Paul ne considère pas que ces dons soient exceptionnels et réservés à quelques uns, tous en ont reçu: *A l'un est donné un discours de sagesse par l'Esprit, à tel autre un discours de science, selon le même Esprit, à un autre la foi dans le même Esprit* (1 Cor 12,8-9). Ils sont plus nombreux que nous le croyons, les hommes et les femmes qui ont reçu une foi capable de transporter les montagnes, car ils croient à la puissance de la prière. On vient les voir pour se confier à leur supplication: *A tel autre le don de guérir (non seulement les corps mais aussi les cœurs), dans l'unique Esprit. A tel autre, la puissance d'opérer des merveilles, la prophétie, le discernement des esprits, la diversité des langues ou le don de les interpréter. Mais tout cela, c'est l'unique et même Esprit qui l'opère distribuant ses dons à chacun en particulier comme il l'entend* (1 Cor 12,10-11).

Nous sommes assurés de la présence du Christ Ressuscité et de son Esprit jusqu'à la fin des temps. Le seul péché dans la vie d'ici-bas est de ne pas croire au Seigneur Ressuscité et à son action au cœur de l'Eglise et du monde. Aujourd'hui encore, il distribue ses dons à chacun comme il l'entend, mais nous sommes tellement occupés à faire marcher l'institution que nous perdons de vue cette diversité des dons et des charismes. Ou alors, nous pensons aux dons exceptionnels tels que le parler en langues, la glossolalie, les guérisons miraculeuses, mais il y a beaucoup d'autres dons, tels que la sagesse, la foi, la guérison intérieure, le gouvernement et la direction. Ces dons plus mystérieux et plus silencieux sont aussi le fruit de la Pentecôte invisible, sans le vent violent et les langues de feu. Les hommes attendent simplement qu'on leur révèle les dons qu'ils ont reçu de Dieu.

Mais lorsqu'on évoque les dons et les charismes dans le Corps de l'Eglise, il faut suivre saint Paul jusqu'au bout. Après avoir affirmé que les dons ne sont pas destinés à notre usage personnel mais à la construction et à l'édification du Corps, Paul va aller beaucoup plus loin et nous ouvrir une voie bien supérieure: *Or vous êtes, vous le Corps du Christ, et membres chacun pour sa part. Et ceux que Dieu a établis dans l'Eglise sont premièrement les apôtres, deuxièmement les prophètes, troisièmement les docteurs... Puis il y a les miracles, les dons de guérison, d'assistance, de gouvernement, la diversité des langues... Aspirez aux dons supérieurs. Et je vais encore vous montrer une voie qui les dépasse toutes* (1 Cor 12,27-31). Dans cette nouvelle énumération, Paul fait passer l'apostolat avant les dons plus ou moins extraordinaires précédemment énumérés.

Il faut donc aller jusqu'au bout du raisonnement de Paul et affirmer qu'il y a une hiérarchie dans les dons et une voie qui les dépasse tous : c'est la hiérarchie de l'amour qui est de l'ordre de la sainteté: *Je puis parler en langues, faire des miracles, avoir le don de prophétie ou de science, la foi à transporter des montagnes, si je n'ai pas l'amour, je ne suis rien. Je puis même donner tous mes biens en aumônes et livrer mon corps aux flammes, si je n'ai pas la charité, cela ne me sert de rien* (1 Cor

13,1-3). C'est la folie de l'amour, de la pauvreté métaphysique qui dépasse tout. Je peux donner tous mes biens, si je n'ai pas donné ma substance, comme dit Jésus à propos de la pauvre veuve (Lc 21,4), je suis un airain sonnant. Ce qui revient à dire que si je «le» fais de moi-même, je ne donne forcément pas tout. Je peux donner des choses, mais je ne me livre pas moi-même: *Laisse-toi prendre ton manteau* (Mt 5,40). Saint Paul va plus loin en affirmant qu'on peut être martyr sans avoir la charité. Aimer, c'est tout donner et surtout livrer sa liberté de décision.

Nous savons que c'est en scrutant ce texte que Thérèse de Lisieux a découvert sa mission et sa vocation dans l'Eglise. Elle ne s'était reconnue dans aucune des vocations décrites par saint Paul, alors s'abaissant jusque «dans les profondeurs de son néant, elle s'éleva si haut qu'elle put atteindre son but» (*M.A.* p. 228). «Enfin, dit-elle, j'avais trouvé le repos, je ne m'étais reconnue dans aucun des membres décrits par St Paul, ou plutôt je voulais me reconnaître en tous... La charité me donna la clé de ma vocation. Je compris que si l'Eglise avait un corps, composé de différents membres, le plus nécessaire, le plus noble de tous ne lui manquait pas, je compris que l'Eglise avait un cœur, et que ce cœur était brûlant d'amour. Je compris que l'Amour seul faisait agir les membres de l'Eglise, que si l'Amour venait à s'éteindre, les Apôtres n'annonceraient plus l'Evangile, les Martyrs refuseraient de verser leur sang... Je compris que l'Amour renfermait toutes les vocations, que l'Amour était tout, qu'il embrassait tous les temps et tous les lieux..., en un mot qu'il est éternel!...

«Alors, dans l'excès de ma joie délirante, je me suis écriée: O Jésus, mon Amour... ma vocation, enfin je l'ai trouvée, ma vocation, c'est l'Amour!

Oui j'ai trouvé ma place dans l'Eglise et cette place, ô mon Dieu, c'est vous qui me l'avez donnée... dans le cœur de l'Eglise, ma Mère, je serai l'Amour... ainsi je serai tout... ainsi mon rêve sera réalisé» (*M.A.* p. 229).

Thérèse va plus loin que la pensée de Paul, puisqu'elle ne parle pas seulement d'avoir la charité, mais d'être l'Amour.

Nous sommes ici au cœur de la vocation chrétienne, bien au-delà des vocations particulières ou des charismes, ou plutôt à la source de tous ces dons, attribués à chacun, car l'Amour est tout et renferme toutes les vocations. Nous sommes plus ou moins bien doués au plan des charismes, certains diront peut-être qu'ils ne se reconnaissent dans aucune des vocations décrites par saint Paul, mais aucun homme ne peut dire : « Je ne puis pas aimer ! » Nous n'avons aucune excuse de ne pas aimer car l'amour est un don et il suffit de le demander dans la prière. Rien de plus facile que de demander l'amour, mais certains ne veulent pas se mettre à genoux pour supplier Dieu : « L'espérance ne déçoit pas, parce que l'amour de Dieu a été répandu dans nos cœurs par le Saint-Esprit qui nous fut donné » (Rm 5,5).

4. Ravive en toi le don spirituel (2 Tim 4,2)

Voilà ce qu'il faut prêcher à temps et à contre-temps à la communauté chrétienne : la mise en œuvre des dons de l'Esprit attribués à chacun pour que le Corps du Christ se construise selon le dessein du Père. Pour celà, nous avons besoin nous-mêmes de la lumière et de la force de l'Esprit. Il faut souvent reprendre la parole de Paul à son disciple Timothée où il l'invite à être un fidèle dispensateur de la parole de vérité, en veillant sur la communauté. Il commence par lui dire : *Je t'invite à raviver le don spirituel que Dieu a déposé en toi par l'imposition de mes mains. Car ce n'est pas un esprit de crainte que Dieu nous a donné, mais un esprit de force, d'amour et de maîtrise de soi* (2 Tim 1,6-7). Sommes-nous suffisamment conscients que l'imposition des mains de l'évêque a déposé en nous un esprit de force qui nous interdit d'avoir peur et un esprit d'amour, de paix, de tranquillité et de maîtrise de soi ?

Et un peu plus loin, dans la même épître, Paul ajoute : *Mais toi, Timothée, reste confiant, accepte ta souffrance, fais œuvre d'évangélisateur et consacre-toi complètement à ton service* (2 Tim 4,5). L'esprit reçu comme ministre du Christ est un esprit de force et non de crainte, de peur et d'angoisse, pour la bonne raison que «*nous savons en qui nous avons mis notre confiance et nous avons la conviction qu'il est capable de garder notre dépôt jusqu'à ce Jour-là*» (2 Tim. 1,12).

Au fond, nous sommes appelés, comme disait Paul VI à la dernière réunion de sa vie avec les évêques de France, «à faire un saut dans l'espérance». Nous avons cru pendant longtemps que nous pourrions résoudre les problèmes de l'Eglise et la construire avec nos talents, notre intelligence, notre sagesse et notre dynamisme; aujourd'hui il est temps de reconnaître que ce qui nous manque le plus est d'oser croire que Dieu peut donner à son Eglise la puissance de son Esprit. On ne peut plus être apôtre aujourd'hui si on ne croit pas à la Toute-Puissance de Dieu (la *dynamis tou theou* 1 Cor 2,4). Et cette espérance absolue doit devenir une confiance de tous les jours et nous apprendre à vivre, à chaque instant, dans l'abandon à l'action de l'Esprit en nous, au cœur de l'Eglise et du monde.

Note: Comme textes de prière, on pourrait reprendre: Act 1,15 à 26. - Act 6,1 à 7. - 1 Cor ch. 12 et 13.

8

Gloire à Dieu notre Père dans les cieux,
Gloire au Fils qui monte des enfers;
Gloire à l'Esprit de force et de sagesse,
Dans tous les siècles des siècles. Amen.

Note sur l'oraison trinitaire de Saint Ignace

Il est bien évident que le but ultime de l'oraison est de nous faire pénétrer, par la foi, dans l'intense circulation d'amour qui unit entre elles les personnes de la Sainte Trinité. Dans leur jargon, les théologiens nous disent que la prière fait pénétrer le croyant dans le mystère de la circumincession des personnes divines. Les Pères grecs emploieront un langage plus poétique en parlant de la périchorèse, évoquant ainsi la danse trinitaire à laquelle nous sommes admis par grâce, dans la mesure où nous sommes entièrement décentrés de nous-mêmes et sur-centrés sur Dieu. D'une manière plus simple et plus évangélique, nous pouvons reprendre les paroles du Christ dans le chapitre 17 de saint Jean où il demande au Père: *Comme toi, Père, tu es en moi et moi en toi, qu'eux aussi soient un en nous, afin que le monde croie que tu m'as envoyé... Qu'ils soient un comme nous comme un: moi en eux et toi en moi* (Jn 17,21-23). Il s'agit ici d'entrer dans cette unité de circulation réciproque qui met le Fils dans le Père et le Père dans le Fils.

Ainsi le fond de l'oraison débouche sur la communion trinitaire, la présence de Dieu en nous. Si nous pouvons chercher à demeurer en Dieu, c'est parce qu'il a voulu d'abord demeurer en nous. Cette attitude se vit avant tout dans la foi. Il se peut qu'au début d'une vie de prière, l'Esprit nous donne d'expérimenter cette présence trinitaire, ne fût-ce que par mode de désir ou de creux, mais c'est souvent de nuit qu'elle est vécue. La foi nous assure que la Sainte Trinité fait du cœur de l'homme sa demeure (Jn 14,23) et l'oraison devient alors une communion à cette présence.

Parfois le chemin de l'oraison suit un autre itinéraire et commence par une découverte du visage du Christ Ressuscité ou par une prise de conscience de la présence de l'Esprit en nous, ou alors c'est un tendre abandon entre les bras du Père. En ce domaine, chacun vit une expérience particulière et originale : il ne faut pas s'inquiéter si la relation à une personne prédomine et semble laisser dans l'ombre les autres visages. Un jour viendra où nous nous poserons des questions à ce sujet : «Comment se fait-il que le Père ait si peu de place dans ma prière?» ou encore : «Je ne pense jamais à l'Esprit, ou au Christ»? C'est le signe que nous sommes au seuil de franchir une étape, mais nous n'entrerons pas en relation avec les personnes divines par un seul effort d'intelligence et de volonté comme s'il s'agissait de saisir en même temps le Père dans le Fils. Cela nous sera donné par grâce, le jour où le Père nous aura attiré vers le Christ. Et alors, cela ne nous posera plus question.

1. «Il faisait oraison aux Trois Personnes»

Comme témoin de cette expérience, nous voudrions faire appel à saint Ignace de Loyola qui a vécu dans l'oraison cette tension entre la relation à la Trinité tout entière et à chaque personne prise en particulier. Dans son Autobiographie, Conçalves de Camara rapporte un fait significatif : «Il (Ignace) avait beaucoup de dévotion envers la Très Sainte Trinité et chaque jour, il faisait oraison aux Trois Personnes, chacune prise à part. Et comme il priait ainsi la Très Sainte Trinité dans son ensemble, il lui vonait une réflexion: comment? Il faisait quatre oraisons à la Trinité? Mais cette réflexion lui donait peu de soucir ou même aucun, telle une chose de peu d'importance» (Autob. S. Ignace, p. 73).

Au premier abord, une telle réflexion peut nous faire sourire car il ne s'agit pas seulement ici d'un problème arithmétique comme celui que nous nous posions vers sept ou huit ans quand on nous parlait de la Trinité. Nous étions à la fois fascinés et intrigués par l'aspect géométrique: trois personnes distinctes qui ne font pas trois dieux! Ici la question est plus vitale, au sens où l'on dit que l'oxygène est vital et que si on manque d'oxygène, on meurt. Si la vie éternelle est de connaître le Père et son envoyé Jésus-Christ (Jn 17,3) la relation à ces personnes, qu'est la prière, est vraiment l'oxygène de notre respiration trinitaire. Et il pourrait être très important de regarder de près comment nous sommes en relation de communion avec ces trois personnes.

Avant de poursuivre notre recherche, nous voudrions faire une remarque préliminaire et préciser le point de vue sous lequel nous allons envisager cette relation car il y a plusieurs angles de prise de vue. Nous allons nous mettre à l'école de saint Ignace qui fut un véritable mystique trinitaire mais dont nous sommes encore bien loin de connaître l'originalité et la profondeur du témoignage. «Le P. de Guibert a bien montré que la mystique ignatienne ne saurait se rattacher ni à la mystique spéculative, dont saint Jean de la Croix reste le type achevé, ni à la mystique affective, à la manière de saint François d'Assise, mais qu'elle avait sa place dans «une mystique du service de Dieu par amour» (*Le Journal spirituel*, Int. P. Giuliani, p. 35). Il ne s'agit pas bien sûr d'opposer plusieurs types de spiritualité mais de les regarder en elles-mêmes pour découvrir leur complémentarité. Nous ne sommes plus au temps où l'on se prévalait de sa spiritualité pour combattre celle de l'autre car, dans leur source, elles se rejoignent toutes. Elles veulent provoquer une conversion, amener l'homme à croire en Jésus-Christ et à entrer avec lui dans sa relation au Père et aux hommes.

Néanmoins, les accents diffèrent selon les spiritualités. Ainsi en ce qui concerne la spiritualité du Carmel ou celle de saint Bernard, il y a le thème traditionnel des noces spirituelles entre Dieu et l'âme. Nous ne voulons pas écarter cette manière de parler de l'union à la Trinité, décrite sous tant de formes et présentée comme si intime lorsqu'elle est envisagée comme «un mariage spirituel». Nous l'aborderons dans un prochain article sous forme de prière car elle répond au vœu le plus profond de la personne humaine qui désire s'unir totalement à l'autre, tout en demeurant elle-même.

Dans le «Journal» d'Ignace, le Christ n'apparaît jamais comme l'époux de l'âme. «Pas davantage, il n'est question «d'union transformante», fondant la vie de l'âme en celle de Dieu et faisant disparaître notre vie propre dans celle du Christ vivant en nous» (J. de Guibert. *Mystique ignatienne*, dans R.A.M., 1938, p. 120). Le propos d'Ignace est d'un autre ordre et avec toutes les nuances qu'il faudrait apporter à cette expression, c'est «un homme d'action», ou plutôt c'est «une mystique du service de Dieu par amour». Cela n'enlève en rien le caractère mystique d'Ignace qui contemple l'action de la Sainte Trinité en lui et au cœur du monde, pour la rejoindre et la seconder.

C'est dans la ligne de ce que nous avons essayé de dire dans les deux articles précédents lorsque nous avons parlé de l'Examen de conscience. Il s'agit de contempler l'action de la Sainte Trinité qui travaille toujours en nous et ne cesse de nous attirer vers le Christ pour devenir son serviteur auprès des hommes, comme Lui a été le Serviteur du Père. Dans la troisième manière de faire la «Contemplation pour obtenir l'amour», Ignace, après avoir parlé de cette présence de la Trinité au cœur de l'homme (n° 235), va montrer comment elle est à l'œuvre en moi et sur toute la face de la terre. Il s'agit de reconnaître cette action de Dieu et de faire réflexion sur moi-même» pour devenir coopérateur et collaborateur de Dieu:

« Le Troisième : Considérer comment Dieu agit et travaille pour moi dans toutes les choses créées sur la face de la terre : je veux dire, se comporte à la façon d'un homme qui travaille dans les cieux, les éléments, les plantes, les fruits, les troupeaux, etc..., à qui il donne et conserve l'être, la vie, la sensation, etc... Puis faire réflexion sur moi-même » (n° 236).

Nous découvrons ici ce que peut être la mystique d'un homme d'action. Il ne s'agit pas de décider par soi-même, mais de reconnaître l'action d'un Autre en soi pour y collaborer et ne rien faire sans être mû par lui. Ignace est un mystique en ce sens qu'il est « en perpétuelle réceptivité des motions divines, sans rien perdre de sa lucidité, de sa maîtrise et de sa force d'action ». Si le mystique est caractérisé par une certaine passivité, celle d'Ignace est d'un genre tout à fait spécial : « Il semble que toute sa passivité consiste à s'anéantir dans l'acte du "respect", pour retrouver, plus pures et plus droites, les forces de son intelligence et de sa volonté. L'abnégation est alors si radicale que ce n'est plus lui qui sert Dieu, mais Dieu qui se sert de lui » (*Le Journal Int.* p. 36).

Je trouve cette dernière parole admirable, car elle nous fait comprendre l'alliance de passivité, sans laquelle il n'est pas de vie mystique et de l'activité sans laquelle il n'est pas de service de Dieu. C'est l'homme tout entier, avec ses facultés, qui est mû par l'action de Dieu et qui agit librement. Ainsi se réalise en l'homme le jeu harmonieux entre la liberté et la grâce et du même coup sont renvoyés dos à dos le quiétiste et le volontariste. Qui ne soupçonne combien cette attitude exige de silence et de patiente écoute dans la prière pour reconnaître ce que Dieu fait en nous ?

C'est cette manière de contempler la Sainte Trinité qui vaudra à Ignace d'être « un contemplatif dans l'action », ce qu'il avait coutume d'expliquer ainsi : « Dieu doit être trouvé en toutes choses. » Ce que les mystiques avaient dit de plus audacieux sur le « mariage spirituel », c'est-à-dire l'union transformante de l'homme avec Dieu, n'est pas seulement réservé aux seuls contemplatifs, mais peut-être vécu sous une autre forme, au ras de l'expérience quotidienne, dans la vie la plus active, à condition que l'apôtre soit totalement décentré de lui-même et recherche en tout la volonté de Dieu. On est frappé en lisant la vie d'Ignace qu'il retombe à tout instant dans la prière, comme par le poids naturel du cœur: qu'il parle, rende des visites ou en reçoit, ou qu'il marche dans la rue, il est sans cesse en oraison, de la même manière et avec la même profondeur que durant les longues heures d'oraison du matin et du soir.

2. Il sentait et contemplait la présence de la Sainte Trinité

Un des premiers disciples d'Ignace, Nadal, nous dit qu'Ignace avait reçu ce genre de contemplation trinitaire, «souvent autrefois, mais dans les dernières années de son pèlerinage, quasi tout uniement. Cette manière de prier, il la connut par un grand privilège, à un degré très haut. En outre, ce privilège, il l'eut en toutes choses, actions, conversations, en sorte qu'il sentait et contemplait la présence de Dieu, avec attachement aux choses spirituelles, étant devenu contemplatif dans l'action».

Et cette contemplation est essentiellement trinitaire, avec cette particularité qu'Ignace entre avec toute sa plénitude d'homme dans toute la plénitude de Dieu (Eph 3,19). «Nous savons, dit encore le P. Nadal, que le Père Ignace avait reçu de Dieu une grâce spéciale pour s'exercer librement et se reposer dans la contemplation de la très Sainte Trinité. Tantôt c'était la contemplation de la Trinité entière qui le conduisait, l'emportait, unifiait son cœur dans un grand sentiment de dévotion et de goût spirituel, tantôt c'était la contemplation du Père, tantôt celle du Fils, tantôt celle du Saint-Esprit» (*Monumenta.* Nadal, IV, pp. 651-652).

C'est dans le *Journal spirituel* qu'on saisit le mieux le mouvement trinitaire de la prière d'Ignace, mais il ne s'agit à aucun moment d'une contemplation sans rapport avec les questions qui l'agitent. Même s'il éprouve une grande joie, une «dévotion chaleureuse», voire même «une allégresse intérieure de l'âme» et des larmes, c'est toujours pour demander la lumière au sujet du genre de pauvreté qui sera adopté dans les églises de la Compagnie qu'il prie la Sainte Trinité. Il sait que *tout don excellent, toute donation parfaite vient d'en-haut et descend du Père des lumières* (Jc 1,17). Dans la «Contemplation ad Amorem» qui est essentiellement trinitaire, il insistera sur ce mystère de Dieu, contemplé comme le Soleil ou la Source d'où découlent toutes les grâces:

«Le quatrième: Considérer comment tous les biens et tous les dons viennent d'en-haut: par exemple, ma puissance limitée découle de celle qui là haut est souveraine et infinie; et de même la justice, la bonté, la piété, la miséricorde, etc... comme du soleil coulent des rayons, de la source coulent les eaux, etc. Puis terminer en faisant réflexion sur moi-même, comme il a été dit» (Ex. 237).

C'est pour demander cette grâce qu'Ignace prie avec ardeur. Habituellement il ne reçoit pas de réponse directe, mais il reconnaît que Dieu répond à sa supplication en lui donnant de grandes lumières sur le mystère de la Sainte Trinité et c'est en examinant ces lumières et ces motions qu'il juge de l'action de Dieu dans sa vie. C'est donc d'une manière indirecte qu'il parle de l'union à la Sainte Trinité:

«Senti alors de telles intelligences spirituelles qu'il me semblait comprendre par là qu'il n'y avait, pour ainsi dire, plus rien à savoir en ce qui concerne la Très Sainte Trinité» (J.S. p. 67).

Nous avons là un indice très important pour éclairer les questions qui se posent à nous. Habituellement, nous essayons de les résoudre au moyen de la réflexion, en pesant le pour et le contre et en prenant une décision conforme au bon sens. Ignace nous indique une autre voie, il nous conseille de prier la Sainte Trinité et de faire oraison gratuitement. Alors au moment où nous y pensons le moins, dans la prière, nous cueillerons les décisions de l'Esprit. C'est pourquoi Ignace conseille d'aborder la matière des élections après les contemplations du Baptême de Notre-Seigneur, dans l'expérience des Exercices. Pour une raison très simple, c'est que nous prierons alors dans un mouvement trinitaire: «Voici mon Fils bien-aimé, en qui j'ai mis tout mon amour. Ecoutez-le. »

Comme chacun de nous, Ignace demeure perplexe sur la manière d'entrer en relation avec les Trois Personnes divines; sans cesse il se demande «par où commencer», car il éprouve une sorte de multiplicité dans l'objet de sa prière. S'il commence par le Fils, il «delaisse» le Père, s'il prie le Christ, il ne trouve pas ce qu'il cherche, alors que son désir le porte vers la Trinité tout entière. : «Je voulais trouver la dévotion dans la Trinité, je ne voulais pas la chercher ni la trouver en disant les oraisons au Père, et je ne m'y disposais pas, car il me semblait qu'il n'y avait pas la consolation ou visite en la Très Sainte Trinité» (Journal, p. 67). «Je sentais quelque chose dans le Père, comme la présence des autres personnes en lui» (*Journal*, p. 79).

Il lui faudra beaucoup de temps et de supplication pour comprendre par expérience qu'en chacune des personnes, il atteint la Trinité tout entière. Il se «convertira» sans cesse de la nature aux personnes, mais le Père occupera toujours dans les visions d'Ignace une place exceptionnelle. Il reconnaît en lui le principal fondamental, la source et la racine des autres personnes. C'est Lui qui engendre, de qui tout procède et vers qui tout est orienté. C'est pourquoi Ignace voit toujours les autres personnes en tant qu'elles habitent dans le Père. Quand nous aborderons la prière trinitaire, peut-être avons-nous dans la supplication, au Père, la source des relations aux autres personnes.

Au fond, l'Esprit doit susciter en lui ce que Tauler appelle un «contuitus», c'est-à-dire un regard englobant la relation du Père au Fils et vice et versa. Sur ce sujet, Ignace ne sait pas bien s'exprimer car il touche là le domaine de l'ineffable et il rependra à son compte les mots mêmes de saint Paul racontant comment il fut *ravi jusqu'au Paradis et entendit des choses ineffables qu'il n'est pas permis à l'homme de redire. Etait-ce en son corps ou en dehors de son corps. Dominus scit* (2 Cor 12,2-4). Seul le Seigneur le sait. Laissons la parole à Ignace:

«Mais, pendant cette messe, je connaissais, je sentais ou voyais, Dominus scit, que parler au Père, voir qu'il était une

Personne de la Très Sainte Trinité, cela me portait à l'aimer tout entière, d'autant plus que les autres personnes étaient en lui essentiellement. J'éprouvais la même chose pendant l'oraison au Fils, la même chose pendant l'oraison au Saint-Esprit, jouissant de l'une ou de l'autre Personne pendant que je sentais les consolations, les rapportant à toutes les Trois, et trouvant ma joie en ce qu'elles appartenaient à toutes les trois. Il m'apparaissait si important de résoudre ce nœud ou ce quelque chose de ce genre que je n'en finissais pas de dire à moi-même, parlant de moi: «Qui es-tu, toi? d'où! etc... Que méritais-tu? ou: d'où cela? etc...» (*Journal*, p. 68).

Jusque là, Ignace tâtonne dans un sens ou dans un autre et n'a pas conscience de rejoindre les trois personnes en priant le Père. Il faut noter que c'est au cours de l'Eucharistie qu'il lui est intérieurement révélé que prier l'une des personnes, c'est atteindre la Trinité tout entière. L'objet de cette grâce reçue est donc le mystère même de la circumincession des personnes au sein de la Trinité. Pour Ignace, il y avait réellement un nœud à résoudre et qui portait aussi sur la confirmation de ce qu'il attendait. A partir du moment où il entrera expérimentalement dans ces relations intratrinitaires, il comprendra au niveau de ses puissance naturelles ce que Dieu attend de lui.

Deux jours plus tard, Ignace recevra d'une manière très explicite la confirmation de ce qu'il attendait par la personne même de Jésus, de telle sorte qu'il ne peut plus douter que la relation à Jésus le relie aussi à la Sainte Trinité: «Il me paraissait en quelque façon que c'était l'œuvre de la Très Sainte Trinité que Jésus se montrât ou se fît sentir, me souvenant du jour où le Père me mit avec le Fils» (*Journal*, p. 70). Il se rappelle ainsi la vision reçue en novembre 1537, à La Storta, près de Rome où le Père et le Fils lui étaient apparus: Jésus, portant sa Croix, avait pris Ignace pour «compagnon», sur l'initiative du Père.

3. «Prié et supplié Jésus»

«Prié et supplié Jésus qu'il m'obtienne le pardon de la Très

Sainte Trinité, et continuant à sentir en moi une grande confiance de l'obtenir» (*Journal*, p. 72). A plusieurs reprises, Ignace éprouvera de «l'amertume sur les choses passées» (n° 94,115) et le besoin de «réconciliation» (n° 76, 78, 110, 112, 115, 118) parce qu'il se sent coupable d'un mouvement «d'indignation» envers la Sainte Trinité (Journal, p. 64), pour n'avoir pas reçu la réponse espérée. On sent bien qu'Ignace doit sans cesse purifier sa demande pour ne pas imposer à Dieu ses vues, même si elles sont justes. La réponse doit toujours être reçue et accueillie, surtout si Dieu se tait. Le dernier mot de notre relation à Dieu est l'adoration de sa sainte volonté et la «révérence» de son mystère:

«Je ne trouvai plus en moi, dit Ignace, cette contradiction passée envers la Sainte Trinité» (*Journal*, p. 75). Ainsi il reconnaît explicitement qu'il importe moins d'être confirmé selon son attente, que de «se conformer à la volonté de la Très Sainte Trinité, par la voie qui lui paraîtra la meilleure» (n° 80), de «se laisser gouverner par elle» (n° 81), «par la voie la plus efficace» (n° 82).

Ignace comprend surtout que s'il lui revient de scruter avec son intelligence le mystère de la Sainte Trinité pour découvrir les «opérations des Personnes divines et leur procession», il dépend de Dieu seul de le faire entrer dans ce mystère. L'homme cherche avec tous les moyens mis en son pouvoir, mais seul l'Esprit-Saint peut lui faire trouver ce qu'il cherche. Ignace est obligé de constater que s'il passait toute sa vie à étudier ce mystère de la Trinité, il ne recevrait pas autant de lumières que dans la prière:

«Très nombreuses intelligences de la Très Sainte Trinité, qui illuminaient l'esprit, au point qu'à force d'étudier je n'en saurais pas autant; et ensuite, réfléchissant encore à ce que je comprenais, quand bien même j'étudierais toute ma vie» (*Journal*, p. 65).

C'est donc avant tout de la prière qu'Ignace attend une réponse à toutes ses questions. Comme chacun d'entre nous, quand il rencontre des problèmes réels, il est tenté de chercher une solution au niveau de la réflexion, il comprend alors que c'est un risque de fuite dans l'imaginaire. Tandis que la prière, qui est rencontre de la Sainte Trinité, est toujours retour au réel. En lisant le *Journal spirituel*, on est impressionné par le souffle de prière intense qui anime toutes ces pages. Toutes les citations où il est question de la prière ne parviendraient pas à rendre compte du climat de supplication qui imprègne toute sa vie, c'est vraiment «une vie intérieure à sa propre vie». La prière accompagne et purifie sa sensibilité, elle éclaire sa réflexion, elle soutient sa volonté et la maintient ouverte à toutes les inspirations de l'Esprit. Les mots «supplier» et «prier» reviennent très souvent: «J'en venais à prier et à supplier Jésus qu'il me conforme à la volonté de la Très Sainte Trinité par la voie qui lui paraîtrait la meilleure» (*Journal*, p. 74). «Me venant dans l'esprit de supplier Jésus pour qu'il m'obtienne le pardon de la Sainte Trinité» (*Journal*, p. 72). On pense ici au récit de l'agonie en saint Marc (14,32 à 42) où dans l'espace de dix versets, l'auteur insiste à trois reprises sur la prière de Jésus au Père, marquant par là dans une note brève, que la prière de Jésus s'est étendue toute la nuit de l'agonie.

A propos d'Ignace, il faut écarter le mythe de la prière facile. Il note à certaines heures le dégoût qu'il éprouve à prier, son impuissance à se fixer ou à s'orienter, ses inquiétudes face aux mouvements qu'il ressent et le conduisent vers des «voies inconnues». Son oraison est parfois rendue pesante, par la fatigue physique ou contrariée par le «tentateur». Il a envie de tout laisser là et de chercher une chambre en ville pour avoir la tranquillité. Mais chaque fois, il revient à la prière et expérimente le bien-fondé de la persévérance. Notons au passage que pour durer dans cette supplication, il fait sans cesse appel aux médiateurs qui intercèdent avec et pour lui:

«Un moment après, me demandant par où je commencerais, me souvenant de tous les saints, je me recommandais à eux pour qu'ils prient Notre Dame et son Fils afin qu'il soient mes intercesseurs auprès de la très Sainte Trinité. Avec grande dévotion et désir, je me couvris de larmes et j'allais ainsi confirmer les oblations antérieures, parlant de beaucoup de choses priant et prenant pour intercesseurs les anges, les patriarches, les apôtres et disciples, et tous les saints, etc..., auprès de Notre-Dame et de son Fils. Et de nouveau les priant et les suppliant longuement, pour faire monter ma confirmation définitive et mon action de grâces devant le trône de la Très Sainte Trinité» (*Journal*, p. 62).

Plus on avance dans le Journal et plus on devine qu'Ignace éprouve une véritable passion pour le mystère de la Trinité. Il utilise des expressions qui vont toujours croissant et en fait il ne parvient pas à bien s'exprimer. Ainsi il prend «une certaine confiance et amour pour la Très Sainte Trinité» (p. 79). Deux jours après, le 4 mars, il note à trois reprises, sur l'espace d'un seul feuillet: «nouvelle dévotion et larmes, se portant toujours sur la Très Sainte Trinité» (p. 82), «un très excessif amour se portant sur la divine Majesté» et enfin «un amour intérieur pour la Trinité» (p. 83). Désormais, les mots sont trop étroits pour contenir la vérité de l'eau vive et il y aurait un risque à enfler le vocabulaire en pensant qu'il pourra traduire la réalité.

Ce que l'on peut dire en terminant c'est que la prière d'Ignace est en perpétuelle recréation. Des sentiments que nous croirions dès longtemps acquis lui sont nouveauté et découverte. Ainsi il parle d'un «respect de la Trinité» comme d'une grâce sans précédent parce qu'il l'éprouve à une profondeur d'intériorité jusqu'alors inconnue. Il reçoit une visite qui lui paraît «insigne et excellente parmi toutes les visites» parce qu'il la ressent dans un amour toujours neuf.

D'un bout à l'autre du Journal, l'oraison d'Ignace est toujours en mouvement: c'est une découverte émerveillée du Dieu Trinité. C'est toujours un nouveau départ et elle ouvre sur des richesses que l'âme ne finira jamais d'explorer. Lorsque les saints soulèvent pour nous un coin du voile de leur prière, on soupçonne un peu ce que doit être la relation entre le Père et le Fils. Eternellement, ils se disent: «Mon Père» et «Mon Fils», sans jamais s'ennuyer parce que leur amour et leur vie sont tellement intenses qu'ils n'ont pas besoin de bouger pour être éternellement captivants.

Seul l'amour humain peut nous aider à soupçonner ce mystère: si les hommes ne connaissaient pas la saveur de l'amour, ils n'arriveraient jamais à comprendre que les amoureux ne s'ennuient pas. Cependant ils restent des heures à se regarder et à répéter: «Je t'aime et tu m'aimes... Que veux-tu que je fasse pour toi»? Ils témoignent qu'à leurs yeux, ce sont les autres qui s'ennuient. La Trinité comme le ciel nous paraissent fades alors que c'est nous qui sommes fades.

Dieu ne s'ennuie jamais, bien que le Père et le Fils se répètent éternellement la même chose: «Aujourd'hui, je t'ai engendré... Abba! Père»! Ils ne s'ennuient pas parce que c'est trop intense. Le malheur, c'est que nous n'avons aucune idée de cette intensité. Dans un prochain chapitre, nous essaierons d'approcher de très loin, sous la forme d'une prière, le mystère du «Toi» et du «Moi» en Dieu.

Nous achevions cette étude sur l'oraison trinitaire de saint Ignace, à partir de son *Journal spirituel* lorsque nous est parvenue la Conférence du P. Arrupe, Supérieur général de la Compagnie de Jésus, donnée à Rome lors de la séance de clôture du Cours ignatien de spiritualité, le 8 février 1980. Cette conférence intitulée: «L'inspiration trinitaire du charisme ignatien» (Documentation. n° 45 Borgo San Spirito 5, 3 A. 00193 Roma) reprend les trois grandes étapes de la vie de saint Ignace (Le Cardoner, la Storta et le Journal) et montre comment toute sa spiritualité et celle de la Compagnie s'articule autour du mystère de la Sainte Trinité. Ceux qui s'intéressent à la spiritualité ignatienne doivent lire cette étude d'une grande profondeur spirituelle. On peut même dire que tous ceux qui travaillent au renouveau de la vie religieuse, à la lumière de Vatican II, trouveront là une dynamique nouvelle pour comprendre, à la lumière de la Sainte Trinité la notion de personne humaine, de «don de soi», de pauvreté, de communauté et de mission.

Le Père Arrupe fait une réflexion qui me semble déborder le cadre de la Compagnie et qui vaut bien aussi pour la vie religieuse que pour l'Eglise: «Je me demande si le manque de proportion entre les généreux efforts réalisés dans la Compagnie ces dernières années et la lenteur avec laquelle progressent la rénovation intérieure attendue ainsi que l'adaptation apostolique, en certains domaines, aux besoins de notre époque —

thème qui m'a souvent préoccupé — (Allocutions à la LXVI Congr. des Proc., 1978. AR XVII 423 et 519) n'est pas dû à ce que l'engagement dans de nouvelles et intenses expériences l'a emporté sur l'effort théologique et spirituel pour découvrir et reproduire en nous la dynamique et le contenu de l'itinéraire intérieur de notre fondateur, qui conduit directement à la très Sainte Trinité et descend d'elle pour le service concret de l'Eglise et «l'aide des âmes» (Documentation n° 45, §. 105, p. 36).

Il donne enfin une *Invocation à la Trinité* qu'il a lui-même composée et qui traduit en prière les grands axes de la Conférence. Elle entrera dans ces textes de prière qui nourrissent l'oraison comme l'Acte d'Offrande de sainte Thérèse de Lisieux et la prière de Sœur Elisabeth de la Trinité. Nous la reproduisons ici en entier afin que nous puissions reprendre sous forme de prière ce qui a été dit dans l'article:

Invocation à la Trinité

«O Trinité très Sainte! Mystère fondamental, origine de tout. Qui t'a vu qui puisse te décrire? Qui est capable de te louer tel que tu es? (Ecc. 43,31). Je te sens si sublime, si loin de moi, mystère si profond! que cela me fait proclamer du fond de mon cœur Saint, Saint, Saint. Plus se révèle à moi ton inaccessible grandeur (1 Tim 6,16), plus je sens ma petitesse et mon néant (Ps 38,6), mais en scrutant davantage l'abîme de ce néant, je te rencontre dans le fond même de mon être: *intimior intimo meo* (*Confessions*). Tu m'aimes, tu me crées pour que je ne sois pas réduit au néant, tu travailles par moi, pour moi, avec moi en une mystérieuse communion d'amour (Exerc. Sp. 236). Me mettant devant Toi, j'ose élever ma prière et demander à Te connaître, bien que je sache que, pour l'homme, le sommet de la connaissance à ton sujet est de savoir qu'il ne sait rien de Toi (De Potent. q. 7, a. 5 ad 14). Mais je sais aussi que cette obscurité est pleine de la lumière du mystère que j'ignore. Donne-moi cette *Sagesse mystérieuse, cachée, destinée avant les siècles pour notre glorification* (1 Cor 2,7).

«Comme fils d'Ignace et ayant à répondre à la même vocation, pour laquelle Tu m'as choisi, je te demande un peu de cette lumière «insolite», «extraordinaire», «éminente», de l'intimité trinitaire, pour pouvoir comprendre le charisme d'Ignace, le recevoir et le vivre comme on le doit en ce moment de l'histoire de ta Compagnie.

Donne-moi, Seigneur, de commencer à voir les choses avec d'autres yeux, à discerner et à expérimenter les esprits qui me permettent de lire les signes des temps, à goûter tes vérités et à savoir les communiquer au prochain. Donne-moi cette clarté d'intelligence que tu as donnée à Ignace (Lainez, FN I 80).

«Je désire, Seigneur, que tu commences à te comporter avec moi de la même manière qu'un maître d'école avec un enfant (Aut. 27), puisque je suis disposé à suivre même un petit chien s'il m'indique le chemin (Aut. 23).

«Que ta lumière soit pour moi comme le buisson ardent pour Moïse ou l'éblouissement de Damas pour Paul, ou le Cardoner et la Storta pour Ignace. C'est-à-dire l'appel à suivre un chemin qui sera obscur, mais qui s'ouvrira progressivement devant nous, comme il s'ouvrait devant Ignace au fur et à mesure qu'il le parcourait (1).

«Accorde-moi cette lumière trinitaire qui a fait si profondément comprendre tes mystères à Ignace qu'il en est arrivé à pouvoir écrire: «J'ai senti de telles intelligences spirituelles qu'il me semblait comprendre par là qu'il n'y avait plus rien à savoir en ce qui concerne la très Sainte Trinité (*Journal*, 21 février 1544). Pour cela, je voudrais sentir comme lui que tout se rapporte à Toi (*Journal*, 3 mars 1544).

«Je te demande aussi de me faire comprendre ce que signifie

---

(1) Ignace suivait l'esprit, il ne le précédait pas. Et de cette manière il était conduit avec douceur il ne savait où. Il ne pensait pas alors fonder l'Ordre. Et pourtant, peu à peu, le chemin s'ouvrait devant lui et il le suivait, sagement ignorant, son cœur livré avec simplicité au Christ *(Nadal, Dialogi, 17. FN II 252)*.

aujourd'hui, pour moi et pour la Compagnie, ce que tu as manifesté à Ignace. Fais que nous découvrions peu à peu les trésors de ton mystère, qui nous aideront à avancer, sans nous égarer, sur le chemin de la Compagnie, sur cette *via nostra ad Te* (*Form. Inst.* Jul. III, 1). Convaincs-nous de ce que la source de notre vocation est en Toi et que nous progresserons beaucoup plus en cherchant à pénétrer tes mystères par la contemplation et à vivre la vie divine «abundantius» qu'en recherchant seulement les moyens et les activités humaines. Nous savons que notre oraison nous conduit à l'action et que «personne dans la Compagnie n'est aidé par Toi pour son seul bénéfice» (Nadal, 3ª Exhort. Complut. dans Comm. de Instit. 324).

Comme Ignace je me mets à genoux pour te rendre grâce de cette sublime vocation trinitaire de la Compagnie (Lainez, Adhort. in. examen, 7. FN II 133), et comme saint Paul aussi fléchissait le genou devant le Père, je te supplie d'accorder à toute la Compagnie qu'enracinée et fondée dans la charité, elle devienne capable de comprendre avec tous les saints quelle est la largeur et la longueur, la profondeur et la hauteur... et que je sois rempli de toute la plénitude de Toi, Trinité très Sainte, (Eph 3,14-19). Donne-moi ton Esprit qui pénètre tout, même les profondeurs de Dieu (1 Cor 2,10).

«Pour parvenir à cette plénitude, je suis le conseil de Nadal: Je donne la préférence dans mon oraison à la contemplation de la Trinité, à l'amour et à l'union de charité qui comprend aussi le prochain par les ministères de notre vocation (*Formula Instit.* Julii III, 1).

«Je termine avec la prière d'Ignace: Père éternel, confirme-moi; Fils éternel, confirme-moi; Esprit-Saint éternel, confirme-moi; Sainte Trinité, confirme-moi; mon Dieu qui es un seul Dieu, confirme moi (*Journal*, 18 février 1544).»

9

Fais-nous voir le Visage du Père,
Et révèle-nous celui du Fils
Et toi, l'Esprit commun qui les rassemble,
Viens en nos cœurs, qu'à jamais nous croyons en Toi.

Lorsque saint Benoît Labre parlait du mystère de la Sainte Trinité, son visage devenait aussi lumineux que le soleil ou alors il pleurait à chaudes larmes. Un jour, un théologien lui fit cette remarque: «Tu parles toujours de la Sainte Trinité, mais qu'est-ce que tu en sais?» Et Benoît de lui répondre: «Je n'en sais rien..., mais voilà, je suis emporté!» Et en disant cela, il faisait un geste de la main qui en disait plus long que ses paroles! Comme j'aime cette réponse de Benoît Labre! S'il était encore vivant, je vous inviterais à aller le voir et à lui demander qui est la Sainte Trinité pour lui. Si vous cherchez bien autour de vous ou dans un monastère, vous trouverez encore des gens qui sont emportés par la Trinité, pour qui la Trinité est absolument tout. Ce sont eux qu'il faut interroger d'abord et non pas les théologiens. Ces derniers pourraient vous «décrire» la Trinité, avec des précisions techniques, ils ne pourraient pas vous la montrer (du moins comme théologiens, à moins qu'ils soient des «saints» en même temps), tandis que des gens comme saint Benoît Labre pourraient vous montrer ce qui se passe quand la Trinité Sainte devient tout pour un homme.

Au fur et à mesure que le feu du Buisson ardent investit le cœur d'un homme, celui-ci est fasciné par la Trinité, mais ce mystère devient de plus en plus obscur pour lui, car il est aveuglé par un excès de lumière. La Rochefoucauld disait: «Il y a deux choses qu'on ne peut pas regarder en face: le soleil et la mort». On ne peut pas voir Dieu qui est le Soleil de Justice sans mourir. Quand on regarde de trop près le soleil de la Trinité, sans verres protecteurs, les yeux sont obscurcis et on ne voit plus le soleil. Tant que Dieu se tient à distance, on peut encore le contempler, mais quand Il s'approche de trop près pour nous étreindre, alors c'est l'immobilité totale. On souhaite alors avoir un peu de distance! Quand on rentre dans le sein maternel, on ne voit plus la mère, ni son visage. Quand on rentre dans le sein du Père, on ne voit plus son visage, mais on est de plus en plus fasciné et attiré par lui. Un tel attrait ne s'explique pas, même si au début de la vocation, l'homme a reçu des lumières profondes sur ce mystère, au fur et à mesure qu'il avance, il entre dans la divine ténèbre.

1. Le secret de Dieu

Nous passons notre vie à scruter ce mystère pour ne pas comprendre et devenir plus aveugle: on débouche alors dans une béatitude qui est d'expérimenter l'incompréhensibilité de Dieu, alors on ferme la bouche dans la poussière comme Job (42,1-6). Au fond de cette ténèbre, il y a comme une petite lumière qui brille, elle est cachée et il faut bien la repérer: c'est l'étoile du secret de Dieu. Lorsque je vois briller une étoile dans le ciel bleu de la nuit, je suis beaucoup plus fasciné par l'obscurité impénétrable de l'azur que par la lumière de l'étoile.

Pour approcher le mystère de la Sainte Trinité, il faut se mettre à genoux devant le ciel obscur et fixer, sans se lasser, l'étoile du secret de Dieu. C'est ce secret qui plane sur tout

tout l'évangile et la raison ultime de la venue de Jésus sur terre est de nous faire partager ce secret qui était sien éternellement. Il ne suffit pas de «dire» ce secret, avec des paroles et des idées, c'est une perle précieuse qu'il faut découvrir et qui nous remplit de joie (Mt 13,44-46). Si nous ne sommes pas convaincus que c'est *un secret caché aux sages et aux intelligents et révélé seulement aux tout-petits* (Mt 11,25), nous n'aurons jamais l'humilité de nous mettre à genoux et de supplier Jésus de lever un coin du voile qui nous le cache. Jésus est formel à ce sujet: *Nul ne connaît le Fils, si ce n'est le Père, et nul ne connaît le Père, si ce n'est le Fils et celui à qui le Fils veut bien le révéler* (Mt 11,28).

Jésus est le seul à pouvoir nous dévoiler le Père, comme le Père est le seul à pouvoir nous attirer vers Jésus: *Nul ne peut venir à moi si le Père qui m'a envoyé ne l'attire* (Jn 6,44). A certains moments, on a l'impression que le Père et le Fils jouent à la balle avec nous et nous renvoient l'un à l'autre pour nous faire trouver la porte étroite du «secret», jusqu'au jour où l'on comprend qu'être uni à une des personnes, c'est être uni à la Trinité tout entière. Mais personne n'entre en communication avec le secret, sans y être expressément invité.

Sur le plan des comparaisons humaines, que peut signifier ce secret? Chacun de nous a une vie intérieure, intime, que l'on peut qualifier de secrète: «Mon cœur a son secret, mon âme a son mystère», dit le poete. Ce qui caractérise ce secret, c'est que nul ne peut y pénétrer si nous ne le voulons pas. On peut nous forcer à dire des choses matérielles, personne ne peut nous obliger à communiquer le fond de notre cœur si notre liberté le refuse. Nous pouvons étudier le caractère d'un homme d'aussi près que possible, avec tous les critères de la psychologie, s'il ne veut pas dire ce qu'il a dans le cœur, nous ne le saurons jamais. Cela ne dépend pas de notre insuffisance intellectuelle ou d'un défaut de compréhension, mais de la liberté de l'autre. Cette remarque est très importante pour comprendre la révélation, car c'est la même chose pour Dieu.

Quelle que soit notre pénétration intellectuelle pour méditer sur son mystère, si Dieu ne nous en ouvre pas la porte, nous resterons en face de celle-ci. A force d'ascèse et de contemplation naturelle, nous n'arriverons jamais à pénétrer le secret de Dieu, car Il est une personne libre et Lui seul peut nous ouvrir ou non son mystère. A partir de la création (Sg. 13,1-9), nous pouvons avoir une certaine connaissance naturelle de Dieu : *Les perfections invisibles de Dieu*, nous dit Paul, *nous sont révélées au-dehors par ses perfections visibles* (Rm 1,20). Ce monde doit bien avoir un Créateur et les perfections de la création sont les perfections du Créateur. C'est l'œuvre de la théodicée qui nous fait remonter la voie d'analogie et nous fait découvrir les attributs divins, à partir des attributs de la création : beauté, bonté, justice, simplicité, etc... Une telle connaissance peut aller très loin et exige une singulière purification de l'intelligence et des sens.

Mais cette connaissance nous découvre Dieu, si j'ose ainsi m'exprimer, par le côté où il ressemble à quelque chose. En disant Dieu créateur ou Sauveur, ce n'est jamais Dieu en lui-même que nous désignons, mais sa face tournée vers le monde, c'est-à-dire ce qui est «autour de Dieu». Ainsi quand je dis : Dieu est bon, je l'atteins par le côté où il ressemble à quelque chose, dans la mesure où l'homme est bon à l'image de Dieu, mais il y a une face de Dieu qui m'échappe totalement. Il y a donc une face invisible de Dieu par laquelle il ne ressemble à rien. Si j'osais une comparaison très approximative, je ferais appel à la lune dont une des faces n'est visible que par les astronautes.

C'est sur cette face mystérieuse et invisible que porte le secret de Dieu. C'est aussi la contemplation de cette face qui fascine l'homme, beaucoup plus que la face visible. Le désir de l'homme, qu'il soit juif, grec, musulman ou hindou, est de voir ce visage qui ne ressemble à rien et de partager la communion de son regard. En un mot, nous désirons manger face à face avec le Créateur : ce banquet étant le signe de notre communion avec lui. La Bible a donné un nom à ce visage en parlant de sa Sainteté. Ainsi chaque fois que nous célébrons l'Eucharistie, le festin messianique du Royaume, nous proclamons la sainteté de Dieu, évoquée par Isaïe : *Saint, Saint, Saint, le Seigneur*

Dieu de l'univers, le ciel et la terre sont remplis de sa Gloire (Is 6,3).

Proclamer que Dieu est Saint, c'est affirmer qu'il est séparé du monde, qu'entre lui et l'homme, il y a une falaise et un abîme, selon l'expression de tous ceux qui ont frôlé la sainteté de Dieu. Ainsi cette sainteté de Dieu est à la racine de son secret et il ne faut pas la confondre avec les autres religions. A la source de la foi chrétienne, il y a la venue du Verbe dont le Visage était tourné vers la face invisible de Dieu» (Jn 1,1-2), car *personne n'a jamais vu Dieu, le Fils unique qui est dans le sein du Père nous l'a dévoilé* (Jn 1,18). Malheureusement les siens ne l'ont pas accueilli (Jn 1,11). Un jour du temps, le Fils de Dieu est venu nous porter une invitation à souper avec le Créateur: *Voici que je me tiens à la porte et je frappe; si quelqu'un entend ma voix et m'ouvre, j'entrerai chez lui et je souperai avec lui* (je prendrai la Cène), *lui près de moi et moi près de lui* (Ap 3,20). Il y a longtemps que Dieu lance cette invitation au banquet trinitaire, puisqu'il dit à Adam la première fois qu'il lui parle: où es-tu? (Gen 3,9). Mais l'homme est dur d'oreille, c'est pourquoi, ayant épuisé tous les moyens pour faire entendre cette invitation inexprimable, il enverra en dernier recours son Fils unique. Et nous savons ce que nous en avons fait (cf. La parabole des vignerons homicides, Mc 12,1-12). Il faudra revenir sur cette notion de dévoilement au cœur de la Trinité, mais il faut regarder maintenant ce qu'en dit Jésus dans l'évangile.

Pour conclure ce paragraphe, disons que l'homme est invité à partager ce secret de Dieu, c'est la source de la grâce. Dieu lui offre tout ce qu'il peut imaginer mais qui ne ressemble à rien. Et la grâce n'est pas seulement une élévation de la créature, mais le don de Dieu lui-même dans son secret. Quand Jésus parle de ce secret, il dit en priant: «*Oui, Père, c'est ainsi que tu en as disposé dans ta bienveillance*» (Mt 11,26). L'homme n'a donc aucun droit a revendiquer pour exiger la révélation de ce secret qui dépend uniquement de la bienveillance du Père, de même il ne peut pas non plus s'en emparer en portant la main sur lui. Il ne lui reste donc que l'invocation et la prière:

«Fais-moi de grâce voir ta face» «La connaissance de l'autre est invocation», dit Gabriel Marcel. Nul ne peut obliger un autre à lui ouvrir son cœur et encore moins à lui donner son amitié, on ne peut que se mettre à genoux et supplier l'autre d'avoir pitié de l'objet de notre tendresse. Qui d'entre nous n'a pas connu la souffrance de l'amour qui n'est pas aimé? C'est pourquoi il faut entrer dans l'affectivité de Dieu par le côté de l'affectivité humaine que nous expérimentons.

Il faut donc supplier l'Esprit-Saint avec le cœur pour qu'il nous dévoile le visage du Père et du Fils, lui qui est le baiser d'amour entre ces deux personnes. Il s'agit d'entrer dans un monde qui nous dépasse de cent coudées. C'est à travers le cœur humain du Christ que nous découvrirons l'amour trinitaire. Tous, nous sommes invités à ce banquet dans les salons de l'Hôtel-Dieu et nous vendons tout pour acquérir cette perle précieuse.

2. «Tout ce que j'ai entendu auprès de mon Père» (Jn 15,15)

Dans l'évangile, il y a un point extrêmement net, qui ne peut pas être mis sur le compte du hasard, qui ne se présente pas de temps en temps, mais à tout moment, le Christ dit souvent: *Le Père et moi*. Et il ajoute: *Nous sommes toujours ensemble; Celui qui m'a envoyé est avec moi: il ne m'a pas laissé seul, parce que je fais toujours ce qui lui plaît* (Jn 8,29). *Je ne fais jamais rien sans lui, ce que je dis je ne le dis pas de moi-même* (Jn 5,19). Il ne pretend pas seulement que le Père est avec lui, qu'il agit par lui, il va beaucoup plus loin en affirmant qu'il est l'égal du Père (Jn 8,58), ce qui provoque la colère et le scandale des Juifs. Un jour, il ira même jusqu'à dire qu'il est dans le Père et que le Père est en lui: *En ce jour-là, vous connaîtrez que je suis en mon Père et que vous êtes en moi et moi en vous* (Jn 14,20). «*Que tous soient un comme toi, Père, tu es en moi et que je suis en toi, qu'ils soient en nous eux aussi* (Jn 17,21).

Ces textes sont tellement forts qu'il est admissible de les adoucir et si on les récuse, en gommant cette filiation divine, il faut supprimer d'un trait de plume tout l'Evangile, car Jésus n'est pas seulement venu nous apprendre à vivre entre hommes comme des frères, mais il est venu nous révéler que nous avions un Père attentif aux moindres besoins de ses enfants et plein de tendresse à leur égard. En disant cela, Jésus dit simplement ce qu'il a vu chez son Père car il contemple sans cesse le Visage de son Père qui est dans les cieux. C'est le secret même de Dieu dont nous avons parlé plus haut.

A l'intérieur de Dieu, dans cette zone qui ne ressemble à rien, il y a quelque chose dont nous avons une idéee extrêmement faible et pâle qui se passe quand deux êtres se disent: «Toi et Moi». Si nous voulons dire les choses d'une autre façon, on peut affirmer qu'en Dieu, il y a des visages: deux êtres se regardent, s'écoutent, se parlent et s'aiment, non pas dans la multiplicité des paroles, mais dans l'unicité et l'intensité d'un seul regard. Et nous pouvons alors soupçonner ce qu'est leur commun Esprit qui les rassemble et en qui nous croyons. Imaginons deux êtres parvenus à la transparence réciproque, ils sont tournés l'un vers l'autre et se regardent: à certains moments fugitifs, il passe entre eux comme un éclair, une sorte d'arc électrique. En Dieu, cet éclair dans le regard est éternel, mais il a la consistance d'un visage: une troisième personne qui n'est ni le Père, ni le Fils. Il y a donc le Père et le Fils — et il y a leur amour, l'éclair qui jaillit de la rencontre de leur regard, lequel est éternel: ce qu'il y a de plus précaire et d'insaisissable dans la vie humaine devient la troisième Personne de la Sainte Trinité.

C'est d'autant plus impressionnant que dans la vie, il n'y a rien de plus important que cette rencontre des visages et la communion des regards, il suffit de voir la joie et la bonheur s'épanouir sur le visage de ceux qui peuvent dire: «Toi et moi». L'homme est fait pour la tendresse et la communion des regards. C'est la source des joies les plus profondes et des guerres les plus horribles. Il est vraiment saisissant de penser que pour nous faire soupçonner cette communion intime de Jésus avec son Père, nous pouvons faire appel aux expériences les plus simples et les plus quotidiennes de notre vie; l'amitié, la paternité ou l'amour conjugal. Tout cela pour dire que le toi et le moi, c'est la grande affaire de la vie, mais en même temps la rencontre la plus difficile à réaliser car il faut, tout en désirant l'union la plus totale, promouvoir le respect de l'autre le plus absolu.

Qui aurait pu supçonner qu'à l'intérieur de Dieu, il y avait ce dialogue d'amitié entre deux visages? Si le Christ ne nous l'avait pas dit dans l'évangile, personne ne l'aurait fait. Ce n'est pas l'Eglise qui a inventé cela et encore moins les Pères et les théologiens. Nous ne pouvons pas comprendre ce secret trinitaire, mais une fois cette impuissance acceptée, il devient fascinant de penser qu'en Dieu, le Père regarde le Fils en disant avec amour: *Tu es mon Fils bien-aimé, moi, aujourd'hui, je t'ai engendré»* (Ps 2,7), et le Fils en regardant le Père lui dit: *Abba! Père!* Il faudrait reprendre ici toutes les paroles où Jésus dit à son Père que son seul désir est de faire sa volonté. Toutes ces paroles se résument dans la prière de l'agonie: *Abba!* (Père)! *Tout t'est possible: éloigne de moi cette coupe; pourtant pas ce que je veux, mais ce que tu veux* (Mc 14,36).

Il est intéressant de s'arrêter un peu sur la manière dont Jésus va révéler ce mystère dans l'Evangile. Dans cette perspective, il faut apprendre à distinguer les différentes couches du texte. Dans le Sermon sur la montagne, Jésus nous montre les profondeurs de la Loi d'amour qu'il n'est pas venu abolir mais accomplir (Mt 5,17). Cette loi d'amour donnée par Dieu dans le Deutéronome (6,5) ne vise plus seulement les actes extérieurs, mais l'intention profonde du cœur, car le Père voit dans le secret et «*sait ce dont nous avons besoin avant que nous le lui demandions»* (Mt 6,8). Placé devant ces exigences, l'homme découvre sa radicale incapacité à pratiquer la loi. Il faut essayer de pratiquer la morale pour découvrir que c'est impossible car l'homme est *enfermé dans la désobéissance* (Rm 3 et 7,19). Alors il peut entendre la parole de Jésus que je transforme un peu: *Venez à moi vous tous qui êtes fatigués* — en essayant de pratiquer la Loi sans y parvenir —, *et je vous donnerai le repos* (Mt 11,28).

Alors le Christ peut révéler vraiment le salut qu'il veut apporter aux hommes. C'est la seconde couche où il parle en paraboles du Royaume, avec des allusions craintives, discrètes et mystérieuses. Il parle alors du feu qu'il est venu jeter sur la terre, de l'eau vive, du germe, du levain et de la perle précieuse pour laquelle on perd tout. Le Christ ne précise pas cette chose sur laquelle porte le secret et c'est pour cela qu'il en parle en paraboles, d'une manière cachée et voilée. Il sait que beaucoup d'homme ne comprendront pas ce don inouï de la vie trinitaire et il en a fait l'expérience à la multiplication des pains. Ce qui intéresse Jésus, ce n'est pas tant de leur donner à manger tout leur saoûl que de leur faire don du pain de la vie qui est sa chair, c'est alors qu'il soulève un peu le voile de son mystère: il donne sa chair pour que les hommes puissent entrer dans sa relation au Père: *De même que je vis par le Père, celui qui me mange vivra par moi* (Jn 6,57). Et au premier abord, il semble bien que le secret de ce mystère n'intéresse personne, à moins d'une grâce d'attraction: *Personne ne vient à moi, si le Père ne l'attire* (Jn 6,44). Mais au fond, ce secret est la seule perle précieuse qui nous attire tous, si nous ne masquons pas cette faim par le désir de biens frelatés.

Dans la troisième couche, Jésus va parler en clair à ses disciples et non plus en langage codé (ce sont les chapitres 13 à 17 de saint Jean): *Je vous ai dit tout cela*, dit Jésus, de façon énigmatique, *mais l'heure vient où, loin de vous parler de cette manière, je vous communiquerai ouvertement ce qui concerne le Père* (Jn 16,25). Dès le début, Jésus ne leur avait pas dit clairement le fond de sa pensée à propos du Père, car il était avec eux, maintenant qu'il retourne auprès de Celui qui l'a envoyé, il va faire de ses disciples des amis, en leur révélant le secret: *Je ne vous appelle plus serviteurs, car le serviteur reste dans l'ignorance de ce que fait son maître; je vous appelle amis parce que tout ce que j'ai entendu auprès de mon Père, je vous l'ai fait connaître* (Jn 15,5).

Il faut bien comprendre ce que le Christ met sous ce mot «amis». Il ne dit pas: «Je vous appelle amis parce que je vous aime et que vous m'aimez.» Mais il appelle ses disciples «amis» parce qu'il partage avec eux l'amour qu'il reçoit et qu'il rend à son Père: c'est cela son secret: *Comme le Père m'a aimé, moi*

125

aussi je vous ai aimés, demeurez dans mon amour (Jn 15,9). Nous sommes devant un amour qui est le privilège de Dieu : l'amour dont le Père aime le Fils. C'est un amour divin, éternel, infini et incréé. Jésus évoque cet amour trinitaire lorsqu'il parle du feu, de l'eau vive ou de la semence. Cet amour dont les Trois s'aiment nous est donné. Ce n'est plus un amour qui pousse la créature à aimer le Créateur car il vient d'en-haut, du *Père des lumières de qui vient tout don parfait* (Jc 1,17). En d'autres termes, c'est la présence du Dieu Trinité dans le cœur de l'homme : *Si quelqu'un m'aime, mon Père l'aimera, nous viendrons en lui et nous ferons chez lui notre demeure* (Jn 14,23). Toute la vie chrétienne consiste à demeurer dans cet amour. A partir de cette présence de l'amour en l'homme, le Christ remonte à la vie des Trois en elle-même. C'est là le fond du secret : *Je suis sorti du Père et je suis venu dans le monde ; tandis qu'à présent, je quitte le monde et je vais au Père* (Jn 16,28).

3. « L'Esprit vous fera accéder à la vérité tout entière » (Jn 16,13)

Quand Jésus affirme cette relation unique avec le Père, ses disciples lui disent : *Voici que maintenant tu parles ouvertement et que tu abandonnes tout langage énigmatique ; maintenant nous savons que toi, tu sais toutes choses et que tu n'as nul besoin que quelqu'un t'interroge. C'est bien pourquoi nous croyons que tu es sorti de Dieu* (Jn 16,29-30). Les disciples ont donc été mis au contact du mystère de Jésus dans sa relation au Père, ils savent maintenant qu'il est sorti du Père et qu'il retourne au Père, comme le dit si bien saint Jean au début du grand discours après la Cène (Jn 13,3). Il ne leur reste plus qu'à partager le secret avec tous ceux qui donneront leur foi au Christ ressuscité.

En fait, s'il s'agit vraiment d'un secret, ils ne peuvent pas encore le comprendre totalement. Ils peuvent connaître avec des mots ou des idées le contenu matériel de ce secret, ils ne peuvent en avoir l'intelligence spirituelle totale. Et c'est en cela que le mystère de la Sainte Trinité demeure un secret car il nous plonge dans l'océan de l'Infini... En ce sens, il est absolument impossible de le comprendre : même quand nous le verrons face à face, ce mystère restera un océan dans lequel notre intelligence se noiera sans pouvoir le comprendre. Le Christ le dit clairement aux siens : *J'ai encore bien des choses à vous dire mais, actuellement, vous n'êtes pas à même de les supporter; lorsque viendra l'Esprit de vérité, il vous fera accéder à la vérité tout entière, car il ne parlera pas de son propre chef, mais il dira ce qu'il entendra et il vous communiquera tout ce qui doir venir* (Jn 16,13).

Encore que Jésus leur ait transmis tout ce qu'il a entendu chez son Père (Jn 15,15), les disciples sont incapables, dans l'état où ils sont parvenus actuellement, d'en comprendre la portée et les exigences. Ils auront besoin du Saint-Esprit pour entrer de plus en plus dans l'intelligence spirituelle de ce mystère incompréhensible que le Christ leur a fait soupçonner. C'est toujours le Saint-Esprit qui nous fait entrer dans le sein du Père (sans jeu de mots). Comme dit Paul, l'Esprit nous est donné en sorte «que nous connaissions les dons que Dieu nous a faits» (1 Cor 2,10-12). Et le don par excellence est la vie trinitaire.

Au fond, ils doivent comprendre que ce que le Christ a dit de ce mystère n'est pas absurde, mais excessivement lumineux, à un point tel qu'ils en sont aveuglés. La fréquentation des mystiques nous donnent cette impression d'une découverte de la Sainte Trinité en perpétuelle recréation : des sentiments que nous leur croirions dès longtemps acquis leur sont nouveauté et découverte. Ils éprouvent la sainteté de Dieu à une profondeur d'intériorité jusqu'alors inconnue. Dans son Journal, saint Ignacede Loyola dit qu'il reçoit une «visite insigne et excellente parmi toutes les visites», parce qu'il la reçoit dans un amour qui n'est pas usé. Pour eux, tout est mouvement, tout est départ, tout est émerveillement. On va de «commencements en commencements, par des commencements qui n'ont pas de fin» (Saint Grégoire de Nysse). Comme les amoureux ne s'ennuient jamais à se regarder, et à se répéter durant des heures leur amour, les mystiques ne s'ennuient jamais avec la Sainte Trinité.

Et cependant les Pères et les théologiens vont épiloguer sur ce mystère depuis deux mille ans et vont nous donner des formules comme celle-ci : le Père engendre un Fils et leur Amour nous est donné, cet Amour est une personne, le Saint-Esprit. Le Père est Dieu, le Fils est Dieu, le Saint-Esprit est Dieu. Ils sont bien distincts : le Père n'est pas le Fils qui n'est pas le Saint-Esprit. Cependant il n'y a pas trois Dieu, mais un seul Dieu. Face à ces formules qui nous paraissent sèches, nous serions tentés de penser qu'elles n'ont pas d'incidence sur notre prière et notre vie concrète, alors qu'elles sont pour les Pères les résidus brûlants d'une expérience jamais achevée. Ainsi saint Augustin méditant sur ce mystère risque d'oublier que c'est un océan, et un ange le rappelle à l'ordre, sous la forme d'un enfant qui mettait de l'eau dans un trou au bord de la mer : « Que fais-tu là ? - Je mets la mer dans le trou ! - Mais tu n'y arriveras jamais ! - J'y arriverai bien avant que tu aies mis la Trinité dans ta tête. »

On pourrait essayer de « dire » ce mystère d'une autre façon (plus métaphysique) en partant de la notion de dévoilement au cœur de la Trinité, comme le Christ a opéré ce dévoilement dans l'évangile. Qu'est-ce que se dévoiler ? C'est exprimer sa substance ou son être. Quand l'homme se dévoile en parlant, il exprime une pensée, il ne dit pas le fond de son être, il en est incapable. C'est pourquoi les hommes qui cherchent à beaucoup se confier éprouvent un grand tourment, car aucune créature ne peut exprimer sa substance, dévoiler son mystère. En Dieu seul, pensée et substance coïncident. Il est donc le Seul à pouvoir s'exprimer totalement. Dieu seul peut se dévoiler parfaitement parce qu'en Lui, la Parole et le Verbe sortent de lui et expriment sa substance, comme le dit si bien l'auteur de l'épître aux Hébreux : *Après avoir parlé à maintes reprises et sous maintes formes,... par les prophètes, Dieu, en ces jours qui sont les derniers, nous a parlé par son Fils... Resplendissement de sa Gloire, effigie de sa substance* (Héb 1,1-3).

Et voilà pourquoi le Verbe de Dieu n'est pas seulement une parole mais un Fils, parce qu'il sort des entrailles du Père. En Dieu, la Parole coïncide avec la substance, c'est pourquoi le dévoilement est parfait et infini. Quand Dieu dit son Verbe dans un éternel silence, c'est son Fils unique qu'il engendre: c'est pourquoi l'âme doit l'entendre en silence (Saint Jean de la Croix) et non dans la multitude des paroles, ce qui est le propre de l'homme. En Jésus, nous avons le dévoilement de l'être intime de Dieu qui réfléchit en lui sa Gloire et sa substance: «O Sagesse issue de la bouche du Très-Haut, annoncée par les Prophètes» (Ant. «0» du 17 décembre). De là une conséquence très simple pour la prière et l'écoute de la Parole de Dieu: dès que Dieu parle, il ne peut qu'exprimer son secret trinitaire, même si l'homme n'est pas capable de l'entendre dans sa totalité. Du côté de Dieu, la révélation trinitaire est totale; du côté de l'homme, celui-ci est plus ou moins bien équipé (par les vertus théologales de foi, d'espérance et de charité) pour accueillir cette révélation.

Il faut souvent revenir sur le mystère de l'unité et de la distinction des Trois Personnes en Dieu; en effet, leur union est infinie et en même temps leur distinction est infinie, car tout ce qui touche aux personnes divines est infini. Il faut reconnaître que cela n'est pas facile à accepter, au point que certains pensent que nous sommes d'abominables polythéistes et que nous adorons trois dieux. Tout en sachant que ce mystère déborde notre intelligence, il faut être convaincu qu'elle peut en saisir quelque chose qui est vital, aussi bien pour notre vie personnelle que pour notre vie fraternelle. L'Eglise, la vie religieuse, la famille et la vie communautaire prennent leur source dans la vie trinitaire et reçoivent d'elle leur modèle. C'est tout le mystère de la personne destinée à vivre en communion (solitude et communion).

Depuis le Concile, l'Eglise a fait un sérieux effort de renouvellement au plan de la doctrine, de la liturgie, de la vie morale et spirituelle; en même temps la vie religieuse a retrouvé ses racines évangéliques par un retour au charisme des fondateurs. Un peu partout naissent des groupes de prière, des communautés de vie et de partage, sans parler des jeunes qui partent dans le Tiers - Monde pour donner quelques années de leur vie au service des plus pauvres. Il est permis de se demander si cet effort de renouveau et de générosité qui a déjà donné du fruit, n'aurait pas donné encore un fruit plus abondant et plus riche, s'il s'était enraciné dans une recherche théologique et spirituelle sur le mystère trinitaire. Tout progrès dans la vie de l'Eglise, dans la mission et dans la vie spirituelle de chacun part toujours d'une découverte vitale du mystère de la Sainte Trinité, comme source de toute fécondité. Simplement, nous voudrions exprimer sous forme de prière tout le cheminement que nous avons essayé d'exprimer, à propos du dévoilement de ce mystère.

Elévation a la Sainte Trinité

Is 45,15
Ex 33,20
Ex 33,13
Vraiment, tu es un Dieu caché, Dieu d'Israël, Sauveur, personne ne peut voir ta Face et demeurer en vie. Daigne me faire connaître tes voies pour que je te connaisse et que je trouve grâce à tes yeux. Fais-moi

Ex 3,1-6
Ex 34,8
Ex 34,7
Ex 3,7
de grâce voir ton visage de Gloire. Toi, qui t'es révélé à Moïse dans le feu du Buisson ardent, je tombe à genoux devant toi et je me prosterne en adorant ta Gloire. Tu es

Ex 34,9
un Dieu de tendresse et de pitié qui voit la misère de ton peuple et entend son cri, prends pitié de nous qui sommes un peuple à la nuque raide, pardonne nos fautes et nos péchés et fais de nous ton héritage. Devant Isaïe dans le Temple, tu as soulevé

Is 6,1-5
un coin du voile qui cachait ton Visage de Sainteté et il a compris qu'il était un homme aux lèvres impures, habitant au sein d'un peuple de pécheurs.

Mais cette découverte de notre être de pécheurs est encore peu de chose à côté de la découverte de notre être de créature, suspendue à ton Amour créateur. Seigneur,

Sg 11,24
tu as aimé la misère de mon néant pour la combler de tous les biens. Tu aimes en effet

tout ce qui existe et si tu avais haï quelque chose, tu ne l'aurais pas créé. Et comment aurais-je subsisté si tu ne l'avais voulu ? Tu es vraiment Celui qui est et, moi celui qui n'est pas et qui n'existe que par Toi. Seigneur, que je te connaisse et que je me connaisse. Fais-moi descendre dans les profondeurs du cœur où tu ne cesses de me créer par amour, afin que je puisse dialoguer en vérité avec toi. Apprends-moi à aimer doucement ma misère de créature afin que je puisse te l'offrir comme seul lieu de rendez-vous avec ta Miséricorde infinie. Je ne puis rencontrer ton Visage de Père que si je lui offre un visage de Fils qui se vide totalement de lui-même pour se recevoir de Toi.

Ex 3,14

Jésus, tu es le seul à pouvoir m'apprendre l'humilité du cœur et la douceur, car tu vivais sans cesse hors de toi, sous le regard du Père, à ne chercher que sa volonté.

Mt 11,29

Seigneur, tu nous as fait soupçonner la force de l'humilité et de la douceur quand tu t'es montré à Elie à l'Horeb. Tu n'as pas voulu manifester ta Gloire et ta Sainteté dans l'ouragan, le tremblement de terre et le feu. Quand tu montres ta gloire et ta grandeur, mets-nous dans la fente du rocher et couvre-nous de ta main, car ta grande flamme pourrait nous dévorer; si nous continuons à écouter ta voix, nous pourrions mourir. Pour que nous n'ayons pas peur de toi, tu as révélé à Elie ton visage de douceur dans l'humilité de la brise légère. Ne permets pas que nous passions à côté de ce visage qui ne ressemble à rien, sans le voir, le bénir et l'adorer dans le silence. Renouvelle à nos yeux le mystère de

1 Rois 19,11-12

Ex 33,22
Dt 5,25

la Transfiguration de ton Fils où tu manifestas ta Gloire, montrée à Moïse et à Elie, en nous révélant le mystère de notre filiation divine.

Lc 9,28

Un jour enfin, tu as eu pitié de cet immense désir de te connaître tel que tu es, que tu as déposé toi-même au cœur de l'homme et tu es venu lui dire le dernier mot de ton secret. Après avoir parlé à maintes reprises et de bien des manières, tu nous as enfin parlé par ton Fils Jésus, qui est resplendissement de ta Gloire et effigie de ta substance.

Héb 1,1-3

Chaque fois que tu nous parles, c'est pour murmurer ton désir de nous faire entrer dans cette immense communion d'amour que tu as avec Jésus; mais en Lui, ta Parole exprime vraiment le fond de ton être et de ton mystère, car c'est un Fils que tu engendres de tes entrailles de tendresse: «Tu es mon Fils, moi aujourd'hui, je t'ai engendré». Tu as tout dit en ton Fils Jésus, ton Verbe éternel, et tu l'engendres en nous dans un éternel silence. Apprends-nous à l'écouter en silence.

Ps 2,7

Saint Jean de la Croix

Face à ce mystère de la Sainte Trinité, qui nous déborde de toutes parts, nous ne savons pas ce qu'il faut te demander pour prier comme il faut: «Esprit-Saint, viens au secours de notre faiblesse, viens prier en nous avec des gémissements trop profonds pour les paroles, car Toi seul sondes les profondeurs du cœur de Dieu et du cœur de l'homme. Tu es seul à connaître le désir de l'Esprit en nous et tu sais que son intercession pour nous correspond aux vues de Dieu. Père, attire-nous vers le Fils. Jésus,

Rm 8,26

1 Cor 2,11

Rm 8,27

Jn 6,44

Jn 14,7 conduis-nous vers le Père puisque nul ne va au Père, si ce n'est par toi. Nous ne savons pas à qui aller, Seigneur, car Toi Jn 17,3 seul as les paroles de la vie éternelle et cette vie, c'est de connaître le Père et Celui qu'Il a envoyé, Jésus-Christ. De grâce, fais-nous participer au dialogue que tu as avec ton Père, à propos de tous les hommes.

Jn 1,1 Tu étais dès le commencement et ton Visage était tourné vers Dieu : *Personne n'a jamais vu Dieu, le Fils unique qui est dans le sein du Père nous l'a dévoilé* (Jn 1,18). Nous ne savions pas qu'il y avait des visages en Dieu et des regards qui se dévoraient par amour. Nous croyons, Seigneur, que ce mystère des Trois est caché aux sages et aux Mt 18,25 intelligents mais que tu l'as révélé aux tout-petits. Dans sa bienveillance, le Père a tout remis entre tes mains et tu révèles son visage à qui tu le veux bien. Nous croyons, Seigneur, que nous n'avons aucun droit à cette révélation, c'est pourquoi nous voulons t'implorer et te supplier pour que tu daignes lever un coin du voile qui nous cache Jn 16,24 le visage du Père. Jusqu'à présent, nous ne t'avons rien demandé en ton Nom : s'il te plaît, accorde-nous cette grâce d'être reçu Lc 18,6 par le Père. Nous crions vers Toi jour et nuit avec insistance, comme la veuve importune de l'évangile, nous qui sommes Lc 11,13 mauvais, mais tu es justement venu pour Lc 5,32 les malades et les pécheurs et non pour les bons, car tu es l'Incarnation de la Miséricorde de Dieu.

Jn 15,15 Nous sommes tes amis car tu nous as partagé tout ce que tu as entendu auprès de Jn 16,28 ton Père. Nous croyons que tu es sorti du

133

Père pour nous révéler ce secret et que tu retournes au Père afin d'intercéder sans cesse en notre faveur. Au cours de ta vie terrestre, tu as offert prières et supplications, avec grands cris et larmes et tu as été exaucé en raison de ton obéissance. Nous croyons que tu as prié, non seulement pour tes disciples, mais pour tous ceux qui, grâce à leur parole, croiraient en toi. Nous désirons entrer dans cette prière: *Que tous soient un comme Toi, Père, tu es en moi et que je suis en toi, qu'ils soient en nous, afin que le monde croie que tu m'as envoyé* (Jn 17,21).

Tu as encore bien des choses à nous dire, à propos de ce secret trinitaire, mais nous ne sommes pas en mesure d'en avoir l'intelligence totale, même si nous en connaissons matériellement les mots, envoie-nous l'Esprit de vérité, afin que nous soyons unis à Toi, la Vérité tout entière. Fais-nous entrer dans cette connaissance mutuelle du Père et du Fils, dans cet amour réciproque qui n'est pas autre chose que le baiser le plus doux mais aussi le plus secret. Père, au nom de Jésus, donne-nous ton Esprit et nous recevrons ce baiser pour entrer dans l'étreinte trinitaire. Comme Jean avait puisé dans le cœur du Fils unique ce que celui-ci avait puisé dans le cœur du Père, apprends-nous à demeurer dans l'amour du Christ. Ainsi nous pourrons entendre en nous l'Esprit du Fils, appelant: Abba! Père! Si le mariage charnel unit deux êtres dans une seule chair, à plus forte raison, l'union spirituelle avec Toi, Seigneur, nous joindra en un seul esprit.

Père Saint, nous savons bien que pour

Héb 7,25

Héb 5,7

Jn 17,20

Jn 16,11-13

Saint Bernard. Serm. VIII

134

entrer dans le Royaume de la famille trinitaire, il faut se convertir et redevenir un
enfant, de la même manière qu'il faut d'offrir un visage de créature pour dialoguer
avec toi. A Noël, tu as réalisé en ton Fils Jésus un admirable échange. Toi, le Dieu infini, le Verbe par qui tout est créé, le Fils
de Dieu en qui tient tout l'univers, tu t'es
fait limite pour sauver toutes nos limites et
en faire l'unique chemin de notre communion avec la Sainte Trinité. Tu nous de-
mandes simplement de vivre l'expérience
d'homme qui est la nôtre avec ses limites,
ses souffrances et ses péchés. Nous t'offrons
notre humanité avec toutes ses limites parce que c'est le seul chemin pour entrer dans
la communion des Trois: «Père, Toi qui as
merveilleusement créé l'homme et plus
merveilleusement encore rétabli dans sa dignité, fais-nous participer à la divinité de
ton Fils puisqu'il a voulu prendre notre humanité. »

10

Sans ta puissance divine,
Il n'est rien en aucun homme,
Rien qui ne soit perverti.

Je crois qu'il est important pour le croyant de faire l'expérience de l'impuissance de l'homme à aller jusqu'au bout des exigences de l'adoration et de l'amour. Regardons Pierre au moment de la Passion, il s'écrie: *Mais, Seigneur, je te suivrai, où que tu ailles, à la prison, à la mort* (Lc 22,33). Et je crois sincèrement qu'il était vrai en prononçant ces paroles, comme nous sommes vrais au noviciat ou au séminaire, en protestant que nous voulons aimer Jésus de tout notre cœur et de toutes nos forces. Récemment, un prêtre qui a abandonné le ministère me disait: Au moment où je suis entré au séminaire, je crois avoir été vrai en disant que je quittais tout pour suivre le Christ par amour. Au fond, il ne cherchait pas d'excuses en disant comme beaucoup: «Je me suis trompé!» L'humilité en ce domaine est fondamentale.

Ainsi il y eut pour Pierre et pour chacun d'entre nous la «religion d'avant la trahison» où l'on dit: «Il n'y a qu'à faire ceci...

cela!» Il était sincère, il parlait ou croyait parler avec tout l'amour de son cœur, mais au fond qu'est-ce qu'il savait, lui, de son cœur, de son esprit et de sa force? Il lui manquait le don de l'Esprit de Pentecôte. Jésus, lui, savait ce qu'il y a dans l'homme, comme le dit saint Jean (2,25), ce qu'il y a dans le cœur de l'homme et c'est pourquoi il ramène Pierre à la réalité, en lui disant: «Non, Pierre, tu n'en es pas capable maintenant, plus tard, pas maintenant, pas encore» (Jn 13,36).

1. Il n'est rien en l'homme qui ne soit perverti

Nous devrions souvent revenir sur l'expérience de Pierre au cours de la Passion pour découvrir combien notre amour du Seigneur est encore très mêlé. Nous lui disons que tout notre être est à lui, que toute notre âme le bénit et qu'il peut compter sur tout l'amour de notre cœur. Enfin tout est toujours parfait... c'est toujours la totalité et la plénitude! Mais qu'est-ce que nous en faisons de tout cela? A quel pourcentage est-ce vrai pour nous? Et nous savons bien qu'il y aurait un certain danger à le vivre à un pourcentage très faible, parce qu'alors, on s'installe dans une sorte d'hypocrisie.

On comprend alors, à propos de l'amour du Seigneur, ce que Paul explique quand il parle du rôle de la Loi en général et de l'incapacité pour l'homme d'accomplir ce qu'elle demande (Rm 7,14 à 25). On voudrait aimer Dieu et on ne peut pas car il y a en nous un mélange de malheur et de culpabilité. Tout homme est à la fois une victime et un coupable. Il faut vraiment regarder l'humanité enfermée dans cette misère (*nous sommes enfermés dans le péché*, dit saint Paul), mêlant de la responsabilité et de la souffrance qui vient de plus haut et de plus loin que lui: *Nous le savons en effet, la création tout entière gémit maintenant dans les douleurs de l'enfantement. Elle n'est pas la seule: nous aussi, qui possédons les prémices de l'Esprit, nous gémissons intérieurement, attendant l'adoption, la délivrance pour notre corps* (Rm 8,22-23). Ce n'est pas la faute de Dieu et ce n'est pas la nôtre, mais il y a à l'origine «quelqu'un», le prince du mensonge qui a détraqué la machine.

Il ne faut pas s'en inquiéter, cela fait partie des difficultés et des épreuves de la quête de Dieu, c'est la souffrance de l'amour, au fond. Celui qui n'a pas connu Dieu n'a aucune idée de ce genre de souffrance et, en un sens, il vit avec moins de tourments, étant donné qu'il a mis moins haut ses ambitions, il ne souffre pas de ne pas les accomplir. Mais celui qui a connu Dieu sait qu'il ne sera heureux que s'il atteint Dieu et peut l'aimer de toute sa force, et voilà qu'il apprend qu'il n'est pas maître des profondeurs de son cœur, ni de toutes ses forces. C'est l'expérience que fait tout retraitant s'il accepte de prier un peu longuement et intensément. En arrivant en retraite, il croyait faire l'expérience de la présence de Dieu dans la « consolation » et voilà qu'il découvre son cœur double et divisé : il ne fait pas le bien qu'il veut et il fait le mal qu'il ne veut pas. Comprenons que cette épreuve, cette constatation un peu pénitentielle fait partie des chemins par où Dieu veut nous voir passer, et c'est normal de passer par là.

Relevons simplement le témoignage d'Osée : *Que te ferais-je, Ephraïm ? Que te ferais-je, Juda ?, Car votre amour est comme la nuée du matin qui tôt se dissipe* (Os 64). Je crois que ce verset d'Osée est profondément humain. L'homme est un être de chair et de sang, pas toujours affermi dans l'amour qu'il croit porter, non seulement à Dieu, mais à tout être. Souvent ses capacités d'aimer brillent au soleil du matin — au noviciat ou à l'heure de la conversion — comme la rosée qui brille sur la prairie, mais le soleil se lève à l'horizon et très vite il n'y a plus rien, tout devient désséché.

Maurice Blondel, un grand témoin de la foi, écrivait ceci dans ses carnets : « Ce qu'on aimait, ce qu'on se promettait d'aimer, ce qu'on aimait à aimer pour toujours, on ne l'aime plus et on n'en souffre pas. C'est une de nos grandes misères que cette inconstance d'ordinaire à peine sentie, mais quand on le remarque, quand on y songe d'avance, il n'y a guère de plus amère mélancolie ; le cœur meurt donc, la mort du cœur, la mort d'un amour à jamais donné, c'est odieux, mais c'est nous. » Et c'est pourquoi des gens récusent leurs vœux ou renoncent à leur ministère, etc. C'est humain, c'est la part du cœur de l'homme. C'est plutôt le contraire qui est étonnant et surprenant. Cela veut dire simplement que le Saint-Esprit a pris le relais de notre amour et qu'il est venu nous investir de sa force pour nous aider à persévérer dans notre engagement.

Dans sa dernière maladie, le P. Lyonnet disait: «Je croyais avoir de la vertu et ce n'était que de la bonne santé.» Et Newman disait vers la fin de sa vie: «Les saints âgés m'étonnent de plus en plus.» Voilà ce qu'il disait au fond: quand on est jeune, on a des forces à revendre et de la générosité. On se donne volontiers à 20 ans, à 25 ans et à 30 ans, puis après quand on continue à être donné tard dans la vie, c'est le signe que le Saint-Esprit a dû s'en mêler. Newman dit encore: «Je n'étais pas sûr que mes premiers élans n'étaient pas autant la vertu naturelle de la jeunesse que l'Esprit-Saint en moi.» Mais quand cela dure, c'est vraiment l'Esprit-Saint qui est à l'œuvre.

J'associe cela à un mot de Charles Péguy qui est analogue à celui de Newman dans un autre ordre. Péguy disait: «Quand à 20 ans, on est poète, on n'est pas poète, on est simplement un garçon de 20 ans, on fait des vers. Mais quand on est poète à 40 ans, alors oui, on est vraiment poète». Nous avons tous fait des vers à 20 ans sans pour cela être des poètes. Les vrais poètes sont ceux qui ont continué ensuite à en faire. Alors ceux qui ont protesté à 20 ans qu'ils allaient aimer Dieu de tout leur cœur, de toute leur âme et de toute leur force ne sont pas encore très mystiques, ils sont simplement encore pris par l'ivresse de la jeunesse, mais quand à 40, à 50 ans et au-delà, ils continuent vraiment à adhérer à cette donation d'eux-mêmes à Dieu, il y a quelque chose qui vient de l'Esprit-Saint.

Il me semble que ces constatations, bien loin de disqualifier ceux qui les font, montrent qu'enfin, la grâce a travaillé en eux et que leurs yeux se sont ouverts. A ce moment-là, Dieu peut travailler en eux par la puissance de son Esprit et leur permettre de l'aimer sans partage parce qu'ils ne se font plus d'illusion sur leur cœur et qu'ils savent bien qu'ils ne pourront aimer Dieu qu'avec les forces que l'Esprit-Saint leur donnera. C'est le don de science qui leur a permis de découvrir qu'il n'y a rien dans leur cœur qui ne soit perverti, c'est le don de force qui leur donnera la vraie puissance divine.

2. Il faut renaître d'eau et d'Esprit

C'est ici qu'intervient le grand thème de la renaissance dans l'eau et l'Esprit qui est celui de l'enfance spirituelle. Il est présent dans l'Evangile de saint Matthieu (18,1) : *Si vous ne vous convertissez pas pour redevenir des enfants, vous n'entrerez pas dans le Royaume des cieux.* Il a une correspondance assez étonnante en saint Jean, dans l'entretien de Jésus avec Nicodème, c'est-à-dire le grand passage de la nouvelle naissance : *En vérité, en vérité,* dit Jésus à Nicodème, *je te le dis, à moins de naître d'en-haut, nul ne peut voir le Royaume de Dieu* (Jn 3,3). Et Nicodème lui dit : *Comment un homme peut-il naître, étant vieux, peut-il une seconde fois entrer dans le sein de sa mère et naître.* Jésus répondit : *En vérité, en vérité, je te le dis, à moins de naître d'eau et d'Esprit, nul ne peut entrer dans le Royaume de Dieu* (Jn 3,4-5). Transcription matthéenne et transcription johannique sont le même mystère que Jésus nous fait saisir.

Bien sûr, ces textes s'appliquent à la première conversion du Baptême, mais l'homme n'a jamais fini de se convertir et c'est chaque jour qu'il doit renaître d'eau et d'Esprit. En effet, si le vieil homme a été détruit en lui, il doit achever de le faire mourir dans ses membres par l'ascèse pascale. C'est l'Esprit du Ressuscité qui lui donne la force de combattre et forme en lui l'homme nouveau : *Vous avez revêtu l'homme nouveau, celui qui, pour accéder à la connaissance, ne cesse d'être renouvelé à l'image de son créateur... le Christ qui est tout en tous* (Col 3,10-11).

C'est dans ce long processus de conversion quotidienne qu'intervient l'Esprit de force. Dans la nomenclature d'Isaïe, il s'agit du don de force (Is 11,2). Mais revenons à notre point de départ où nous avons laissé l'homme expérimenter son impuissance à aimer Dieu. Ce n'est pas au tout début de sa vie spirituelle qu'il prend conscience de son incapacité, c'est vers la difficile «quarantaine» qu'il éprouve la nécessité de faire appel à l'Esprit. C'est une étape importante de son cheminement vers Dieu et nous savons tous que de nombreux départs se situent vers cet âge-là. Pour illustrer notre propos, nous voudrions citer ce témoignage de Tauler qui montre bien le rôle du Saint-Esprit dans sa vie spirituelle et apostolique.

Il lui est arrivé une curieuse expérience autour de la quarantaine. Il était alors à l'apogée de son ministère de prédication dans lequel il réussissait à merveille. Un jour, il rencontre un homme de Dieu qui lui fait comprendre combien il se recherche dans son ministère où il y a de la vanité, voire même un certain orgueil et cet homme lui conseille de se retirer dans la solitude pendant deux années pour s'adonner à la prière. Tauler lui a donc obéi et pendant ces années de prière, il a compris combien le fond de son cœur était double. Il dit lui-même qu'à la fin de ce temps de désert, il était devenu un homme nouveau. Il pourra alors décrire le «vrai contemplatif» dans un texte devenu célèbre où il compare le «spirituel» aux apôtres au Cénacle. Ils ont besoin de dix jours de prière et de solitude pour que l'Esprit-Saint en fasse des hommes célestes et divins, de même dit-il, il faudra dix ans aux spirituels, pour vivre cette transformation:

«Quoique l'homme fasse, qu'il s'y prenne comme il voudra, il n'arrivera jamais à la vraie paix, il ne sera jamais un homme vraiment céleste, avant qu'il n'ait atteint sa quarantième année. Avant cet âge, il y a tant de choses qui occupent l'homme! La nature le pousse tantôt ici et tantôt là; elle prend des formes si diverses; et alors il arrive que la nature le gouverne où l'on pense que c'est Dieu. L'homme ne peut donc pas arriver à la paix véritable et parfaite et devenir un homme pleinement céleste avant le temps. L'homme doit ensuite attendre encore dix ans, avant que lui soit accordé, en vérité, le Saint-Esprit, le Consolateur, l'Esprit qui enseigne toutes choses. C'est ainsi que les disciples durent attendre dix jours après avoir reçu cependant toute la préparation de la vie et de la souffrance...

«Ils étaient enfermés ensemble, réunis et priaient. C'est précisément ainsi que l'homme doit faire. Alors même qu'à quarante ans, il est devenu posé, céleste, divin, et qu'il a vaincu sa nature, il faut encore dix ans, il faut que l'homme arrive à la cinquantaine avant que lui soit donné, de la plus haute et la plus noble façon, le Saint-Esprit qui lui enseignera toute vérité. En ces dix ans, si l'homme est déjà parvenu à une vie divine et si la nature est déjà vaincue, il arrivera à se recueillir, à se plonger, se fondre dans la pureté, la simplicité de ce bien intérieur, où la noble étincelle intérieure (l'étincelle de vie divine qui fait le prix de l'âme) se reporte et revient à son origine avec un mouvement d'amour pareil à celui d'où elle a jailli» (*Sermons de Tauler*. Tome I. Sermon pour l'Ascension, p. 342. Trad. Hugueny. Ed. Vie spirituelle 1927).

Si Tauler compare le vrai spirituel à l'Apôtre qui a séjourné au Cénacle pendant dix jours, c'est pour nous inviter à comprendre que ce qui s'est passé alors au moment de la Pentecôte pourrait encore se passer aujourd'hui d'une manière moins spectaculaire, quand un homme est transformé intérieurement par le Saint-Esprit. Il faudrait relire ce que nous avons écrit dans le premier article à propos de la puissance de l'Esprit qui agit dans les martyrs et les saints. Avant la Pentecôte, les apôtres étaient faibles, timorés et peureux, après ils sont devenus forts et comme dit Paul, ils annoncent hardiment l'évangile, avec une assurance absolue (la *Parrhésia*: 1 Thes 2,2). C'est exactement ce qui se passe dans le cœur du spirituel qui a traversé l'épreuve du désert et du feu. A cause de cela, nous devons prier car nous n'avons rien d'autre à demander que la Pentecôte, c'est-à-dire l'invasion de notre cœur par le Saint-Esprit.

Nous retrouvons cette puissance de l'Esprit à l'œuvre dans les martyres des saintes Félicité et Perpétue. L'une d'entre elles avait accouché en prison dans de grandes souffrances et un soldat la voyant ainsi se plaindre lui avait dit: «Qu'est-ce que ce sera demain, quand vous serez dans l'arène!» Et elle lui avait répondu: «Aujourd'hui, c'est moi qui souffre, demain ce sera l'Esprit-Saint qui luttera en moi.» On retrouverait la même expérience chez Thérèse de l'Enfant-Jésus, au moment de sa grande épreuve de la foi. Une de ses sœurs lui disait:

«Vous avez une volonté de fer; c'est de l'héroïsme!» Et Thérèse répondait: «Oh, ce n'est pas cela!» Dans cette phrase, il n'y a pas seulement une rectification, il y a la souffrance de celui qui est incompris. A fond, Thérèse leur dit: «Ce n'est pas par mes propres forces que je supporte ces souffrances, mais un Autre vit cela en moi!» On ne va pas au ciel à force d'héroïsme, on n'y a pas non plus en se la coulant douce.

Rappelez-vous l'exemple du P. Kolbe cité au début de ces chapitres. Sa seule présence dans les prisons de la mort a suffi pour transformer ces êtres et leur donner la force de mourir transfigurés. Les bourreaux du P. Kolbe n'y comprenaient rien et ils suppliaient de ne plus le regarder ainsi tellement son visage était plein de gloire. Le Pape Jean-Paul II, alors qu'il était encore évêque de Cracovie, a bien décrit la puissance qui émanait du P. Kolbe:

«C'est en tant que prêtre qu'il accompagna le troupeau des neuf condamnés à mort. Il ne s'agissait pas seulement de sauver le dixième! Il fallait aider à mourir les neuf autres. A partir du moment où la porte fatale s'est refermée sur les condamnés, il les prit tous en charge, non pas ceux-là seulement, mais d'autres encore qui mouraient de faim dans les bunkers voisins et dont les hurlements de fauves faisaient frémir tous ceux qui s'approchaient... Le fait est qu'à partir du moment où le P. Kolbe fut au milieu d'eux, ces malheureux se sentirent brusquement protégés et assistés et les cellules où ils attendaient le dénouement inexorable résonnèrent de prières et de chants» (Cardinal Wojtyla, cité par F.X. Lesch dans *Le Bienheureux Maximilien Kolbe Héros d'Auschwitz*).

3. Si vous souffrez d'être sans volonté...

Ce message s'adresse à vous. On se dit parfois: «Si j'avais la moitié du quart de la volonté de Thérèse ou du P. Kolbe, j'y arriverais.» Mais Thérèse se rendait bien compte qu'elle était pauvre aussi dans ce domaine et c'est pourquoi elle a découvert la voie d'enfance qui, nous le verrons, ne renonce jamais aux exigences de l'évangile, mais fait fond uniquement pour y arriver sur la puissance de l'amour de Dieu. C'est ce que j'ai essayé de montrer tout au long de ces pages qui ont pour but de nous inviter à croire en la puissance de l'Esprit.

Notre admiration pour les saints les ferait sourire: ils n'ont pas pu faire autrement car ils ont été mus et poussés par la puissance de Jésus Ressuscité. Toute leur vie a été comme aimantée entre un double pôle, représenté par les deux paroles de Jésus: *En dehors de moi, vous ne pouvez rien faire* (Jn 15,5) et *Moi, je suis avec vous tous les jours jusqu'à la fin des temps* (Mt 28,20). Les saints sont des hommes qui ont pris au sérieux la parole de Jésus que sans lui, ils ne pouvaient rien, mais dans le même mouvement, ils ont cru que Jésus Ressuscité était avec eux, par la puissance de son Esprit, jusqu'au bout. Au fond, dans notre vie, il n'y a qu'un péché: ne pas croire au Christ Ressuscité et à la puissance de Dieu qui l'a relevé des morts.

Quand Jésus est là, on peut tout. Mais notre vraie misère, c'est que nous ne savons pas appeler Jésus-Christ. Quand on a compris ce que Jésus nous propose: compter sur nos propres forces ou sur l'Esprit-Saint, on crie ou on ne crie pas. Alors si nous appelons le Christ, l'Esprit tombe sur nous, comme il a fondu sur les prophètes et le P. Kolbe. Et c'est certain qu'il faut lutter pour demander l'Esprit-Saint mais ce n'est pas la lutte à laquelle nous songeons, c'est le combat de la prière. Parlant d'Épaphras saint Paul écrit aux Colossiens: *Ce serviteur de Jésus-Christ ne cesse de mener pour vous le combat de la prière, afin que vous demeurez fermes, parfaits, donnant plein consentement à toute volonté de Dieu* (Col 4,12).

Ce que nous appelons la lutte, c'est ce qu'il faut éviter à tout prix: c'est le mauvais combat inspiré par l'orgueil. Au début, nous luttons maladroitement d'un combat stérile, voué à l'échec, comme le combat de saint Pierre au cours de la Passion. Il y a une première phase qui est un mauvais combat où Pierre essaie d'être fidèle au Christ. Au moment où il s'effondre, il va pouvoir mener le vrai combat. Il pourrait dire comme saint Paul à la fin de sa vie, dans les épîtres pastorales: *J'ai combattu le bon* (beau) *combat, j'ai achevé ma course, j'ai gardé la foi* (2 Tim 4,7).

Je fais encore appel ici à Thérèse de Lisieux. Quand elle évoque l'histoire de Suzo qui était un amoureux de la Sagesse et faisait des pénitences effroyables pour l'obtenir. Il a mené un combat terrible jusqu'au jour où un ange est venu lui dire: «Abandonne toutes tes pénitences, je les choisirai moi-même. Tu étais deuxième classe, maintenant tu seras capitaine!» En lisant cela, Thérèse a dit: «Moi, j'ai tout de suite été capitaine.» Au fond, elle a été mise d'entrée de jeu face à une lumière qui n'a été que tardivement donnée au Bienheureux Suzo.

Il faut vraiment désirer cette lumière pour apprendre à mener le vrai combat de la prière. Il faut lutter en disant: «Seigneur, prends pitié de moi, je reconnais que je ne peux pas en sortir de moi-même, que c'est par suite de mon orgueil et de mes fautes, mais que ce n'est pas de votre faute.» A ce moment-là, le Seigneur nous envoie l'Esprit-Saint comme à Thérèse. La vie des saints est un combat parce qu'ils luttent contre leur dureté pour avoir confiance et appeler au secours. Nous sommes des serviteurs inutiles qui chantent leur amour et supplient:

«Seigneur, tu pénètres le fond des cœurs et tu nous vois comme Nathanaël sous le figuier, avec notre désir de vérité, de pureté et de douceur. Tu vois aussi qu'il n'y a rien en nous qui ne soit tordu et perverti, par le péché et la souffrance dans lesquels nous ne parvenons pas bien à déceler notre responsabilité.

«Mais si tu es capable de nous transpercer de façon impitoyable, tu peux aussi nous pardonner sans limite, car ton Amour est Miséricorde. Tu lis dans notre cœur, tu y découvres la présence du Père et tu nous offres en même temps l'amour de ton Esprit. Ta miséricorde est vraiment un feu dévorant qui nous bouleverse. Ne permets pas que nous résistions à ton regard en blindant notre cœur par la dureté et l'opacité.

«Ta Miséricorde n'est pas une absence de justice, ce n'est pas non plus l'effacement pur et simple de nos souillures. Ta Miséricorde, c'est le pouvoir que tu as de prendre notre cœur endurci, de le toucher et de lui arracher un cri auquel tu ne peux pas résister, au nom même de ta justice. C'est pourquoi nous avons en toi une confiance sans limite. Envoie ton Esprit, qu'il purifie notre cœur et y dépose la force de ton Amour tout-puissant. »

11

**Purifie nos souillures,
Baigne nos aridités,
Guéris nos blessures.**

Lorsque Jésus évoque devant Nicodème la présence et l'action de l'Esprit-Saint dans le cœur de l'homme, il fait appel au mouvement : *Le vent souffle où il veut et tu entends sa voix, mais tu ne sais pas d'où il vient ni où il va. Ainsi en est-il de quiconque est né de l'Esprit* (Jn 3,8). Comme l'eau et le feu, la brise est insaisissable, on ne connaît ni son origine ni son terme, on peut simplement juger de la direction qu'elle imprime et le sens où elle nous mène. Ainsi en va-t-il de l'action de l'Esprit dans votre vie : celui qui veut le saisir n'embrasse que du vent, mais qui se laisse conduire par lui (Gal 5,6) marche dans la voie du juste (Ps 1,6).

Entrons simplement dans le mouvement de l'Esprit en nous et laissons-nous guider par sa brise légère, car il ne fait pas de bruit et agit avec douceur. Le vent de la Pentecôte invisible n'est pas violent, en ce sens, il est redoutable parce qu'on peut passer à côté sans le sentir. Habitués que nous sommes à élever la voix, il y a des décibels que notre oreille endurcie n'entend plus, et il y a des rayons ultra-violets qui échappent à notre regard. C'est à son action que nous reconnaîtrons ce que l'Esprit fait avec nous, car il n'agit jamais sans notre collaboration ou du moins notre consentement. A certains jours, il ne nous demande que le feu vert pour entrer, mais prenons bien garde, si nous lui entrebaillons la porte, sans résister à sa douce pression, il aura tôt fait de l'ouvrir toute grande. Ce n'est pas le moment de se blinder en disant comme Claudel : «N'entrez pas trop, je crains les courants d'air!»

Son action en nous est d'autant plus puissante qu'elle est plus douce. Elle ne bouscule pas les lois qui régissent notre croissance mais elle épouse tous les contours de notre être, comble les ravins et rend habitables nos cavernes. Comme le Fils du Dieu infini, le Verbe par qui tout a été créé, en qui tient tout l'univers, a épousé toutes nos limites pour en faire le chemin de notre communion avec l'Infini, ainsi l'Esprit-Saint épouse toutes nos limites, les purifie et les guérit. Nous sommes assurés que si nous offrons à l'Esprit-Saint nos blessures, nos misères et nos limites, il les transfigure par la puissance de la Résurrection.

A l'origine de la création, l'Esprit planait sur les eaux (Gen 1,1) pour les féconder, de même il est à l'œuvre pour la recréation de l'univers et de l'homme blessé par le péché, mais il ne se contente pas de refaire ce qui a été défait. Quand l'Esprit-Saint restaure l'homme, il ne fait jamais les choses comme elles étaient auparavant. Devant un vase brisé, il le reprend de l'intérieur et le rend encore plus beau. L'homme est comme un bloc de cristal rayé par le péché; à partir de cette rayure, l'Esprit-Saint va tailler une rose. Ce serait un manque d'imagination indigne de Dieu que de penser le contraire. Il y a une oraison qui traduit bien les merveilles de la recréation, on la disait jadis à l'offertoire et elle est reprise à présent le jour de Noël : «O Dieu, tu as créé la nature humaine en lui donnant une admirable dignité, et tu l'as restaurée d'une manière plus admirable encore. Fais-nous participer à la divinité de ton Fils puisqu'il a voulu prendre notre humanité.»

1. Purifie ce qui est souillé

Il est bon de se demander en quel sens l'Esprit-Saint restaure notre humanité en lui donnant une dignité plus grande. Chaque fois que nous imaginons la restauration de l'homme dans le Christ, nous ne pouvons nous empêcher de penser à un retour au passé où l'homme retrouverait son intégrité originelle, une similitude avec le premier Adam. Il faut plutôt le voir dans l'avenir et comme une identification au second Adam, le Christ mort et ressuscité. Les théologiens nous le disent, sans l'incarnation rédemptrice, l'homme n'aurait pas eu la grâce christique. A l'intérieur d'une participation commune à la même vie divine, il y a une hiérarchie extraordinaire de sainteté. Pensons simplement à la Vierge qui, en tant que Mère de Dieu, a reçu une dignité surnaturelle supérieure au reste de la création.

Alors, quand nous demandons à l'Esprit de bien vouloir nous purifier de nos souillures, il faut bien nous entendre sur son rôle de purificateur. Et ici, il ne faut pas se laisser avoir par des images qui véhiculent des notions plus ou moins exactes du péché. Ainsi quand nous parlons de souillure, nous ne pouvons pas nous empêcher de penser à la feuille blanche de l'écolier qui apprend à écrire et fait volontairement ou par mégarde un gros «pâté», ou alors nous pensons à la souillure faite au plein milieu d'une nappe blanche. L'action de l'Esprit serait alors confondue avec celle du «corrector», de la gomme ou de la potasse qui efface la tache avec plus ou moins de bonheur, pour retrouver la situation primitive.

Disons que ce n'est pas tout à fait faux car il faut bien penser le péché avec des catégories mentales, mais il faut prendre garde aux images que nous utilisons car elles véhiculent des notions statiques du péché, en l'isolant de la personne. Il est difficile de penser le péché en dehors d'une personne concrète qui est le pécheur. Et c'est là qu'il y a un malentendu au sujet duquel il faut se demander ce qu'évoque le mot «péché» pour nous. Car l'effusion de l'Esprit dans le sacrement de réconciliation concerne le péché tel que nous allons le découvrir et non pas tellement les «péchés» dont nous avons l'expérience quotidienne. Ce sont des péchés qui se monnaient dans le fait qu'un homme se met en colère, est gourmand, paresseux et même impur, mais ce n'est pas encore le mystère du péché.

Pour beaucoup le péché ressemble à une tache qui ternit la pureté de l'âme ou aux kilomètres que marque le compteur d'un taxi. Plus on avance, plus on a l'impression d'accumuler les fautes de paresse, de médisance, de sensualité, etc... Et on voit l'ardoise augmenter avec un sentiment de terreur, face à la vérité de la justice. Dans son livre «Points de repère», Urs Von Balthazar dit que, dans une telle conception du péché, l'homme bien constitué a envie de se débarrasser de cette structure obsessionnelle, mais qu'en même temps il dénature la Miséricorde car il se sert de celle-ci pour se débarrasser d'une doctrine caricaturale de la justice. En fait, ce n'est pas la vraie miséricorde car pour savoir ce qu'elle est, il faut savoir ce qu'est le péché. La miséricorde de Dieu n'est pas une suppression de sa justice, mais c'est le pouvoir qu'a Dieu d'arracher d'un cœur endurci un cri, un appel au secours et, au nom même de sa justice, et non seulement de sa Miséricorde, il justifie le pécheur.

Le péché se définit par rapport à l'amour de quelqu'un en face de quelqu'un. Il n'y a de péché qu'en face d'un autre et si Dieu et nos frères n'étaient pas des personnes, il n'y aurait pas de péché et pas de coupable. S'il n'y avait pas le mystère de la rencontre d'une personne avec une autre personne, il y aurait des gens qui n'agissent pas selon leur raison, qui ne se dominent pas par manque de courage, qui sont infidèles à une loi ou un idéal, mais il n'y aurait pas de pécheurs. Dans la vie chrétienne, nous ne sommes pas seulement en face des valeurs, mais devant quelqu'un qui est Dieu.

Il n'y a de péché que dans la mesure où nous ne rendons pas à quelqu'un de vivant, capable de voir et d'aimer, ce à quoi il a droit. Alors quand nous nous détournons de ce visage d'amour, pour l'ignorer ou le mépriser, nous sommes des pécheurs. Et la situation du pécheur est aggravée par deux facteurs. D'abord s'il est en face de quelqu'un qui est plus pur, plus aimant, plus innocent et plus désarmé. Un crime contre un enfant ou un vieillard est plus révoltant que le mépris de quelqu'un qui peut se défendre. Ensuite, dans la mesure où il est plus ou moins lucide. Plus on est lucide sur la profondeur de cet amour et plus on est coupable de le mépriser. Si nous étions totalement lucides, nous ne pourrions plus être pardonnés. Ainsi saint Pierre reniant le Christ durant la Passion est très peu lucide sur la profondeur de l'amour du Christ qui se met à genoux à ses pieds pour les laver. Et c'est pourquoi le Christ lui pardonne sa faute, en la lui révélant dans un regard de tendresse infinie (Lc 22,62-63).

S'il n'y avait pas cet amour infini de Dieu pour nous, il n'existerait pas de péché et nous découvrons alors que le fond du mystère du péché est constitué par notre ingratitude, notre indifférence et notre endurcissement en face de cet amour. Alors, il ne nous reste plus qu'à invoquer l'article deux: nous n'en sommes pas conscients. Heureusement pour nous, car si nous étions lucides, ce serait la condamnation de l'enfer. Nous sommes aimés d'un amour infini auquel nous ne comprenons rien, alors notre premier devoir, c'est d'essayer d'y comprendre quelque chose.

Et nous voyons tout de suite le rôle de l'Esprit-Saint dans notre conversion. Il tente sans cesse de nous ramener au réel car nous vivons dans l'imaginaire de la solitude, sans avoir conscience d'être en face du Père qui nous aime. L'homme se sent menacé par la prise de conscience de cet amour qui pèse sur lui, alors il se cache, comme Adam, pour échapper au regard du Père. Très souvent, nous avons peur d'être entraînés trop loin dans cet amour, alors nous fermons les yeux volontairement. Le principal péché en terre chrétienne est un certain aveuglement volontaire devant l'amour de Dieu. C'est pour nous réveiller de cet aveuglement qui Dieu d'abord, et l'Eglise ensuite, nous mettent devant les yeux le Christ en Croix du côté duquel s'échappent l'eau et le sang. C'est ce qu'il y a de plus tangible pour réveiller notre insensibilité, avec les yeux de la foi. En nous montrant son Fils en Croix, c'est comme si le Père nous disait: «Est-ce que cela ne te touche pas un peu?» C'est de cette manière que le Christ s'y est pris avec l'aveuglené, il lui ouvre les yeux afin que celui-ci découvre la manifestation de l'amour infinie de Dieu dans sa personne de Sauveur. De même, l'Esprit-Saint dessille les yeux de notre cœur afin que nous nous éveillons pour de bon à l'amour de Dieu pour nous.

Avant de parler d'une conversion de l'homme à l'amour de Dieu, ne serait-il pas plus juste de parler d'une conversion de Dieu à l'homme? La Bible est comme une tentative désespérée de Dieu pour faire soupçonner à l'homme ce quelque chose d'inexprimable qui est la profondeur de son amour et chaque fois le peuple s'empare des envoyés de Dieu et des prophètes pour les mettre à mort, jusqu'au jour où Dieu n'aura plus qu'une dernière ressource: envoyer son Fils unique, seul capable de chanter l'amour infini du Bien-Aimé pour sa vigne. C'est la «Parole de la Croix» (Verbum Crucis) dont parle Paul (1 Cor 1,18), si bien exprimée par Jésus dans la parabole des vignerons homicides (Mc 12,1 à 12).

Il est intéressant de remarquer comment Pierre va prêcher la conversion le jour de la Pentecôte, où l'Esprit a été répandu en plénitude sur les apôtres et les disciples réunis au Cénacle (Act 2,17-18). Il s'agit justement de cet Esprit qui va opérer le pardon des péchés et purifier le peuple de ses souillures. Pierre ne reproche pas tant au peuple ses péchés que l'aveuglement et l'endurcissement de leur cœur. Ils n'ont pas reconnu en lui l'envoyé de Dieu et la parole de Pierre se fait incisive: *Cet homme qui avait été livré selon le dessein bien arrêté et la prescience de Dieu, vous l'avez pris et fait mourir sur la Croix par la main des impies, mais Dieu l'a ressuscité, le délivrant des affres de l'Hadès* (Act 2,23-24). C'est bien le spectacle du Christ en Croix (Gal 3,1) qui va toucher leur cœur et le briser.

Les Juifs demandent alors à Pierre: «Que faut-il faire maintenant?» Et il leur dit trois choses: «Convertissez-vous; croyez en Jésus et recevez le baptême et vous recevrez l'Esprit-Saint.» Se convertir dans la perspective des Actes est une véritable révolution copernicienne. Au lieu de croire que c'est nous qui aimons Dieu, le prions et travaillons pour lui, il faut croire que c'est lui qui nous aime le premier (1 Jn 4,10) et tourne autour de nous pour mendier notre amour. C'est un véritable décentrement de soi pour croire à l'amour infini de Dieu. C'est ensuite se faire baptiser et croire en Jésus, c'est-à-dire être en relation avec Quelqu'un, le Christ, qui est lui-même en relation avec le Père. Alors que le péché rompt ou distend notre relation au Père, la conversion nous situe devant lui. C'est l'Esprit-Saint qui retisse les liens de communion avec la Trinité Sainte : c'est en ce sens qu'il nous purifie de nos souillures.

2. Baigne nos aridités

Le grand péché, disions-nous plus haut, est d'avoir le cœur sec et endurci. Seul l'Esprit s'échappant du côté ouvert du Christ pourra transpercer ce cœur et arracher à son aridité les larmes de la componction. Le texte des Actes insiste très fort sur cette transfixion du cœur des auditeurs par les paroles de Pierre : *D'entendre cela, ils eurent le cœur transpercé* (Act 2,37). Voilà ce qu'est la purification des souillures ou la conversion : un éclatement du cœur qui se déssaisit de son raidissement et s'attendrit sous la pression de l'effusion de l'Esprit. La terre désséchée du cœur est imbibée par la rosée de l'Esprit et devient un sol tendre et fécond. C'est le don du cœur nouveau annoncé par Ezéchiel (36,26), au moment où il prophétise l'effusion de l'Esprit.

Il faudra attendre que le Christ ressuscité pour que soit donnée la plénitude de l'Esprit qui rajeunit les tissus vieillis du cœur et pardonne les péchés : *Recevez l'Esprit-Saint*, dit le Christ aux apôtres les soir de Pâques. *Ceux à qui vous remettrez les péchés, ils leur seront remis ; ceux à qui vous les retiendrez, ils leur seront retenus* (Jn 20,22-23). Ainsi nous sommes des pécheurs que le Christ ressuscité a le pouvoir de séduire, de sorte que parmi nous, certains deviennent des saints, c'est-à-dire semblables à lui.

Quand saint Ignace fait demander au retraitant la grâce de ressentir la douleur pour ses péchés, c'est de cette expérience qu'il s'agit. En effet, il est douloureux de constater que nous sommes des pécheurs au moment où nous commençons à subir la séduction du Christ. Il se passe alors quelque chose comme dans l'histoire de la Belle et de la Bête: à force de regarder la Belle, la Bête devient belle à son tour. Mais c'est une période déchirante et paradoxale, où nous continuons à être des pécheurs, tout en étant déjà des fils de Dieu, dont le cœur brûle comme celui des disciples d'Emmaüs, lorsque l'Eglise nous ouvre le sens des Ecritures.

On peut même dire que la perception spirituelle de cet écartèlement est le signe que nous entrons dans une authentique relation à Dieu. En terre chrétienne, il n'y a qu'une manière de rencontrer Dieu, c'est de se convertir, en expérimentant la nécessité d'un Sauveur. On pourrait croire qu'une fois séduits par le Christ, nous cessions d'être des pécheurs; il n'en est rien et tous les convertis se posent une question: «Comment se fait-il qu'après avoir rencontré le Christ, dans un contact brûlant, je doive encore subir un si douloureux traitement»? Le vieil homme n'en finit pas de mourir. Parlant du poète, semblable à l'albatros, le prince des nuées, Baudelaire a bien décrit son exil lorsqu'il dit: «Ses ailes de géant l'empêchent de marcher.» Depuis notre baptême, il nous est poussé des ailes de géant, avec un désir très grand de voler vers Dieu, comme les canards dont parle Saint-Exupéry dans *Citadelle*, malheureusement notre corps de misère n'est pas taillé à cette mesure et nous traînons lamentablement le ventre collé à la terre. Cette douleur peut devenir un découragement accablant, mais c'est le signe que le cœur commence à brûler de l'amour du Christ. Après nous en prenons conscience, nous reconnaissons Jésus-Christ et nous comprenons qu'il nous a aimés le premier. C'est le verset de saint Jean que nous avons cité plus haut et qui est peut-être le texte central du Nouveau Testament.

C'est l'expérience du retraitant dans la première Semaine des Exercices. Il était venu pour rencontrer Dieu dans la prière et rien ne se passe au début. Il a seulement la conscience douloureuse d'être un pécheur, tout en étant soutenu par une confiance obscure et insaisissable, jusqu'au moment où Jésus-Christ se dévoile d'une manière ou d'une autre, dans la contemplation du Règne. Il comprend alors que sa détresse venait précisément de ce qu'il brûlait d'amour, tout en étant un pécheur. Tout homme qui fait cette expérience sait que Jésus est ressuscité, qu'il est le Sauveur et qu'il vit dans son cœur.

Jésus a manifesté ce que nous sommes en se laissant crucifier, c'est pourquoi il n'a pas voulu se défendre : afin de nous montrer de quoi nous sommes capables. Lui seul peut nous délivrer de notre endurcissement en nous expliquant l'Ecriture par la voix de l'Eglise, comme la parole de Pierre désignant le Christ en Croix transperce le cœur de ses auditeurs. Il faut savoir que c'est un long travail du Seigneur qui requiert notre patience, notre collaboration et notre confiance : « Vous avez un cœur de pierre, capable de crucifier l'envoyé de Dieu ; mais si vous vous laissez faire, je vous enlèverai votre cœur de pierre et je vous donnerai un cœur de chair.

Tout homme qui contemple le Christ en Croix et se laisse toucher par ce spectacle du Crucifié reçoit un cœur de chair, aussi faible soit-il, au plus profond de son cœur de pierre. S'il prie en vérité, ce cœur de chair se met à brûler et réduit en miettes le cœur de pierre. La conversion est une longue opération de raffinage qui va du cœur brisé de repentir, au cœur moulu et fondu pour aboutir au cœur liquéfié et liquide. Le Curé d'Ars disait que les saints avaient le cœur liquide : « Quand un cœur prie vraiment Dieu, ajoutait-il, c'est comme deux morceaux de cire fondus ensemble. » L'opération est d'autant plus douloureuse que l'endurcissement du cœur est plus profond : il y a des pierres qu'on ne peut briser qu'à grands coups de matteau. Heureux ceux qui se laissent chauffer immédiatement à haute température, ils n'en souffrent pas moins, mais ils font leur purgatoire sur terre, ce qui les préserve de l'autre.

3. Guéris nos blessures

Pour terminer, je voudrais vous indiquer un chemin de conversion et de guérison, non seulement légitime, mais chaudement recommandé par l'Eglise à tous ceux qui ont peur de la conversion et des grandes purifications qu'elle exige. Je l'ai trouvé chez saint Louis-Marie Grignion de Montfort et il porte un nom bien précis : c'est le chemin de la Vierge qui nous oriente dans la vraie direction de l'Esprit : «Quand le Saint-Esprit, dit encore Grignion de Montfort, trouve la Vierge dans le cœur d'un homme, il y court et il y vole.» Marie est la première chrétienne en qui la Gloire a explosé et dont le cœur de pierre est devenu un cœur de chair, dès le premier instant de sa conception (cf. oraison de la fête de l'Immaculée Conception). Elle a été préservée du péché, c'est-à dire qu'elle a été guérie de ses blessures avant de contracter la maladie, ce qui est le comble du pardon.

En ce sens, il y a un lien très mystérieux entre la Vierge et les pécheurs pour qui elle intercède : Sainte Marie, Mère de Dieu, prie pour nous, pauvres pécheurs. Le Père Kolbe l'appelle «la mère très aimante à qui Dieu voulut confier tout l'ordre de la Miséricorde». Saint Bernard l'appelle «notre avocate» auprès de Dieu pour signifier que sa mission est dans la ligne de l'Esprit, appelé à nous défendre dans le vaste procès du monde (Jn 15,26). Il y a chez Dostoïevskij une intuition spirituelle qui ne tient pas le coup au plan théologique, mais qui révèle bien le fond de sa pensée. Il dit qu'entre Pâques et la Pentecôte, la Mère de Dieu intercède auprès de Dieu pour les damnés, ceux-ci cessent de souffrir et louent la Vierge. Il faudrait relire ici toutes les prières que l'Eglise adresse à la Vierge pour comprendre qu'elle est le Refuge des pécheurs, la Consolatrice des affligés et le salut des infirmes (cf. Sub Tuum, Souvenez-vous, Salve Regina, etc.).

Pour comprendre qu'un pécheur peut trouver refuge auprès de la Vierge, il faut l'aide du Saint-Esprit. Pour devenir un pécheur aimable au cœur de Dieu, il faut passer par la Vierge. Elle est la seule à avoir eu vraiment le sens du péché car elle en a été préservée et surtout elle a compris mieux que quiconque, au pied de la Croix, ce qu'il en avait coûté à Dieu et à son Fils. C'est en ce sens qu'elle est la mère de la Miséricorde et qu'elle nous apprend à devenir un pécheur qui ne pèche plus. C'est pourquoi il faut passer par elle pour devenir un pécheur pardonné.

Ainsi la Vierge est au début et au terme d'un chemin qui mène à la conversion du cœur broyé. Thérèse de Lisieux disait: «Si j'avais commis tous les péchés de la terre, ce n'est pas cela qui m'arrêterait dans ma course, le cœur brisé de repentir, j'irais me jeter aussitôt dans les bras de Dieu.» Tout peut être instrument de damnation sauf avoir le cœur brisé de repentir. Je suppose que nous soyons ce pécheur qui a commis tous les crimes de la terre et qui a eu la cruauté de se défendre contre le Saint-Esprit, il lui est demandé de faire un acte d'espérance folle en la Miséricorde de Dieu. Il est dans la logique de ne pas le faire. La Vierge est celle qui inspire cette confiance car elle connaît le cœur de Dieu.

Pour se présenter à Dieu comme un pécheur qui connaît le cœur miséricordieux de Dieu, il faut passer par la Vierge, c'est un mouvement dont elle a le secret. Il suffit de regarder la vie de tous les convertis, ils ont eu le cœur brisé parce qu'ils ont expérimenté le chemin de la Vierge. La meilleure façon d'avoir affaire à la Miséricorde de Dieu, c'est d'avoir affaire à la Vierge. Je suis frappé de voir que beaucoup de jeunes passés par les Foyers de charité et qui vivent la Consécration à la Vierge, s'engagent dans une véritable voie de conversion et de sainteté. Si on ne fuyait pas tant la Vierge, on cesserait d'être un pécheur. Karl Barth disait, vers la fin de sa vie, qu'il ne pouvait s'expliquer la crise douloureuse traversée aujourd'hui par l'Eglise catholoqie que par l'abandon de la Vierge et il disait avec une certaine tristesse, en écoutant à la radio toutes les émissions religieuses catholiques: «Vous n'avez donc plus besoin de la Vierge, non plus!»

Nous perdons les neuf dixièmes de notre énergie à lutter dans le vide pour satisfaire notre amour propre. Il faut que l'or pur de la confiance soit dégagé dans un cœur brisé de repentir. Nous soupçonnons à peine combien nous contristons l'Esprit par la cruauté et la dureté de notre cœur. La Vierge nous apprend à devenir des pécheurs qui savent supplier avec douceur. C'est vraiment le dégel de la banquise. C'est elle qui nous préservera des dangers du péché qui sont réels et des dangers de la vertu qui sont aussi dangereux. Même quand la vertu commence à grandir en nous, elle s'empresse de nous montrer combien nous sommes pécheurs, mais elle le fait avec sa douceur maternelle.

Pour terminer, résumons simplement l'action de l'Esprit-Saint dans le cœur du chrétien qui l'appelle à son aide. Comme il a été à l'origine de la création, il est aussi à la source de la recréation. Le Christ le dit clairement à Nicodème : *En vérité, en vérité, je te le dis, à moins de naître d'eau et d'esprit, nul ne peut entrer dans le Royaume de Dieu* (Jn 3,5). Dans le baptême, le bain de la nouvelle naissance, il purifie l'homme de son péché et le fait entrer dans la communion des Trois Personnes divines. Chaque fois que le chrétien vit le sacrement de la réconciliation, appelé par saint Augustin, le baptême dans les larmes, l'Esprit-Saint brûle un peu plus les racines du vieil homme en lui et baigne son cœur aride avec l'eau vive de la vie trinitaire.

C'est toujours lui qui guérit les blessures du péché, non pas en les refermant, dit saint Jean de la Croix, mais en les rouvrant à l'infini de l'Amour de Dieu afin qu'elles deviennent des blessures d'amour. A la suite d'Isaïe, les Pères ont toujours contemplé la source de notre guérison dans l'Esprit-Saint qui coule du côté ouvert du Christ, de sorte que les lèvres de la blessure du Christ embrassent les lèvres de notre propre blessure : *Le châtiment qui nous rend la paix est sur lui et dans ses blessures nous trouvons la guérison* (Is 53,5). *Comme Moïse éleva le serpent dans le désert, ainsi faut-il que le Fils de l'homme soit élevé, afin que quiconque croit ait par lui la vie éternelle.* Mais c'est surtout dans le rayonnement de l'Eucharistie que viendra notre guérison : *Pour vous qui craignez mon Nom, le soleil de justice brillera, avec la guérison dans ses rayons* (Mal 3,20).

Le chemin de cette nouvelle naissance passe toujours par la Vierge car elle a été guérie avant de contracter la maladie. Elle a connu tout de suite la seconde naissance. Jésus nous oriente sur cette voie lorsqu'il dit à l'apôtre Jean : *Voici ta Mère* (Jn 19,27). Mettez en équation les deux paroles de Jésus : *Si vous ne redevenez pas comme un enfant, vous n'entrerez pas dans le Royaume de Dieu* (Jn 3,3) et la parole à saint Jean. Alors Nicodème ne comprend pas comme nous, du reste: *Est-il possible une seconde fois d'entrer dans le sein de sa mère et naître* (Jn 3,4). Le Christ ne répond jamais tout de suite aux questions qu'on lui pose. Mais du haut de la Croix, il lui répond: «Voici ta Mère, dans le sein de laquelle tu dois rentrer pour redevenir un enfant et trouver la porte du Royaume des cieux.»

«O Toi, qui procèdes du Père et du Fils, divin Paraclet, par ta flamme féconde viens rendre éloquente notre langue, et embraser nos cœurs de tes feux.

«Amour du Père et du Fils, l'égal des deux et leur semblable en essence, tu remplis tout, tu donnes la vie à tout; dans ton repos, tu conduis les astres, tu règles les mouvements des cieux.

«Lumière éblouissante et chérie, tu dissipes nos ténèbres intérieures; ceux qui sont purs, tu les rends plus purs encore; c'est toi qui fais disparaître le péché et la rouille qu'il apporte avec lui.

«Tu manifestes ta vérité, tu montres la voie de la paix et celle de la justice; tu fuis les cœurs pervers, et tu combles des trésors de ta science ceux qui sont droits.

«Si tu enseignes, rien ne demeure obscur; si tu es présent à l'âme, rien ne reste impur en elle; tu lui apportes la joie et l'allégresse, et la conscience que tu as purifiée goûte enfin le bonheur.

Secours des opprimés, consolation des malheureux, refuge des pauvres, donne-nous de mépriser les objets terrestres; entraîne notre désir à l'amour des choses célestes.

«Tu consoles et tu affermis les cœurs humbles; tu les habites et tu les aimes; expluse tout mal, efface toute souillure, rétablis la concorde entre ceux qui sont divisés, et apporte-nous ton secours.

«Tu visitas un jour les disciples timides; par toi ils furent instruits et fortifiés; daigne nous visiter aussi et répandre ta consolation sur nous et sur le peuple fidèle.

«Viens donc à nous, Consolateur! gouverne nos langues, apaise nos cœurs: ni fiel, ni venin n'est compatible avec ta présence. Sans ta grâce, il n'est ni délice, ni salut, ni sérénité, ni douceur, ni plénitude. »

(Adam de Saint-Victor, cité et traduit dans Dom Guéranger : *L'Année liturgique*, t. III, Le Temps pascal, séquences. Qui procedis et Lux jucunda).

12

**Assouplis nos raideurs,
Réchauffe notre froideur,
Redresse ce qui dévie.**

J'ai toujours été frappé, en contemplant le corps d'un enfant ou celui d'un adolescent, par son étonnante plasticité et sa souplesse dans les mouvements. Une question peut alors nous plonger dans des abîmes de méditation: «Pourquoi naissons-nous souples et tendres et vieillissons-nous rigides et durs?» Sur le plan physique, les spécialistes pourraient nous dire pourquoi, ce n'est pas difficile, mais au plan moral et spirituel, pourquoi? Les choses ne sont pas si simples au premier abord. On dit que sur la fin de sa vie, saint Séraphim de Sarov avait retrouvé la chair blanche et souple d'un nouveau-né, au point qu'une petite fille pouvait jouer et gambader avec lui, dans les hautes herbes des fourrés. Et elle disait à sa maman: «Il a une chair blanche comme nous!»

On raconte à peu près la même expérience dans la vie de saint Antoine, écrite par saint Athanase. Après avoir décrit toutes les prouesses d'ascèse, à peine imaginables, on serait tenté de croire qu'Antoine était usé et vieilli avant l'âge. Il n'en est rien : il meurt à cent cinq ans : «Cependant le vieillard était resté absolument indemne; il avait les yeux intacts et voyaient clair. Il n'avait pas perdu une seule dent, mais ses gencives étaient un peu rongées à cause de son grand âge. Ses pieds et ses mains étaient parfaitement sains; il paraissait plus brillant de santé et plus fort que ceux qui usent de nourritures variées, de bains et de vêtements divers» (Saint Athanase: *Vie et Conduite de notre Père Saint Antoine*, Bellefontaine. Spiritualité orientale, n° 28, P. 90).

Tous les grands spirituels sont capables de nous démontrer qu'on peut vieillir et mourir, souples et détendus. Je pense ici à tel frère convers âgé qui garde une jeunesse de cœur et une souplesse physique extraordinaires. Ses frères ne se méprennent pas sur son compte et ils le considèrent comme un saint, non pas seulement un «saint homme» qui tourne à basse altitude, mais un saint tout court qui tourne à la vitesse des cyclotrons autour du Mystère de la Trinité. Pourquoi tant d'hommes en vieillissant deviennent rigides et durs? Pourquoi tant d'hommes sont-ils incapables d'écouter et d'entrer dans la pensée d'un autre? Ils ne désarment jamais. Certains vieillissent mal, ils restent durs comme un fruit qui n'a pas bien mûri, ou alors ils deviennent blèts. Sans s'en apercevoir, plus ou moins consciemment, ils ont laissé la loi de la rigidité et de la dureté s'emparer d'eux.

1. Assouplis ce qui est raide

Quand le vieil homme continue à dominer en nous, il impose sa loi de servitude. Au début, il utilise un corps jeune et souple, une intelligence vive et alerte, on ne se rend pas bien compte qu'il est rigide et dur dans le fond de lui-même, mais en vieillissant, il n'y a que lui qui continue à agir en nous, alors à ce moment-là, nous voyons bien de quoi il est capable. C'est le vieil homme qui nous fait des nuques raides, des cœurs de pierre et des têtes dures, méritant ainsi le reproche que le Christ fait aux disciples d'Emmaüs, après la résurrection : *O cœurs sans intelligence, lents à croire ce qu'ont annoncé les prophètes*

(Lc 24,25). De même, il reproche aux onze *«leur incrédulité et leur obstination à ne pas ajouter foi à ceux qui l'avaient vu ressuscité»* (Mc 16,14). On comprend alors que toute la conversion proposée par Jésus soit une conversion pour retrouver l'enfant caché en nous.

Il ne s'agit pas de retrouver l'enfant que nous étions au plan physique, mais l'enfant mystérieux et spirituel qui est notre véritable visage aux yeux de Dieu et qui est prisonnier au fond de notre être. Il y a en nous un enfant qui gémit dans l'attente de la rédemption de notre corps pour entrer dans la liberté de la Gloire des enfants de Dieu et cet enfant gémit dans les douleurs de l'enfantement, avec la création tout entière (Rm 8,21-23). Cet enfant a été comme repris et repétri par l'eau et l'Esprit, mais il doit se dégager des liens qui l'enserrent. Le premier pas dans cette conversion est de reconnaître que c'est quasiment impossible aux hommes que nous sommes, mais ce qui n'est pas possible aux hommes est possible à Dieu. Il faut faire l'expérience d'un cœur renouvelé et rajeuni par l'amour trinitaire.

C'est à ce moment-là qu'il faut savoir recourir à la supplication à l'Esprit-Saint en lui demandant d'assouplir nos raideurs. Tous les maux dont nous lui demandons la guérison viennent de la dureté de notre cœur. Lui seul parce qu'il demeure au «plus profond centre de l'âme» peut imprégner et imbiber de l'intérieur tout notre être (saint Jean de la Croix). C'est de l'intérieur vers l'extérieur que nous nous sanctifions et non l'inverse. La douceur de l'Esprit, emprisonnée dans notre cœur, doit progressivement attendrir la rigidité de notre esprit et assouplir les cellules de notre corps afin que nous retrouvions notre être de fils, comme Bernanos le fait dire au petit pâtre du *Dialogue des Carmélites:* «Suis-je redevenu un enfant?»

Si Jésus parle d'une nouvelle naissance, c'est pour nous inviter à regarder notre première naissance comme une comparaison utile pour nous faire comprendre ce qui peut se passer dans une seconde et nouvelle naissance. Il agira de la même façon en plaçant un petit enfant au milieu de ses disciples et en les invitant à redevenir comme lui. Dans notre petite enfance, nous avons vécu des choses qui peuvent nous servir de clé pour comprendre ce qu'il nous faudrait vivre aujourd'hui. Pensons simplement à l'enfant qui ose tout demander à ses parents et il le fait avec insistance et douceur. Nous avons tant de peine, une fois devenu adultes, à nous mettre à genoux pour supplier le Père. Nous préférons obtenir par nous-mêmes ce que nous désirons. Il ne s'agit pas de régresser dans un infantilisme intérieur. Les psychologues nous mettent en garde, à juste titre, contre la tentation de revenir à la chaleur du sein maternel. Il ne s'agit donc pas d'inconscience ou de puérilité.

Du reste, cet être de fils de Dieu n'est pas à retrouver dans le passé, il est déjà en nous à l'état de germe. Au baptême, l'être ancien, avons-nous dit, a été comme repris et repétri par le Saint-Esprit dans le sein même de la Trinité. Nous avons été modelés comme de la glaise par les mains de Dieu qui a insufflé dans nos narines et nos poumons son haleine de vie qui fait de nous un être vivant (Gen 2,7 et 1 Cor 15,45). Nous sommes revenus au monde après avoir pris un bain dans une eau profonde et lumineuse: celle de la Vérité du Dieu Amour. Si bien que *nous sommes déjà enfants de Dieu et ce que nous serons n'a pas encore été manifesté. Nous savons que lors de cette manifestation, nous lui serons semblables parce que nous le verrons tel qu'il est* (1 Jn 3,2).

Ainsi il y a une tension entre ce qui existe déjà en nous à l'état d'embryon et ce qui n'est pas encore mais qui se manifestera clairement lorsque nous verrons le Fils unique. Alors nous verrons notre propre visage de Fils dans le miroir du Christ. Comme dit l'une des Odes de Salomon: «Le Christ est notre miroir, apprenez de lui comment sont vos visages» (Trad. Haman. Ode 13. p. 37). C'est donc en avant de nous qu'il faut rechercher notre vrai visage d'enfant de Dieu et Jésus dit clairement qu'il faut se «convertir» pour redevenir un Fils (Mt 18,3). Il ne s'agit pas de revenir dans le passé et si nous regardons ce qui s'est passé à notre première naissance, c'est pour découvrir une image de ce qui doit se passer dans la nouvelle naissance. Chaque fois qu'un enfant vient au monde, il faut bien reconnaître qu'il se joue un vrai drame. Le nouveau-né entre dans la vie en poussant un cri dans lequel il ramasse à la fois tout son étonnement et son angoisse devant la nouvelle situation qui lui est faite. C'est la première grande séparation de sa vie puisqu'il quitte un nid chaud et douillet. Il pousse un cri car il frôle la mort et en même temps se conquiert la vie. En effet, c'est la menace de l'étouffement et la peur viscérale qui le font crier jusqu'à s'ouvrir lui-même les poumons, se frayant ainsi un chemin à l'air qui lui donnera de respirer et de vivre.

Tout enfant nous interroge par quelque chose de très profond. Nous sentons bien que pour lui, à la fois rien n'est joué et que beaucoup de choses sont déjà jouées. Au fond, l'homme n'a jamais tiré au clair l'énigme de sa naissance et nous savons bien que les traumatismes de son enfance et de son adolescence tireront leur origine du cri primal qu'il a poussé en venant au monde. Les psychologues nous disent que l'homme devient vraiment adulte lorsqu'il s'est situé librement vis-à-vis de son origine et de sa fin. Du reste, le dernier acte du vivant, ce sera aussi un cri et un soupir. L'enfant et l'adulte ensuite garderont jusqu'à la mort le souvenir de ce cri qui s'estompera dans un dernier soupir. Le souvenir de ce cri restera enfoui au plus profond de son être, il ne le répercutera peut-être jamais, mais les vibrations se feront sentir dans son cœur et dans son corps. A la jointure des grandes douleurs et des grandes joies, le bébé fera de son cri son unique langage mais sans le savoir. L'adulte criera aussi à l'heure des crises. Et souvent, son cri sera la seule prière qu'il pourra lancer vers Dieu. L'auteur de l'épître aux Hébreux nous dit qu'en entrant dans le monde, le Christ a prié avec des cris et des larmes: *C'est lui qui, aux jours de sa chair, ayant présenté, avec une violente clameur et des larmes, des implorations et des supplications à celui qui pouvait le sauver de la mort, fut exaucé en raison de sa piété* (Héb 5,7)

2. Réchauffe nos froideurs

Bien sûr, dès qu'il apparaît dans le monde, l'enfant est pris en charge par des mains qui le nettoient, le baignent, le réchauffent, le soignent et le nourrissent mais qu'il ignore encore à ce moment-là. Et quand il les reconnaît, il ne se souvient plus qu'à moitié du rôle vital que ces mains ont joué. Cette aventure charnelle qui a été l'aventure de chacun d'entre nous, en cache une autre entre Dieu et l'homme. De même que l'enfant est fait par les mains qui le portent, par la chaleur qu'il reçoit de la tendresse de ses parents, de même Israël a compris qu'il était fait par Dieu en tant que Peuple, comme dit le psaume : *Il nous a faits et nous sommes à lui, son peuple et le troupeau qu'il fait paître* (Ps 94,6-7). C'est une étape importante, aussi bien dans la vie d'un peuple que dans la vie d'un homme, que de reconnaître cela et pourtant elle est difficile à certains moments car l'homme accepte avec réticence de se recevoir d'un autre en dépendant de lui.

Quand on lit le prophète Osée, on retrouve cette plainte de Dieu qui est blessé par l'ingratitude de son peuple, de même en Jérémie : *O mon Peuple, que t'ai-je fait, en quoi t'ai-je contristé ?* Pour retrouver la mémoire de la source d'où nous sommes nés, il faut souvent reprendre dans la prière ce texte d'Osée : *Quand Israël était jeune, je l'aimai, et d'Egypte j'appelai mon fils. Mais plus je les appelais, plus ils s'écartaient de moi ; et moi, j'avais appris à marcher à Ephraïm, je les prenais par les bras, et ils n'ont pas compris que je prenais soin d'eux ! Je les menais avec des attaches humaines, avec des liens d'amour ; j'étais pour eux comme ceux qui soulèvent un nourrisson tout contre leur joue, je m'inclinais vers lui, je le faisais manger* (Os 11,1 à 4). Dieu utilise l'image du nourrisson pour faire comprendre au peuple la tendresse qu'il lui porte, mais le peuple ne comprend pas car il a un cœur dur et incirconcis.

A travers toute l'histoire d'Israël, Dieu fait comprendre au peuple qu'il est son Sauveur, aussi bien dans le passage de la mer Rouge qu'au désert ; petit à petit, il lui fera découvrir qu'il est aussi son Créateur et le Créateur de l'univers ; le Dieu de la Genèse. Israël a compris que si Dieu s'était occupé de lui dans son Histoire, c'est parce qu'il avait été aussi son Créateur dans la substance de son être. D'où le merveilleux psaume 139 qui est le psaume où l'homme reconnaît la manière dont Dieu l'a fait : *Seigneur, tu me sondes et me connais ; que je me lève où m'assoie, tu le sais... C'est toi qui m'as formé les reins, qui m'as tissé au ventre de ma mère; je te rends grâces pour tant de prodiges, merveille que je suis, merveille que tes œuvres! Mon âme, tu la connaissais bien, mes os n'étaient point cachés de toi, quand je fus façonné dans le secret, brodé aux profondeurs de la terre. Mon embryon, tes yeux le voyaient* (1-2. 13-16). Ainsi le psalmiste reconnaît que Dieu veille sur chaque instant de sa vie et qu'il est vraiment Celui qui l'a fait. Le Christ dira que le Père «voit et sait»: il compte chacun de nos cheveux.

Il y a des moments dans notre vie, à l'occasion d'une retraite, d'une étape à franchir ou d'une épreuve, où il faut remonter jusque là pour comprendre le mystère de la naissance spirituelle et aussi celui de notre mort. Il faudrait que nous gardions intactes l'empreinte des mains divines qui nous ont façonné à travers les lois de la biogénèse, à travers les soucis et l'amour de nos parents comme à travers tout ce qui nous est arrivé: *C'est toi qui m'as tissé dans le sein de ma mère* (Ps 139,13 et Is 44,2). Si nous découvrons et gardons cette mémoire enfouie, nous saurons que naître à l'existence terrestre, c'est aussi naître à l'existence d'en-haut:

«O homme, puisque tu es l'œuvre de Dieu, supporte la main de ton artisan: il fera tout comme il convient.

«Offre-lui un cœur souple et docile, conserve l'empreinte que te donne l'artisan, aie en toi quelque chose de malléable, pour ne pas perdre, par ta dureté, la trace de ses doigts.

«En gardant le modelé, tu monteras vers la perfection: car l'art de Dieu voilera ce qui, en toi, n'est que glaise. Ce sont ses mains qui ont façonné en toi ta substance: voici qu'il te revêtira d'or pur et d'argent au-dedans et au-dehors, et il t'embellira tellement que le Roi lui-même sera épris de ta beauté...

«Si tu livres ce que tu as en propre, c'est-à-dire ta confiance et ton obéissance, tu recevras l'impression de son art et tu seras l'œuvre parfaite de Dieu.» (Saint Irénée, *Adv. Haer.* IV. 39,2).

Le malheur vient de ce que nous échappons aux mains de Dieu. Nous discutons avec Celui qui nous a modelés: *L'argile dit-elle à son potier: que fais-tu? Ton œuvre n'a pas de mains!*

Malheur à qui dit à un père: Pourquoi engendres-tu ? et à une femme: Pourquoi mets-tu au monde (Is 15,9-10). Nous n'avons pas reconnu d'emblée ces mains qui nous ont façonnés, comme Israël n'a pas reconnu les mains de Dieu dans la manière où Il les traitait. Alors qu'est-ce qui s'est passé en nous ? Pour comprendre pourquoi nous avons tant de peine à aimer Dieu en vérité, il faut voir comment nous pouvons redécouvrir cette capacité dans l'enfance spirituelle.

3. Redresse ce qui dévie

Il faut que nous arrivions à saisir l'être que nous avons reçu de Dieu, en retrouvant l'empreinte de ses mains. Saint Irénée dit que les deux mains du Père sont le Fils et l'Esprit-Saint. C'est par le Verbe que *tout fut créé et sans lui, rien ne fut* (Jn 1,3), c'est par l'Esprit-Saint que tout est recréé et d'abord l'homme dans son être de Fils *déterminant d'avance que nous serions pour lui des fils adoptifs par Jésus-Christ. Tel fut le bon plaisir de sa volonté, à la louange de gloire de sa grâce* (Eph 1,5-6). Si cet être avait pu se développer tel que Dieu l'avait voulu, si nous avions à tout instant réussi à coincider de très près à la loi interne du développement de notre être que Dieu avait prévu pour nous, alors tout aurait été parfait: *Laissez-vous mener par l'Esprit et vous ne risquerez pas de satisfaire la convoîtise charnelle* (Gal 5,16).

Evidemment, ce n'est pas cela qui s'est passé: *Nous n'avons pas écouté la voix du Seigneur notre Dieu..., nous sommes allés, chacun suivant l'inclination de son cœur mauvais, servir d'autres dieux, faire ce qui déplaît au Seigneur notre Dieu* (Bar 1,21-22). Ce qui s'est éveillé en nous à un certain moment, c'est le vieil Adam que saint Paul appelle le vieil homme, le «moi» au sens égocentrique du mot qui, au lieu d'écouter la voix de Dieu, a préféré s'écouter lui-même. Et tout cela a empêché la véritable personnalité en nous de se développer harmonieusement telle que Dieu aurait voulu que nous la développions. Il le dit souvent à son Peuple: *Ah! Israël, si tu pouvais m'écouter..., mais non, tu es allé vers des dieux étrangers.»*

Bien sûr, nous ne sommes pas toujours conscients de cette oppression de l'homme nouveau en nous et de l'excroissance du vieil homme. Il faut aussi reconnaître que nous sommes victimes et coupables en même temps, c'est-à-dire que durant de longues années ces deux êtres se développent à notre insu et le jour où nous découvrons que le vieil homme opprime l'homme nouveau, il est déjà tard pour lutter contre lui car il a pris des habitudes et a imposé sa dure loi à toute notre personne.

A ce sujet, Claudel a écrit une belle parabole, celle d'Animus et d'Anima. Il y a en nous comme deux êtres : il y a Anima, c'est l'âme qui est ouverte, qui a envie de chanter, de danser ; et puis Animus, c'est en nous le vieil homme, le calculateur, le méchant, le cruel, le sournois. Claudel raconte alors que ces deux êtres font plus ou moins bon ménage. Anima est la petite servante d'Animus, mais elle se tient coite, elle n'ose pas trop s'affirmer car c'est lui qui régente tout, c'est le moi qui régit notre vie jusqu'au jour où Anima croit qu'Animus est absent. Anima se pensant seule dans la maison, se sent libre et du coup elle se met à chanter, elle commence à s'affirmer. Eh bien voilà, c'est un peu le drame de beaucoup d'entre nous.

Le vieil homme impose sa loi à l'homme nouveau pendant des années et on ne s'en aperçoit pas. Mais au fur et à mesure que l'homme nouveau grandit sous la pression de la vie trinitaire, il ne supporte plus la présence de l'homme ancien. Il est bien clair que si nous continuons à communier, à faire oraison et à lutter contre le moi égoïste par la charité active et passive, nous serons le théâtre d'un combat douloureux entre ces deux hommes. Il faudrait pouvoir repérer en nous Animus et Anima, au sens de la parabole de Claudel et ne plus nous identifier à ce personnage qui, au fond, a usurpé en nous le droit de prendre notre nom.

Mais nous devons être bien conscients que si la mort du vieil homme requiert notre collaboration réelle et effective, elle ne sera pas notre œuvre. C'est l'œuvre du Saint-Esprit qui infuse en notre cœur cette vie du Ressuscité qui a vaincu la mort dans le duel de Pâques : *Vous, vous n'êtes pas dans la chair mais dans l'Esprit, puisque l'Esprit de Dieu habite en vous... Et si l'Esprit de Celui qui a ressuscité Jésus d'entre les morts habite en vous, Celui qui a ressuscité Jésus d'entre les morts donnera aussi la vie à vos corps mortels par son Esprit qui habite en vous* (Rm 8,9-11).

Nous avons vraiment besoin de l'Esprit-Saint pour mettre au monde notre être de Fils de Dieu. Nous pensons souvent à l'esprit de force pour lutter contre le vieil homme, mais je pense aussi à l'Esprit de douceur pour envelopper l'homme nouveau dans la tendresse du Père. La lutte à laquelle nous songeons trop souvent est le mauvais combat de l'orgueil où nous voulons être victorieux par nos propres forces. Le véritable combat, c'est celui de la prière où nous supplions le Père de bien vouloir renouveler en nous les merveilles de la Pentecôte invisible pour que l'Esprit-Saint nous investisse de part en part. Alors ce qui paraît impossible deviendra possible par la puissance de l'Esprit qui opère en nous le vouloir et le faire (Phil 2,13). C'est lui qui nous rendra souples à la voix du Père. Il n'est pas facile de garder l'équilibre de la vie, comme des enfants qui apprennent à marcher et tombent tout le temps. Nous oscillons sans cesse entre un volontarisme forcené et un laisser-aller paresseux. Ce n'est pas grave tant que nous acceptons d'être remis dans la voie du juste. Seul l'Esprit peut nous rendre assez souples pour redresser en nous tout ce qui est dévié.

Disons en terminant que l'enfance spirituelle n'est pas une attitude morale que le Christ est venu nous décrire et nous enseigner pour la reproduire extérieurement, c'est le secret même de sa vie, car il la vivait lui-même avant de l'enseigner. Vous savez qu'on peut regarder les Béatitudes comme le portrait même de Jésus; on pourrait dire la même chose de l'enfance spirituelle. Le premier qui a eu l'esprit d'enfance est le Verbe. Plus exactement, dit le Père Molinié, «le Verbe a l'esprit filial, première composante de l'esprit d'enfance, nous y ajoutons une nuance de petitesse qui se réfugie». Ainsi la voie d'enfance n'est pas une voie au rabais, un thème marginal de l'Evangile ou une attitude facultative: c'est le secret même du Christ. Et seul l'Esprit d'enfance peut scruter les profondeurs du Père (1 Cor 2,10-16).

Au fond, «le Christ est le seul Fils qui n'a pas eu de problème de Père» (Mgr Antoine Bloom). C'est le seul Fils pour qui le Père est ce qu'il est en réalité. Et c'est à dessein que nous ne précisons pas, car nous ne soupçonnons pas ce mystère de la relation filiale du Christ à son Père. L'expression «problème» n'est pas théologique mais elle nous fait bien pressentir, à partir de la «crise du Père» que nous vivons en ce moment, le parfait accord qui existait entre Jésus et son Père.

En tant que Fils, il se sait tout entier reçu du Père, en tant que Verbe incarné, son humanité se sait tout entière reçue de Dieu. L'humanité de Jésus respirait l'enfance spirituelle: «A tout instant, dit Tauler, le Christ recevait toutes choses de son Père et il rapportait toutes choses à son Père, sans inquiétude, ni pour le passé, ni pour l'avenir». L'homme qui, d'un bout à l'autre de son existence, a vécu souple et tendre est plus apte qu'un autre à souffrir, mais aussi il est plus pleinement homme. Jésus a été l'enfant de Dieu par excellence, sans raideur, il savait bien qu'il allait à la Croix, mais il l'a vécu comme un Fils, sans se tourmenter avant le temps. Il a vécu l'amitié et la souffrance dans l'instant présent et il n'a pas durci sa face devant ceux qui le frappaient (Lam 3,30).

Nous ne pourrons devenir un fils pour le Père que dans la mesure où nous serons greffés sur le Fils et où nous deviendrons un avec Lui. Dans la mesure où, selon l'expression de saint Irénée,: «Dans le Fils unique, parce que nous sommes devenus un avec lui, nous devenons le Fils unique de Dieu.» En effet, Dieu nous engendre par adoption aussi strictement qu'il engendre son Verbe par nature. Nous devenons ses Fils au sens strict — et non même pas ses fils — mais le Fils, parce qu'il n'y en a qu'un. Quand Dieu perd l'un de nous parce que nous cessons de l'aimer, il perd son Fils, car il y a un visage de son Fils qui est mort en nous.

Il y a une période au milieu de la vie où il faut réfléchir à l'enfance spirituelle: où est-ce que j'en suis? Il faut être parfois dans une période de désarroi intérieur pour recevoir cette parole. Chaque fois que nous passons par une crise, il y a une parole de l'Esprit à recevoir. Le psychologue Karl Jung dit «qu'on ne peut pas vivre la deuxième moitié de sa vie, comme on mène la première». Cela ne voudra pas dire qu'il y aura un changement de cent quatre-vingts degrés. C'est l'enfance spirituelle, une voie toute simple, offerte à tout le monde, parce qu'elle ne suppose pas de grandes prouesses volontaristes, mais un désarmement intérieur.

Invocation filiale

Jésus, Verbe éternel, engendré du Père, tu existais avant les siècles, comme resplendissement de sa Gloire et effigie de sa substance (Héb 1,3). L'Esprit-Saint a tissé ton corps en Marie, la Vierge toute-Sainte et toute-pure (Lc 1,35). En entrant dans le monde, tu as dit au Père: *Me voici, je viens, ô Dieu, pour faire ta volonté* (Héb 10,7). De Marie, la Vierge fidèle, la croyante par excellence, tu as appris à dire au Père: *Qu'il ne soit fait selon ta parole* (Lc 1,38). Tu as été le Fils bien-Aimé du Père en qui il trouvait toutes ses complaisances (Mt 3,17). Tu as passé de longues nuits (Lc 6,12) à contempler l'amour du Père pour tous les hommes et tu l'as prié avec des supplications et des larmes. Dévoile-nous ton être de Fils à l'intérieur de ta Sainte Humanité.

Tu n'as jamais été seul (Jn 8,29) parce que tu étais sans cesse en dialogue avec ton Père. Tu as toujours fait ce qui lui plaisait (Jn 8,30), tu as toujours dit ce qu'il te demandait de dire (Jn 12,48-49). Tu as été le Fils parfait qui coincidait à tous moments à la vie qu'il recevait de son Père. Tu as reçu cette vie de lui et tu la lui as rendu dans un ultime baiser d'amour (Lc 23,46). Aux fils adoptifs que nous sommes, fais don de ta prière, donne-nous tes goûts de douceur et d'humilité.

Tu t'es offert toi-même sans tache à Dieu par un Esprit éternel (Héb 9,14). Chaque fois que nous célébrons ton mystère pascal, tu envoies ton Esprit sur le pain et le vin pour qu'ils deviennent ton Corps et ton Sang (Première épiclèse de consécration). O Christ Ressuscité, remplis-nous de ce même Esprit et accorde-nous d'être un seul corps et un seul esprit en toi

(Seconde épiclèse de communion). Et que ton Esprit-Saint fasse de nous une éternelle offrande à ta gloire (P.E. III), a fin que nous puissions offrir nos corps en sacrifice spirituel et en adoration véritable (Rm 12,1).

Père Saint, Tu nous as tissé dans nos fibres intimes, tes mains nous ont accueilli, réchauffé et nourri, mais nous échappons sans cesse à ton étreinte paternelle pour aller dépenser nos biens dans un pays lointain. Fais-nous revenir à toi et embrasse-nous tendrement (Lc 15,20). Envoie dans nos cœurs l'Esprit de ton Fils qui nous fait crier: Abba! Père (Gal 4,6). Ne permets plus que nous allions loin de toi en nous séparant de nos frères.

Père Saint, pour ne pouvons pas être tes fils sans marcher à la suite de ton Fils unique, en renonçant à nous-mêmes et en portant notre croix (Mt 16,24-25). Lorsque nous ressentons effroi et angoisse, face à l'agonie, apprends-nous à demeurer auprès de Jésus, pour veiller dans la prière. Qu'il renouvelle en nous le mystère de sa supplication et de son abandon entre tes mains: *Abba! Père, Tout t'est possible: éloigne de moi cette coupe; pourtant, pas ce que je veux, mais ce que tu veux* (Mc 14,36).

Nous sommes tes enfants et les cohéritiers du Christ, puisque nous souffrons avec lui pour être aussi glorifiés avec lui. Comme il n'y a aucune comparaison entre les souffrances du temps présent et la gloire qui doit se révéler en nous (Rm 8,16-18); fais-nous expérimenter la puissance de la résurrection de ton Fils, afin que nous puissions entrer dans la liberté de la gloire de tes fils.

13

Donne aux croyants qui se confient en toi
Les sept dons sacrés,
Récompense notre constance,
accorde-nous d'être sauvés,
Et remplis-nous de ton allégresse.

Une des choses qui paralysent le plus les croyants et qui les empêchent le plus d'avancer vers Dieu, c'est le manque de confiance, dit le Vénérable Père Liberman, fondateur des Pères du Saint-Esprit. Bien des hommes paraissent manquer de générosité et en fait, manquent de confiance, ou la générosité qui leur manque est celle qui consiste à faire confiance à Dieu. On s'appuie alors sur la générosité qui fait fond sur soi et non pas sur Dieu seul. On veut faire beaucoup d'efforts, être généreux et on ne comprend pas que la première générosité est de donner sa confiance à Dieu.

Le P. Libermann ajoute que c'est un point où le directeur de conscience devra batailler le plus énergiquement et il aura maintes fois à revenir sur ce don car le disciple voudra souvent donner autre chose à Dieu. Le père spirituel doit expérimenter que c'est le premier combat qui mène à la victoire de la foi. (1 Jn 5,4). Quand Pierre dit dans son épître qu'*aux yeux de Dieu la foi est plus précieuse que l'or périssable* (1 P 1,7), c'est de cela qu'il s'agit! Habituellement, le disciple est très peu conscient de l'enjeu de la foi, il vient entretenir son directeur avec d'autres combats et il demeure au niveau des problèmes: comment faire pour être doux, humble, chaste, pour trouver le temps de prier, etc...? Le vrai père spirituel ne doit jamais se laisser détourner du vrai combat de la foi et tant qu'il sent que la dose de confiance — et donc de supplication — n'a pas été donnée, il doit ramener son fils à ce combat et ne pas lui permettre de poser les autres problèmes: *Tu n'as encore rien demandé en mon Nom, car tu n'as pas confiance!* (Jn 16,24).

1. Nous avons cru à l'Amour de Dieu pour nous

C'est la vraie conversion que nous propose Jésus dans l'évangile et qui est magnifiquement exprimée sous forme de prière dans la dernière strophe du Veni Sancte: «A tous ceux qui ont la foi et qui en toi se confient, donne tes sept dons sacrés. Quand nous évoquons la conversion, nous pensons souvent à la lutte contre tel péché ou tel défaut ou aux efforts que nous devrions entreprendre pour améliorer notre vie. Sans exclure cette interprétation, je pense que la conversion est beaucoup plus profonde et atteint le niveau de l'être, en même temps que la vie morale. Nous sommes réellement convertis le jour où s'accomplit dans notre existence une révolution copernicienne qui consiste en ceci: ce n'est pas nous qui tournons autour de Dieu pour le chercher et pour l'aimer, mais c'est Dieu qui tourne autour de nous pour mendier notre confiance.

Nous sommes toujours tentés de croire que nous avons l'initiative d'aimer Dieu, de le prier ou de travailler pour lui; or l'Ecriture nous dit exactement le contraire: *En ceci consiste l'amour de Dieu: ce n'est pas nous qui avons aimé Dieu le premier, mais c'est lui qui nous a aimés* (1 Jn 4,10), c'est peut-être le verset fondamental du Nouveau Testament! Un peu plus loin, saint Jean commentera ce verset en disant: *Et nous, nous connaissons, pour y avoir cru, l'amour que Dieu manifeste au milieu de nous* (1 Jn 4,16). La conversion proposée par saint Jean est une véritable révolution copernicienne, un retournement qui consiste à se décentrer et à relativiser sa propre personne. Nous ne sommes ni au centre, ni à la première place; c'est Dieu qui est au centre et nous, à la seconde place. C'est la véritable « métanoïa » qui nous fait tourner autour de Dieu comme des satellites. A ce moment-là, rien ne change dans notre manière d'agir et nous travaillons autant qu'avant, mais au fond, tout a changé. En notre cœur s'est installée une paix, une douceur, une tendresse, un courage, une sérénité et une joie qui sont les fruits de l'Esprit (Gal 5,22), transformant notre vie.

Tous les saints ont fait cette révolution copernicienne qui les a projetés sur l'orbite de Dieu. Cette conversion intérieure est un véritable retournement du cœur qui correspond à ce que Jésus dit dans l'évangile, de l'enfance spirituelle: *En vérité, je vous le déclare, si vous ne vous convertissez pas pour redevenir comme un enfant, vous n'entrerez pas dans le Royaume des cieux* (Mt 18,3). Tous ceux qui entrent dans cette voie de la conversion intérieure et de l'enfance spirituelle deviennent de très grands saints, mais ils n'ont pas conscience de l'être; bien au contraire, ils se proclament les plus grands pécheurs. Et c'est là le paradoxe de l'évangile: celui qui veut devenir grand par lui-même — par ses œuvres, dirait saint Paul — devient très petit en réalité. Au contraire, celui qui s'abaisse et se fait tout petit sera élevé (Lc 18,14). C'est la vraie conversion que Paul a dû réaliser dans sa vie, après le chemin de Damas. Il est passé d'une vie où il pensait tout faire par lui-même pour saisir le Christ à une vie où la puissance de l'Esprit-Saint l'a justifié et sanctifié gratuitement, en lui donnant la force de travailler pour le Royaume.

Paul a lui-même affirmé clairement qu'il plaçait sa gloire en Jésus-Christ et ne se confiait pas en lui-même: *Pourtant*, dit-il, *j'ai des raisons d'avoir aussi confiance en moi-même. Si un autre croit pouvoir se confier en lui-même, je le peux davantage, moi* (Ph 3,4). Là est bien la « question »: se confier en soi ou se confier en Jésus. Paul y a répondu après avoir connu Jésus-Christ, son Seigneur : *A cause de lui, j'ai tout perdu et je considère tout cela* (ses prérogatives) *comme ordures afin de gagner Christ et d'être trouvé en lui, non plus avec une justice à moi qui vient de la loi, mais avec celle qui vient par la foi au Christ, la justice qui vient de Dieu et s'appuie sur la foi* (Ph 3,8-9).

A qui donnons-nous notre foi ? En qui mettons-nous notre confiance ? C'est bien là le seul problème de la vie spirituelle et la seule question que le Christ nous pose souvent sous forme de reproche, lorsque la peur et l'angoisse nous étreignent de ne pas arriver à marcher sur les eaux par nos propres forces : *Homme de peu de foi, pourquoi as-tu douté ?* (Mt 14,31). Et il faut bien avouer que nous reconnaissons souvent notre visage dans cette autre parole de Jésus : *Génération incrédule, jusqu'à quand serai-je auprès de vous ? Jusqu'à quand aurai-je à vous supporter* (Mc 9,19).

Pour chacun d'entre nous, la vraie question est bien de savoir en qui nous mettons notre confiance. Il suffit de relire la marche de Jésus sur les eaux pour saisir que le seul enjeu de la vie spirituelle est la confiance. Jésus vient vers les disciples en marchant sur la mer et ceux-ci, tout affolés, poussent des cris : *Confiance*, leur dit-il, *c'est moi, n'ayez pas peur* (Mt 14,27). L'homme ne peut pas s'empêcher d'avoir peur dès que Dieu s'approche de lui. C'est pourquoi chaque fois que Dieu «téléphone» à la terre, avant toute parole, il fait entendre un indicatif : *Ne crains pas... N'aie pas peur.* C'est ainsi qu'il agit avec Zacharie (Lc 1,13) et avec Marie à l'Annonciation (Lc 1,30). Et comme signe de la puissance de Dieu, l'ange annonce à la Vierge la maternité d'Elisabeth car *rien n'est impossible à Dieu* (Lc 1,37). Alors que Marie donnera son consentement de foi à la Parole de Dieu (Lc 1,38), Zacharie doutera car il appartient à cette engeance incrédule qui ne croit pas à la Parole (Lc 1,20). Dans la marche sur les eaux, Pierre recevra aussi un signe : *Pierre lui dit : «Seigneur, si c'est bien toi, ordonne-moi de venir vers toi sur les eaux». «Viens», dit-il. Et Pierre, descendu de la barque, marcha sur les eaux* (Mt 14,29). Mais à un moment donné, il prendra peur à cause du vent et coulera à pic dans la mer.

«Comment faire pour marcher sur les eaux quand il y a du vent? C'est le problème que Pierre se pose à ce moment-là. Au début, il croit qu'il peut marcher mais quand la tempête arrive, il a peur et se panique. Mais c'est aussi extraordinaire de marcher sur les eaux quand il fait beau que lorsqu'il fait de la tempête. En fait, il s'imagine que le problème est de savoir s'il fait beau ou mauvais, alors que c'est un problème de confiance. Quand il faisait beau temps, il était dans l'illusion et se fiait à lui plutôt qu'au Christ. Il regarde ses pieds au lieu d'avoir *les yeux toujours fixés sur Jésus, le Témoin de la foi* (Héb 12,2). Et Jésus lui reproche son manque de confiance: *Homme de peu de foi, pourquoi as-tu douté* (Mt 14,31). La tempête n'a fait que dévoiler son peu de confiance.

Et c'est pourquoi, dit encore le P. Liberman, les gens posent à leur directeur des problèmes de tempête ou «pas de tempête», de fatigue ou «pas de fatigue». Ils croient que c'est possible dans certaines conditions et impossible dans d'autres. Dans les moments où tout va bien, ils ont l'illusion d'avoir confiance. Dans les moments de fatigue ou de dépression, rien ne va plus. Dieu leur enlève leurs illusions. Ainsi dans notre vie, nous découvrons, grâce à certains événements, que c'est exigeant de faire confiance au Christ. Alors, nous avouons notre peu de confiance: «Je croyais ma serviette blanche, mais ce n'était pas la blancheur divine!» Comme le père de l'enfant possédé, on est alors poussé à crier au Christ: *Je crois! Viens au secours de mon manque de foi* (Mc 9,24).

Lorsque nous commençons à comprendre cela, il n'est plus possible de se laisser «avoir» par les autres problèmes. Toute l'astuce du démon est de pousser quelqu'un à croire que ses difficultés ou ses faiblesses viennent d'une cause extérieure et non pas de son manque de confiance, surtout quand tout va bien et que l'on a confiance en soi. C'est à ce moment-là qu'il faut être vigilant. J'ai envie de dire que nous ne nous connaissons pas. C'est au moment où nous ne nous sentons pas pécheurs — parce que Dieu est là — que nous risquons de l'être le plus.

Et c'est au moment où nous sentons lourdement le poids de notre péché, qu'aux yeux de Dieu, nous sommes les moins pécheurs car Dieu a pitié de nous, tandis qu'il est loin des cœurs orgueilleux et superbes.

Dans notre vie, il faut être attentif à ce que nous faisons quand tout va bien car nous pouvons y prendre de la complaisance, déplaire à Dieu et ne pas aller jusqu'au bout du don de nous-mêmes. Saint Alphonse de Ligori dit quelque part que nous devons prier instamment dans les temps calmes car, au moment où nous serons assaillis par la tentation, nous n'aurons plus ni le désir, ni la force de prier. La confiance en nous-mêmes nous aveugle dans les périodes de beau temps, nous nous installons alors confortablement dans le sentiment d'être aimés de Dieu et nous ne nous dépêchons pas d'être généreux pour tout donner, surtout ce petit millimètre que nous gardons toujours pour nous. Alors les démons sont enchaînés et nous connaissons une vraie liberté intérieure qui nous permettrait de tout donner, mais nous nous emparons de la grâce. C'est alors qu'il faudrait s'inquiéter pour ne manquer aucune occasion d'aller jusqu'au bout de la prière et du don de soi. Après, nous ne le pourrons plus car nous serons ligotés par nos tendances et nos peurs. Au moment du jugement, Dieu nous dira: «A ce moment-là, tu pouvais donner toute ta confiance et tu ne l'as pas fait!» Pour le temps restant, nous avons des excuses, mais nous n'en avions aucune pendant ce temps, parfois très court, où tout allait bien.

2. Croire pour recevoir l'Esprit-Saint

Ainsi la grande conversion qui nous est proposée est de passer de la confiance en soi à la confiance au Christ. Saint Pierre le dit clairement dans les Actes, dans son discours de la Pentecôte: *Convertissez-vous, que chacun de vous reçoive le baptême au nom de Jésus-Christ pour le pardon des péchés et vous recevrez le don du Saint-Esprit* (Act 2,38). Il faut donc que notre moi se décentre pour s'attacher à Jésus, croire en lui et recevoir le baptême. S'attacher à Jésus, ce n'est pas seulement écouter ses paroles, le suivre ou l'imiter, mais c'est surtout le rencontrer personnellement en invoquant son Nom (Act 8,16; 10,48; 19,5; 22,16). La formule de Pierre: «recevoir le baptême au nom de Jésus-Christ» indique que le baptisé se trouve mis en relation étroite avec le Nom, c'est-à-dire avec la personne même de Jésus ressuscité.

Il ne faut pas se méprendre sur cette rencontre personnelle avec le Christ ressuscité aujourd'hui qui est un événement spirituel et tout intérieur. Ce n'est jamais du dehors que le visage du Christ se manifeste. Nous ne pouvons voir «ce visage invisible du Christ qu'en nous retournant vers nos propres profondeurs et en le voyant émerger d'elles» (A. Bloom. Certitude de la foi, p. 130). *Ce n'est plus moi qui vis, mais c'est le Christ qui vit en moi* (Gal 2,20). *Le Christ habite en nos cœurs par la foi* (Ep 3,17), mais nous ne cessons de l'attendre au-dehors pour le trouver au-dedans. Au fond, il faut être habité inconsciemment par ce visage du Christ pour le reconnaître quand il se présente au-dehors, et sous toutes les formes possibles. Comme dit un moine inconnu du XIIIᵉ siècle à propos de l'apparition du Ressuscité à Marie-Madeleine: «C'est donc au-dehors aussi que je t'apparaîtrai, et ainsi je te ferai revenir à toi-même, pour te faire trouver à l'intime de ton être celui que tu cherches au-dehors» (P.L., 184. 766).

Cette présence intérieure du Christ Ressuscité dans les profondeurs du cœur est l'œuvre de la puissance de l'Esprit qui a ressuscité Jésus d'entre les morts et qui demeure en nos cœurs. Dans le chapitre 8 de l'épître aux Romains, saint Paul dit à quatre reprises que l'Esprit (v. 9 et 11) et le Christ (v. 10) habitent en nous: *Et si l'Esprit de Celui qui a ressuscité Jésus d'entre les morts habite en vous, Celui qui a ressuscité Jésus-Christ d'entre les morts donnera aussi la vie à vos corps mortels par son Esprit qui habite en vous* (Rm 8,11). Ainsi la caractéristique propre de l'Esprit est la puissance et la force qui a ressuscité Jésus d'entre les morts, en le faisant passer à une vie nouvelle. Or nous savons bien que la mort est le suprême obstacle de l'homme. Si elle a été vaincue par la force extraordinaire de l'Esprit, il faut croire que celui-ci est capable d'opérer en nous les mêmes merveilles. De même, chaque fois que Paul parle de l'annonce de la Bonne Nouvelle du Royaume qui pénètre dans les cœurs, il l'associe à la puissance de l'Esprit : *Car le Royaume de Dieu ne consiste pas dans la parole, mais dans la puissance* (1 Cor 4,20). Croyons-nous que l'Esprit est capable d'opérer en nos cœurs des œuvres de puissance, humainement impossibles à nos propres forces ? Dans l'Eglise, la prière serait incompréhensible sans cette confiance dans la force du Christ opérant par l'Esprit à travers ses membres. L'Eglise est le lieu de la rencontre perceptible entre notre prière et la puissance de Dieu. Dès qu'un homme a pris conscience de cette réalité de l'Esprit qui habite en lui et devient docile à ses inspirations, il est capable de réaliser l'impossible parce qu'il met sa confiance dans cet Esprit qui a ressuscité Jésus d'entre les morts.

L'Eglise apparaît ainsi comme la communauté orante de ceux qui savent que par la prière ils reçoivent la puissance transformatrice de l'Esprit du Christ, de ceux qui sont devenus sensibles à cette puissance, capables d'en faire l'expérience : «L'Eglise est le lieu spirituel où la puissance de Dieu est constamment expérimentée dans la prière, c'est le lieu où l'Esprit est expérimenté comme puissance, et cette sensibilité spirituelle des fidèles à la présence et à l'action de Dieu est elle-même provoquée par l'Esprit» (Dimitru Staniloaë, *Prière de Jésus et expérience du Saint-Esprit.* D.D.B. 1981, p. 112). Faire l'expérience de la puissance de l'Esprit ne veut pas dire forcément réaliser des choses extraordinaires, bien que cela puisse nous être donné gratuitement car on ne sait jamais ce que fera l'Esprit, c'est à lui de le dire, mais il nous donnera surtout le courage apostolique, le joie intérieure, la douceur et la tendresse de ceux qui croient et vivent de sa présence. En un mot, les sept dons promis réalisent en nous les fruits de l'Esprit et nous remplissent de joie et d'allégresse ; *Voici les fruits de l'Esprit : amour, joie, paix, patience, douceur, bonté, bienveillance, foi, maîtrise de soi ; contre de telles choses, il n'y a pas de loi. Ceux qui sont au Christ ont crucifié la chair avec ses passions et ses désirs. Si nous vivons par l'Esprit, marchons aussi sous l'impulsion de l'Esprit* (Gal 5,22-25).

La dernière phrase de saint Paul mérite qu'on s'y arrête un peu car elle donne à Pierre qui prend peur en marchant sur les eaux, la seule réponse valable qu'il ne peut pas découvrir à cause de son manque de foi: *Si nous vivons par l'Esprit, marchons aussi sous l'impulsion de l'Esprit* (Gal 5,25). Pierre veut marcher sur les eaux sans la voile de la confiance et le vent de l'Esprit-Saint, alors il échoue lamentablement. Il faudrait relire ici ce que nous dirons dit au chapitre XV sur la planche à voile. Pierre a simplement oublié la voile, la planche et le vent ou plutôt il a voulu l'ignorer parce qu'il comptait avant tout sur la force de ses jarrets. S'il avait déployé les voiles de la confiance, il aurait réussi à marcher sous l'impulsion de l'Esprit et aurait franchi les distances qui le séparait du Christ. Il préfère déployer une énergie humaine considérable qui n'aura aucun résultat puisqu'il coule à pic.

Il ne faudrait pas croire que la foi en la puissance de l'Esprit est une solution de facilité qui nous dispense de l'effort. Le maniement de la planche à voile demande tout un effort d'éducation et de souplesse pour apprendre à se maintenir en équilibre sur la mer, mais cet effort d'un autre ordre que celui de Pierre, c'est une énergie secrète et souple, aux antipodes du raidissement de l'orgueil pour se mettre sous la motion du souffle de l'Esprit. Les volontaristes ne pensent qu'à l'effort et oublient le vent, mais les quiétistes se trompent aussi car ils ne font aucun effort et ne pensent qu'au vent. L'effort qui est proposé ici est celui que Thérèse conseille à Sœur Marie de la Trinité, dans la parabole de l'escalier, il faut «lever son petit pied» en espérant qu'un jour Celui qui nous regarde avec amour en haut de l'escalier viendra nous chercher dans ses bas, comme dans un ascenseur.

3. Récompense notre constance: donne-nous d'être sauvés

Il y a bien un effort à faire qui est de l'ordre de la constance et de la persévérance. On serait tenté de dire: à quoi cela sert-il de lever le pied ou d'ajuster la voile, si l'ascenseur ou le vent doivent nous emporter, mieux vaut se reposer et attendre?

Et c'est là le venin du volontarisme aussi bien que du quiétisme, car cet effort apparemment inutile produit un résultat, celui d'épuiser la prétention de notre orgueil à vouloir nous passer de Dieu pour marcher sur les eaux. Un jour, Dieu nous sauvera, non pas à cause de nos efforts, mais en réponse aux efforts de confiance que nous aurons faits. Pour en arriver là, il y a un passage obligé à franchir, un test, c'est le désespoir de ne pas arriver à donner à Dieu toute la confiance qu'il attend de nous. L'homme qui n'a pas été tenté par le désespoir ne sait rien, car il n'est pas tombé assez profond pour faire un saut dans l'espérance et la confiance. C'est la prière de supplication, nous le verrons plus loin, qui lui donnera, comme à Abraham *d'espérer contre toute espérance* (Rm 4,18), *appuyé sur la promesse, sans hésitation, ni incrédulité, avec une foi puissante, il rendit gloire à Dieu, certain que tout ce que Dieu a promis, il est assez puissant ensuite pour l'accomplir. Voilà pourquoi ce lui fut compté comme justice* (Rm 4,20-22). La confiance est quelque chose d'inouï et de complètement impossible, qui nous fait avancer là où le chemin est humainement bloqué. La foi a ce privilège qu'elle est donnée par Dieu, mais que nous pouvons aussi la lui donner.

C'est pourquoi la foi nous justifie et nous sanctifie, non pas sans les œuvres, mais parce que la confiance est tellement puissante qu'elle nous donne de réaliser les œuvres impossibles lorsque nous sommes laissés à nos propres forces. Pour cela, il faut avoir le courage de trembler et de tout attendre de Dieu en le lui demandant : *Travaillez avec crainte et tremblement à faire votre salut; aussi bien Dieu est là qui opère en vous à la fois le vouloir et le faire selon son bon plaisir* (Ph 2,12). En ce sens, Dieu récompense notre constance et nous donne en même temps d'être sauvés, ce qui pourrait se traduire d'une autre manière : «Donne-nous mérite et vertu. Donne-nous le salut final» (Dernière strophe du Veni Sancte Spiritus). La sainteté ne se réalise pas sans notre coopération, mais elle n'est pas notre œuvre, elle est une réponse à notre foi et à notre prière car dans le monde de Dieu «Tout est grâce» (Sainte Thérèse de Lisieux). Le salut est gratuit, mais il n'est pas arbitraire car Dieu ne «sème pas sa grâce à tous vents». Il attend notre collaboration et la seule manière de collaborer à la grâce est d'y croire en la demandant. C'est pourquoi le Christ ne cesse de nous redire dans l'évangile: «*Tout ce que vous demanderez au Père en mon nom, vous l'obtiendrez*» (Jn 16,23).

C'est pour cela que dans sa prière à l'Esprit-Saint, l'Eglise ne dissocie jamais le mérite et la récompense: «Sur la planche à voile, on mérite d'être emporté par le vent, grâce aux efforts qu'on a fait pour être emporte par le vent. On mérite en somme par le désir: le désir qui échoue aboutit un jour au désir qui réussit. Plus précisément, le même désir qui inspire de persévérer au temps des efforts stériles, inspire aussi l'action féconde qui est la récompense. Mériter, c'est donc apprendre à saisir la récompense: le grand problème de la vie chrétienne est celui de la récompense, c'est-à-dire du ciel, et non pas celui de la terre, malgré les apparences. Ce qui nous ramène au mystère du Christ: car le Christ est à la fois le Sauveur et la récompense, le chemin du ciel et le ciel lui-même. Se laisser sauver par lui, c'est entrer au ciel» (M.D. Molinié, o.p. *Adoration ou désespoir*, p. 203). Au fond, nous avons besoin d'un Sauveur et non pas d'une solution pour acquérir le salut. Le Christ est le seul à pouvoir nous tirer de cet état décrit par saint Paul où «*nous ne faisons pas le bien que nous voulons et faisons le mal que nous ne voulons pas*» (Rm 7,19). Encore faut-il pouvoir profiter de ce salut! Et comment le pouvons-nous si nous n'expérimentons pas ou du moins le pressentons, que nous sommes des pécheurs incapables de nous en sortir tout seuls?

Alors si nous acceptons de crier vers Dieu, il nous enverra le Sauveur et en même temps la récompense et le salut. Celui qui commence à comprendre cela est délivré de deux tentations qui menacent sans cesse la vertu d'espérance: la présomption de croire que l'on s'en tirera seul, sans le secours du Christ et le désespoir de celui qui croit tout perdu. Celui qui comprend cela bâtit sa vie sur le roc. Ce qui intéresse Dieu, comme un sage architecte, dit Paul, c'est le fondement, c'est-à-dire le roc de la confiance en Jésus-Christ (1 Cor 3,10-15). Les œuvres ne sont pas un problème pour Dieu, il peut nous les donner toutes et par-dessus le marché la sainteté et même le martyre, mais ce qui lui pose problème, c'est de trouver quelqu'un qui' lui donne le sous-sol de la confiance. Ainsi lorsque saint Ignace engage le retraitant dans les Exercices de trente jours, il lui demande d'abord de bien établir le «Fondement» sur lequel il va bâtir sa vie, c'est-à-dire le désir de rechercher uniquement ce qui plaît à Dieu, sa volonté.

4. «Le grand moyen de la prière»

C'est le titre d'un petit livre écrit par saint Alphonse de Ligori, au sujet duquel il disait que c'était le livre le plus important qu'il avait écrit et qu'il souhaitait le voir entre les mains de tous les chrétiens. Dans ce livre, il explique que le croyant, affronté aux exigences de la loi morale et de l'évangile, est radicalement incapable d'obéir avec le seul secours de la grâce ordinaire et qu'il a besoin d'une grâce spéciale qui ne peut lui être donnée que par une prière intense, confiante, humble et persévérante. C'est le grand moyen, ajoute-t-il, de se sauver! «Celui qui prie se sauve, celui qui ne prie pas se damne!» Au fond, il exprime là d'une manière concrète ce que nous n'avons cessé de dire tout au long de ce chapitre. La prière est le test le plus sûr que nous avons mis toute notre confiance en Dieu, en attendant de lui seul la grâce de lui obéir.

En ce sens, on pourrait prolonger d'une autre façon la réflexion du P. Libermann citée au début. Il dit que le père spirituel doit s'assurer que son disciple a donné à Dieu toute la dose de confiance possible. Ce qui revient à dire que le directeur spirituel doit avoir comme un don de sourcier pour détecter et sentir, souvent d'une manière inconsciente, s'il a affaire à quelqu'un qui est «à genoux» ou qui ne l'est pas. En ce sens, on est frappé de voir que certains saints, comme Séraphim de Sarov par exemple, refusaient de parler ou de répondre aux questions qu'on leur posait, si celui qui venait à eux ne priait pas. Au fond, c'est grave de se mettre à genoux et c'est encore plus grave de le refuser. Saint Thomas d'Aquin disait que la conversion d'un homme qui se met à prier réellement est un événement plus extraordinaire que la résurrection d'un mort.

Pour la raison très simple que celui qui est à genoux donne un signe d'espérance et de confiance. On peut presque dire qu'il n'y a pas d'autre résolution pratique à prendre que celle-là : prier ! Ceux qui ont un peu l'expérience de certaines situations limites — je pense ici aux handicapés de l'amour — savent bien qu'il y a des situations où l'on est incapable de donner d'autres conseils que la supplication. Si quelqu'un nous dit par exemple qu'il ne peut pas aimer, être chaste ou supporter telle épreuve, on ne peut que lui dire : «suppliez». Il se peut même qu'il en soit incapable. Quelqu'un a un jour dit à un prêtre qui lui conseillait la supplication : «Vous ne comprenez pas qu'en me disant cela, vous me désespérez plus que jamais, car c'est précisément ce que je ne sais pas faire. Et mon désespoir est là.» Quand on en est là, il ne reste plus qu'à savoir que quelqu'un supplie pour nous. Mais pour dire une telle parole à un autre : « je prie pour vous », il vaut mieux qu'elle soit vraie et vienne du cœur.

La résolution de supplier est beaucoup plus importante que tout le reste. Il y a des gens qui font de la méditation transcendantale, de la concentration, du yoga ou du zen et qui ne supplient pas. Certains récitent même des prières et participent à la messe, sans s'agenouiller ou s'incliner. Le Christ pourrait leur dire : *Tu n'as encore rien demandé en mon nom* (Jn 16,24). Il peut arriver qu'il y ait des religieux qui n'aient jamais rien demandé, ne savent même pas ce que c'est, et s'évertuent à dire «merci» avant d'avoir dit «encore». Isaac de Ninive dit qu'en une génération, «il est rare de rencontrer parmi un grand nombre un seul homme qui ait obtenu la prière pure» (*Traité*, p. 156). La plupart des hommes veulent obtenir par leurs efforts ce qu'ils ne veulent pas demander comme des mendiants.

La supplication se heurte en nous à une épaisseur de refus qui nous empêche de communiquer. Pour entrer en communication avec un autre, il faut tendre la main et sortir de soi. Tant que nous n'avons pas fait ce geste — auquel pourront suivre bien d'autres, à savoir l'action de grâces, la louange, l'étreinte — il y a une part de nous qui discute et conteste. Nous disons que nous aimons mais à quelle profondeur de notre être est engagé cet amour, tandis que dans la demande, nous sortons de nous-mêmes pour aller vers l'autre.

Au niveau métaphysique, il n'y a pas d'autre porte de sortie que la supplication. Ce qui fait dire au P. Molinié que «le sommet de la perfection chrétienne, c'est de savoir demander». Il suffit de regarder la vie des saints, lorsqu'ils sont acculés à des situations limites, il y a un cliché qui revient sans cesse: «Il recourut à son recours habituel qui était d'appeler au secours». Au fond, un saint c'est justement quelqu'un qui n'a plus aucune autre solution de rechange que la supplication. En ce qui nous regarde, la situation est différente: nous voulons bien demander, mais nous voulons avoir des solutions de rechange pour le cas où la supplication ne marcherait pas. C'est justement cela qui fait que la supplication n'a pas cette force désespérée qui renverse les montagnes et les fait se précipiter dans la mer. On garde une solution de rechange et on ne se livre pas totalement dans cette prière de demande.

Certains diront: «La sainteté n'est pas dans la prière de demande, mais dans l'amour. La supplication est une étape à dépasser pour entrer dans la voie de la louange et de l'action de grâce!» On pourrait répondre à cela: «Qu'est-ce qu'un amour qui ne supplie pas? Avez-vous déjà vu un amour qui ne mendie pas?» Pour moi, je n'en connais pas. Même l'amour de Dieu à notre égard nous supplie puisqu'il nous a aimés le premier (1 Jn 4,10). Dieu est celui qui est tout entier tourné vers l'autre dans un désir de communication et il ne craint pas de supplier: «Veux-tu m'écouter, me donner ton cœur, ta liberté?» Et quand nous supplions, nous ne faisons que répondre à une supplication de Dieu. Ainsi la supplication n'est pas une attitude à dépasser car elle appartient aux mœurs divines. Au cœur de la Trinité, les personnes se demandent réciproquement l'amour l'une à l'autre et se le rendent dans un mouvement d'action de grâces.

S'il n'y avait pas la révélation trinitaire, nous ne pourrions par parler ainsi de la supplication. Déjà entre amis, nous nous mendions l'amour et nous le faisons avec une formule qui est déjà une prière: «Donne-moi ton amitié, je te prie!» Dieu ne nous mendie pas autre chose. Et on ne peut même pas dire qu'il nous demande l'amour puisqu'il nous le donne. Il mendie notre misère, c'est-à-dire notre creux et notre aptitude à recevoir l'amour : c'est la seule chose qui nous appartienne en propre et que nous pouvons lui donner. Dieu est le Seul à avoir résolu le problème de la communication car, au cœur de la Sainte Trinité, les relations sont parfaites. Ce qui marche moins bien, c'est la relation de l'homme avec Dieu et des hommes entre eux. Dieu sait, si ce problème de la communication tourmente les hommes aujourd'hui, au point que beaucoup sont emmurés dans leur solitude. Si nous voulons réapprendre les chemins de la communication, nous devons apprendre à tendre la main vers l'Autre ou les autres et donc apprendre à supplier. Nous ne dépasserons jamais la supplication, car au sommet de la perfection, nous supplierons encore Dieu de ne pas nous abandonner. Même dans l'éternité, l'homme supplie Dieu et celui-ci répond «oui» à sa supplication éternelle. C'est la danse trinitaire des supplications de Lewis où l'éternité a un instant qui a une épaisseur éternelle.

Comment entrer concrètement dans la supplication ? Je vous répondrais : «Prenez le train, n'importe où, n'importe comment, et justement à propos de ce qui ne va pas dans votre vie. Si tout allait bien, ce serait ennuyeux et je ne pourrais plus vous donner ce conseil, mais il y a un certain espoir que tout n'aille pas très bien. Profitez alors d'avoir cette occasion de dire : "Seigneur, prends pitié de moi". Au début, vous le direz péniblement, comme une locomotive rouillée depuis des centaines d'années qui peine à se mettre en route. Puis après deux ou trois ans, sous l'effet des tribulations et de la grâce, votre cœur rouillé poussera un deuxième cri qui lui rappellera le premier. Et puis la locomotive démarrera et votre supplication deviendra quotidienne ! »

Cette attitude peut devenir une respiration permanente, celle des saints qui ne peuvent plus s'arrêter de supplier. Chez eux, le cri est parti à une vitesse qui frôle l'infini et les transforme en «prière vivante», comme dit Thomas de Célano, à propos de saint François d'Assise. Je reconnais qu'un moment critique dans la vie spirituelle est celui où l'on s'aperçoit qu'on ne va plus pouvoir s'arrêter de supplier. En fait, on trouve très bien de supplier de temps en temps et même très souvent quand le cœur a démarré, mais quand on sent que la pression de Dieu va devenir telle qu'on ne pourra plus s'arrêter un seul instant, alors on murmure tout bas: «Il y a autre chose à faire dans la vie!» Eh bien, non, il n'y a rien d'autre à faire que de supplier selon la parole du Christ dans la parabole de la veuve importune: *Jésus leur dit une parabole sur la nécessité de prier constamment et de ne pas se décourager* (Lc 18,1). Je souhaite qu'en lisant ces lignes, certains comprennent qu'ils ont été élus par le Père, bien avant la fondation du monde pour être «Prière devant sa Face» et que cette mission ne prendra pas fin le jour de leur mort, mais se poursuivra dans l'éternité.

Seigneur, apprends-nous à prier
(Consécration à la prière continuelle)

Bar 2,16-17
Bar 2,8-10

Seigneur, regarde de ta demeure sainte, et pense à nous, tends l'oreille et écoute, ouvre les yeux, Seigneur et vois: nous n'avons pas supplié ta face, chacun de nous se détournant des pensées de son cœur mauvais, nous n'avons pas écouté ta voix en marchant selon les ordres que tu avais mis

Bar 2,14-19

devant nous. Ecoute, Seigneur, notre prière et notre supplication, nous ne nous appuyons pas sur les mérites de nos pères et sur les nôtres pour déposer notre supplication devant ta face, Seigneur, mais nous comptons uniquement sur ta tendresse et ta

Bar 3,2-4

miséricorde. Ecoute, Seigneur, aie pitié, car nous avons péché contre Toi; écoute donc la supplication des fils qui ont péché contre toi et qui n'ont pas écouté la voix du Seigneur leur Dieu.

Lc 11,13 Oui, Seigneur, nous sommes mauvais et cependant nous savons donner de bonnes choses à nos enfants. Père Saint, Toi seul es Mc 10,18 bon, donne l'Esprit-Saint à ceux qui te prient, au nom de ton Fils Jésus. Lui seul peut nous apprendre à demander ce qu'il Rm 8,26 faut et comme il faut, avec douceur et persévérance, car il prie en nous avec des gémissements trop profonds pour les paroles. Jn 16,24 Jusqu'à présent, nous n'avons rien demandé au nom de ton Fils, nous te supplions de bien vouloir nous accorder le don de la prière continuelle, afin que notre joie soit parfaite.

Héb 5,7 Aux jours de sa chair, Jésus ton Fils t'a présenté des implorations et des supplications, avec grands cris et larmes, et il a été exaucé en raison de sa piété. Ses disciples ont tellement été impressionnés par cette prière qu'ils lui ont dit: «Seigneur, apprends-nous à prier... Fais-nous entrer dans cette relation que Toi, tu as avec ton Père». Et il leur a révélé le *Notre Père* en les faisant participer à son existence filiale. Lc 11,1 Seigneur ressuscité, envoie ton Esprit dans nos cœurs, afin que nous puissions demeu- Mt 6,7-10 rer dans le secret, sous le regard attentif du Père. Prolonge en nous le dialogue que tu as avec ton Père, à propos des hommes. Apprends-nous à dire au Père, au nom de tous nos frères: que ton nom soit sanctifié, que ton règne vienne, que ta volonté soit faite sur la terre comme au ciel.

Lc 18,1 Seigneur, tu as enjoint à tes disciples de prier sans cesse et de ne jamais se décourager. Tu sais combien la prière continuelle est l'œuvre la plus difficile de notre vie.

Nous refusons de nous mettre à genoux pour te demander l'impossible car nous avons confiance plus en nous qu'en Toi.

Mc 9,24

Nous croyons, Seigneur, mais viens en aide à notre peu de foi. Dévoile-nous le vrai combat de la prière de Jésus à l'agonie: *A*

Mc 14,36-38

Toi, Père, tout t'est possible... pourtant pas ce que je veux, mais ce que tu veux. Donne-nous la force de veiller et de prier une heure avec toi, afin de ne pas tomber au pouvoir de la tentation. Apprends-nous à de-

Lc 11,9

mander, à chercher et à frapper à ta porte, poliment et gentiment, sans jamais nous lasser, car le Père ne peut donner une pier-

Mt 7,9-11

re à celui qui lui demande du pain. Donne-nous les bonnes choses que le Père promet à ceux qui le prient avec confiance, humilité et persévérance. Nous t'en supplions; mets-

Lc 18,7

nous au nombre de tes élus qui crient vers Toi, jour et nuit.

Dans l'Eglise, Seigneur, certains reçoivent vocation et mission d'être prière vivante devant ta face. Donne-nous ce caillou blanc, portant gravé le nom nouveau

Ap 2,17

que nul ne connaît, hormis celui qui le reçoit. Nous voulons consacrer toute notre existence à vivre dans la prière et les supplications, à prier en tout temps dans l'Esprit.

Ep 6,18-19

Nous voulons y apporter une vigilance inlassable et intercéder pour tous les saints, spécialement pour que les Apôtres puissent annoncer hardiment l'Evangile, avec une assurance absolue. En tout besoin, apprends-nous à rejeter tout souci et à recou-

Ph 4,4-7

rir à l'oraison et à la prière, pénétrées d'action de grâces, pour présenter toutes nos requêtes à Dieu. Et que la paix de Dieu qui surpasse toute intelligence, prenne sous sa garde nos cœurs et nos pensées dans le Christ Jésus.

Act 1,13-14
Act 1,4

Avec Marie, Mère de Jésus et les Apôtres, nous voulons monter à la chambre haute, pour attendre l'Esprit promis par le Père. C'est toi qui nous enseignes, ô Vierge Sainte, le mystère de la constance dans la prière et la force de l'invocation humble et discrète. Mère du Seigneur, Fille du Père, Temple de l'Esprit-Saint, nous voici devant toi, esclaves de nos pensées et incapables de prier toujours. Après avoir reçu le conseil du Père spirituel et sa bénédiction, nous voudrions entrer dans la voie de la sainteté, munis de la sainte décision de prier sans cesse. Aussi, aide-nous à nous affermir dans l'invocation incessante du Nom de Jésus, aide-nous et nous chanterons: Réjouis-toi, épouse inépousée, Mère de la prière continuelle.

14

On te nomme le Conseiller,
Le Don du Dieu Très-Haut,
Source vive, Flamme, Charité,
Et l'onction de la grâce.

Dans son *Journal*, Julien Green parle de la prière, au sujet de laquelle, dit-il, «je n'entends pas grand-chose», mais il ajoute une remarque qui rejoint l'expérience universelle de ceux qui prient, mais qui est rarement notée dans les livres consacrés à la prière: «Ce n'est pas par les livres qu'on apprend à prier, pas plus qu'on n'apprend par les livres à parler l'anglais ou l'allemand. On peut remarquer ceci pourtant, qui échappe à beaucoup d'auteurs, c'est qu'il y a un moment où celui qui prie perd pied tout à coup. Même les prières récitées mènent là quelquefois. Que signifie perdre pied? Cela signifie qu'on ne sait plus ce que l'on fait et que cela n'a plus d'importance. C'est un peu comme la seconde où l'on tombe dans le sommeil. Que de fois j'ai guetté cet instant de la chute dans le sommeil! Mais il vient sans qu'on le sache et je pense qu'il en va de même pour la prière avec ou sans paroles» (Julien Green.

Vers l'invisible. Journal, 1958-1967. Livre de poche, p. 111).

Il n'est pas aisé d'évoquer cette irruption de la prière dans le cœur, «sans cause précédente», dirait saint Ignace. Mais il suffit d'en faire soi-même l'expérience pour saisir le bienfondé de cette remarque. Toi qui, à cet instant lis ces lignes, arrête-toi, cesse toute activité mentale et fais taire toutes les idées qui trottent dans ta tête. Lentement, murmure avec tes lèvres et ton cœur cette prière: «Viens, Esprit-Saint, en nos cœurs, et allume en eux le feu de ton amour». Tu peux aussi prendre une autre formule du moment qu'elle soit accordée à ton nom propre et à ta vocation. L'essentiel est de rester accroché à cette formule, sans jamais l'abandonner ou la changer. Et puis récite-la pendant un quart d'heure.

Retourne ensuite à ta lecture ou à ton travail, mais dès que tu auras un moment libre, ne fût-ce que cinq minutes, reviens à ton cœur avec cette prière. Je puis t'assurer qu'un jour, tu perdras pied, en ne sachant plus ce que tu fais. Ne guette pas cet instant pour le saisir, il t'échapperait comme le souffle impalpable du vent. De même, ne le retiens pas quand il s'évanouit. C'est cela «surprendre son cœur en flagrant délit de prière» (Dom André Louf). Il se passe là quelque chose d'inattendu et d'indéfinissable, dont on ne peut parler que par allusions car chacun a son expérience propre en ce domaine de la prière. C'est un incommunicable secret dont on ne peut parler à personne. On peut simplement inviter les hommes à s'approcher du seuil du mystère. C'est comme pour le vin ou le chocolat, il faut le goûter pour en connaître la saveur.

Dans une conférence à des jeunes (N° 4,3 novembre 1968), le Père Molinié compare ceux qui cherchent ainsi Dieu dans la prière à ceux qui font de la radio-amateur. Ils tâtonnent pour trouver la longueur d'ondes, pour entrer en contact avec une personne invisible, et la plupart du temps, ils n'y arrivent pas, mais le jour où ils y arrivent, ils sont payés de toutes leurs peines: «Au fond, la prière, c'est cela. Avec ou sans paroles, dans la joie ou dans la peine, on cherche le contact pendant des heures... et le contact vient comme un voleur, le temps d'un éclair: à la limite peu importe qu'il vienne ou non, c'est la recherche qui compte…, mais vous ne pouvez pas encore comprendre cela. »

Chez le Père Molinié comme chez Julien Green, les caractéristiques sont les mêmes. A la racine, il y a le désir de prier, peu importent les formules ou non, c'est la recherche qui compte et le résultat vient comme un éclair, un instant fugitif où l'on tombe dans le sommeil. Il est bien évident qu'au moment où la prière surgit ainsi dans le cœur, on ne doit plus rien faire. Du reste, on est mis hors d'état de faire quelque chose. Séraphim de Sarov recommande alors de ne plus réciter la formule : à quoi bon appeler encore l'Esprit-Saint puisqu'il est là.

1. La prière est un don du Très-Haut

De tout ce que nous venons de dire, il ressort au moins une chose : la prière n'est pas à notre disposition ou à notre portée comme une certaine littérature spirituelle le laisserait croire. C'est là le point névralgique de la révélation chrétienne, dit encore le Père Molinié : «Prier au fond, c'est impossible. Je ne dis pas que c'est difficile : car cela vient quelquefois, et quand ça vient on comprend clairement que ce n'est pas difficile du tout — mais quand cela ne vient pas, ce n'est pas difficile non plus, c'est impossible» (Lettre 4.p.2). On pourrait dire à peu près la même chose de l'amour de Dieu et de l'amour fraternel : c'est à notre portée de le désirer, mais ce n'est pas à notre portée de le réaliser. En ce sens, nous pouvons expérimenter la nostalgie de la prière continuelle et ne avoir un vif désir, si Dieu ne nous en donne pas la grâce, nous demeurerons sur le parvis du sanctuaire. C'est un peu comme au cirque — qu'on me pardonne la comparaison ! — il y a quelques artistes qui font la parade à la porte pour nous donner le goût et le désir d'entrer sous le chapiteau, mais ce qui se passe à l'intérieur est sans proportion avec la parade.

Dès qu'un homme a été admis à l'intérieur du sanctuaire de la prière, il est payé de toutes ses peines et il sait tout, mais durant des années il doit faire l'effort décourageant et apparemment stérile de supplier des heures entières pour crier sa soif du contact avec Dieu. Au préalable, il y a une constatation douloureuse à faire: celle de notre impossibilité à prier comme il faut, dit saint Paul (Rm 8,25). Et c'est précisément à ce point névralgique qu'apparaît la nécessité d'une irruption des dons de l'Esprit-Saint, sans laquelle la prière est pratiquement impossible. En effet, dans sa relation à Dieu, l'homme ne peut pas compter uniquement sur sa volonté, son intelligence et son affectivité.

Il faut même aller plus loin et dire que l'intelligence transformée par la foi nue et la volonté informée par la charité ne suffisent pas à elles seules à nous faire persévérer dans la prière. Disons les choses d'une autre façon: un chrétien peut-il mener une vie de prière authentique et durable s'il n'a pas tant soit peu l'expérience de sa relation filiale au Père? Celle-ci ne peut être vécue uniquement par mode de procuration! IL faut bien qu'à un moment donné de notre existence cette relation au Père dans la prière et dans la vie devienne consciente, autrement nous abandonnerons tôt ou tard la prière. Jean de Saint-Thomas qui fut en même temps un théologien et un vrai spirituel dit clairement qu'on ne peut pas se contenter de la raison et de la contemplation dans la foi nue pour contempler, sinon nous divaguons et nous nous endormons car les cieux et les choses célestes nous sont cachées plutôt qu'ouvertes. Il ne faut pas entendre la foi nue au sens où saint Jean de la Croix en parle car il évoque toujours la foi vive unie aux dons d'intelligence et de sagesse:

«Les dons viennent pour ainsi dire polir et doser, et faire resplendir les vertus dans les choses où les vertus n'atteignent pas par elles-mêmes. Car la foi seule et nue nous laissent dans l'obscurité; et par suite ceux dont la contemplation procèdent de la seule foi tombent rapidement dans l'ennui, et ne peuvent persévérer longtemps. Aussi, aux contemplatifs qui s'efforcent de pénétrer les mystères de la foi le don d'intelligence est-il nécessaire, et ils doivent en user» (Jean de Saint-Thomas, *Les dons du Saint-Esprit*. Traduction de Raïssa Maritain - Téqui, 1950, p. 8).

Je suis de plus en plus persuadé que le chrétien ne peut pas se contenter seulement d'obéir à Dieu et de le révérer, mais qu'il est appelé à entrer dans le sanctuaire. Comme dit Denis l'Aéropagite, au chapitre II des Noms divins : « Hiérothée, parfait dans les choses divines, non seulement parce qu'il les avait apprises mais encore parce qu'il les souffrait en lui-même. » Ainsi l'homme de Dieu ne se contente pas d'aimer les choses de Dieu et de les connaître, mais il les subit et les pâtit. Il doit en avoir une certaine expérience, si l'on ôte à ce mot sa coloration de psychologie expérimentale et surtout d'initiative de l'homme. « Ce n'est pas l'homme qui fait une expérience de Dieu, c'est Dieu qui veut faire une expérience, qui veut, en l'éprouvant, établir expérimentalement (peirazesthaï) si l'homme qu'il a chargé d'une mission marche bien sur la voie qui lui a été indiquée » (Hans Urs Van Balthazar, *Nouveaux points de repère*.Fayard 1980, 51).

Le mot « expérience » n'avait pas bonne presse, du moins jusqu'à ces derniers temps. Il évoquait assez naturellement, chez les théologiens comme chez les directeurs spirituels, tellement de déviations — les faux mysticismes collectifs ou individuels — qu'ils s'en méfiaient d'abord. Et il arrive encore que certains prêtres, au cours d'une retraite, opposent l'expérience à la foi nue. En ce sens, l'expression n'est pas sans équivoque lorsqu'elle met l'accent sur le passif ou le subi. Je préfère l'expression de M. Mouroux : « Ainsi quoi qu'il en soit des apparences, l'actif est, dans l'expérience, plus sûr que le passif ; le voulu, plus sûr que le vécu ; le posé, plus sûr que le senti. On peut vérifier cette loi, à propos de l'acte libre, qui est bien le sommet du posé : c'est parce que je vois, veux et choisis que j'ai l'expérience de la liberté. Je ne puis même en avoir l'expérience que dans l'acte que je pose » (M. Mouroux, *L'expérience chrétienne*. Aubier, p. 22).

L'image biblique la plus suggestive pour évoquer cette expérience que Dieu fait faire à l'homme est bien sûr celle du Combat de Jacob où celui-ci est affronté dans un corps-à-corps avec Dieu, dans la suprême activité de se laisser faire, après avoir tenté de s'emparer de Dieu avec toute la force de son énergie. Toute la tradition spirituelle attribuera cette « expérience » de Dieu aux dons du Saint-Esprit et plus particulièrement aux dons d'intelligence, de sagesse et de science sur lesquels nous reviendrons plus loin : « Ces habitus, dit Jean de Saint-Thomas, sont sont nommés esprits et dons. Esprit, en tant qu'il procède de l'amour spiratif, et par le poids de l'amour. Don, parce que l'amour est communicatif de soi, et le premier don de l'amour est le cœur même de l'ami, uni à l'aimé présent au-dedans de celui qui l'aimé» (Ouvrage cité, p. 7).

Et pour éviter de dépersonnaliser l'expérience en évacuant la part de liberté de l'homme, Jean de Saint-Thomas précise: «Et ainsi ceux qui sont agis par l'Esprit sont mus, non comme des esclaves, mais comme des hommes libres, comme des êtres doués de volonté et qui veulent effectivement; et c'est par des principes qui leur sont inhérents et pourtant dérivés de l'Esprit, qu'ils sont inclinés à ces opérations, qui excèdent dans leur régulation et leur mesure le mode humain et commun» (p. 4). L'image qu'il emploie pour désigner l'équilibre entre l'action de Dieu et celle de l'homme est celle de l'aigle, empruntée à Isaïe: *Ils déploient leurs ailes comme des aigles, ils courent sans s'épuiser, ils marchent sans se fatiguer* (Is 40,31). Et il ajoute: «Ceux qui sont agis par les dons de l'Esprit sont portés par des ailes d'aigle enflées par le souffle d'en-haut; et ils courent dans la voie de Dieu sans aucun labeur» (p. 6). Ainsi, dans sa prière comme dans sa vie ordinaire, le chrétien a besoin des dons de l'Esprit pour porter les vertus de foi et de charité à un degré d'incandescence et de puissance qui excède les actes ordinaires.

2. Le ciel doit quelque peu s'entrouvrir

Pour mieux comprendre cela, revenons à notre point de départ de la prière, au moment où l'Esprit fait irruption en nous pour nous plonger dans la prière pure. Jusque là, nous avions œuvré avec le cœur, l'esprit et les lèvres pour nous exercer à la prière mais dès que l'Esprit prend le relais, le cœur est envahi par une chaleur et une douceur semblables à celle qui habitait le cœur des disciples d'Emmaüs: *Notre cœur n'était-il pas tout brûlant au-dedans de nous... quand il nous expliquait les Ecritures* (Lc. 24,32)? Là encore, les expressions «douceur» et «chaleur» sont très approximatives pour approcher la réalité de ce qui se passe et qui échappe à toute conceptualisation, mais elles expriment autant que faire se peut une expérience qui est de l'ordre du ciel. C'est le Don du Dieu Très-Haut qui se communique à nous sans intermédiaire. Saint Ignace dira à ce sujet que le Créateur embrasse directement sa créature» (Ex.   ) et traite avec elle sans médiation. En ce sens, l'expérience est transcendentale, car elle déborde les catégories de l'intelligence et de la sensibilité et ne porte sur aucun objet particulier: elle se traduit par une grande paix et un silence. Bien sûr, nous connaissons alors une joie et une paix indicibles, comme dit Séraphim de Sarov à son disciple Motovilov, mais qui n'est provoquée par rien et se confond plutôt avec le point zéro du silence.

C'est un avant-goût de l'expérience du ciel, c'est-à-dire un dévoilement du secret de Dieu. On pense ici tout naturellement à tous les signes opérés par le Christ au cours de sa vie publique et qui avaient pour but de mettre ses auditeurs en contact avec l'Invisible. De même, quand le bon larron lui demande de se souvenir de lui dans son Royaume, Jésus lui entrouvre le ciel: «*Aujourd'hui, tu seras avec moi dans le paradis*» (Lc 23,43). On comprend alors «qu'il nous est nécessaire, pour ne pas défaillir, que le ciel nous soit quelque peu entrouvert, et c'est ce que fait le Saint-Esprit par les dons de sagesse d'intelligence et de science. Nous ne avons un signe dans le Baptême du Christ: *Jésus ayant été baptisé*, dit saint Marc (ch. 3), *il sortit aussitôt de l'eau, et les cieux lui furent ouverts, et il vit l'Esprit de Dieu descendre comme une colombe et venir sur lui*» (Jean de Saint-Thomas. Ouvrage cité, p. 9).

Et il ajoute au même paragraphe: «Plus l'âme progresse dans les dons, plus largement les cieux lui sont ouverts, et mieux elle contemple la Gloire de Dieu. Et le meilleur signe de la présence de ces dons en elle, et de l'ouverture des cieux, c'est qu'elle ait une grande joie et quelque intelligence de cette gloire. C'est pourquoi il est écrit de saint Etienne (Act 7): *Comme il était rempli du Saint-Esprit, levant les yeux, il vit la gloire de Dieu et il dit: Je vois les cieux ouverts.*»

Au fond, toute la prédication chrétienne proclame que nous sommes destinés à inaugurer dès cette terre la vie du ciel qui est en germe dans notre cœur. Nous en connaissons seulement les prémices dans la grâce, celle-ci doit devenir incandescente et se transformer en gloire éternelle. C'est pour nous rendre la vie éternelle — et donc le ciel — que le Christ est venu sur terre, s'est incarné et a souffert. Sans le savoir et, comme à tâtons, les hommes cherchent cette vie de Dieu : «A certains moments, dit Léwis, j'ai pensé que nous ne désirons pas le ciel mais plus souvent, je me surprends à me demander si dans le tréfonds de nos cœurs, nous n'avons jamais désiré autre chose» (*Le problème de la souffrance*. Col. Foi vivante. N° 42, p. 177). En fait, quand on lit l'évangile de la multiplication des pains où Jésus promet le pain du ciel (Jn. 6,32), on a envie de dire : le ciel ne nous intéresse pas et il ne peut pas nous intéresser sans une grâce exceptionnelle : *Nul ne vient à moi, si mon Père ne l'attire* (Jn. 6,44). Et cependant, dans le fond de son cœur, l'homme n'a jamais désiré autre chose. Demandez à quelqu'un qui se drogue pourquoi il fait cela, il vous répondra qu'il cherche un certain paradis.

On peut annoncer le ciel ou la vie éternelle de différentes façons, mais on ne peut jamais en transmettre la saveur, si le Saint-Esprit ne s'en mêle pas pour nous donner le goût d'une réalité qui échappe totalement à nos prises. Tous les hommes en état de grâce sont habités par Dieu et une telle habitation n'est jamais statique. Si Dieu habite en nous, c'est pour y exercer une activité intense et dévorante — c'est le grain qui pousse tout seul (Mc 4,26-29) ou le levain dans la pâte — en insufflant ses mœurs divines à notre psychologie et notre activité. C'est une loi de dynamisme et de progression.

Il est donc normal que cette progression devienne consciente, sans pour cela qu'il y ait des phénomènes extraordinaires. Une pauvre vieille peut avoir conscience d'être habitée par Dieu, sans être capable de l'exprimer avec des mots parce qu'elle n'a pas la culture nécessaire pour le dire. Mais le jour où elle entend son curé parler de la joie et de la paix de Dieu, elle sent quelque chose bouger en elle. Pour elle se réalise la parole du Christ avant la Transfiguration : *Je vous le dis vraiment, il en est de présents ici même qui ne goûteront pas la mort, avant d'avoir vu le Royaume de Dieu* (Lc. 9,27). C'est ce qui est arrivé au vieillard Syméon et à la prophétesse Anne : *Et il avait été divinement averti par l'Esprit-Saint qu'il ne verrait pas la mort avant d'avoir vu le Christ du Seigneur* (Lc. 2,26).

Il y a donc sur terre des hommes qui font l'expérience du ciel. Thérèse d'Avila disait: «Nous vivons la même vie que les citoyens du ciel; eux dans la lumière, nous dans l'obscurité; eux dans la joie, nous dans la souffrance; eux dans le repos, nous dans le combat.» Il y a une parole de saint Bernard qui exprime bien cette anticipation du ciel vécu par les moines: «Bienheureux ceux qui sont traînés par l'Esprit, plus heureux ceux qui sont conduits par l'Esprit, mais heureux sans limites ceux qui sont enlevés par l'Esprit» (rapti). Ce n'est pas une spécialité monastique, mais ce qui est spécial, c'est de prendre certains moyens pour y parvenir (les conseils évangéliques, la vie monastique, la solitude etc.)

L'expérience mystique, c'est la prise de possession de notre être par Dieu qui amène une modification de notre psychologie, de notre conscience et de notre conduite, d'une manière un peu vérifiable, même si nous ne sommes pas capables de le savoir et de l'exprimer. Un père spirituel reconnaîtra qu'il y a une expérience mystique chez un être qui se plaint de l'absence de Dieu. Le fait qu'il souffre de l'absence de Dieu est un signe que Dieu le travaille car, pour ressentir son absence, il faut savoir ce qu'est sa présence. Dès qu'un homme est tant soit peu envahi par la charité, il est impossible qu'il ne soit pas transformé. Il se peut que sa vie soit trop bousculée au-dehors pour qu'il perçoive cette emprise ou en souffre, mais c'est un accident. Dès qu'il aura un peu de répit, il retrouvera quelque chose de cette expérience.

3. Source vive, flamme, charité

Essayons de remonter à la source de cette expérience telle qu'elle est annoncée dans l'évangile et évoquée dans la liturgie où l'Esprit est désigné sous le nom de flamme et de source vive. En faisant allusion au Royaume qu'il est venu instaurer sur terre et qui demeure en nous, Jésus dit: *Je suis venu jeter un feu sur la terre et comme je voudrais qu'il fût déjà allumé* (Lc. 12,49). Regardons de plus près ce feu du buisson ardent, s'il vient du ciel, ce n'est pas quelque chose de naturel et si c'est un feu, il y a des chances qu'on s'aperçoive qu'il est là. Le Christ dit encore : *Si quelqu'un a soif, qu'il vienne à moi et qu'il boive, celui qui croit en moi : des fleuves d'eau vive couleront de son sein. Il parlait de l'Esprit que devaient recevoir ceux qui avaient cru en lui ; car il n'y avait pas encore d'Esprit, parce que Jésus n'avait pas encore été glorifié* (Jn. 7,37-39). C'est une invitation du Christ à venir à lui et à goûter qu'il est source d'eau vive : *Goûtez et voyez comme est bon le Seigneur* (Ps. 34,9). Avant de voir que le Seigneur est source de tendresse, il faut l'avoir goûté. Il est évident que tous ces symboles évoquent une expérience.

Le Royaume des cieux est comme un grain de sénevé qui, au point de départ, est la plus petite de toutes les graines, mais une fois semé, il monte et devient la plus grande des plantes potagères (Mc. 4,30-32). Pendant des mois, la semence de la Parole de Dieu demeure en nous à l'état d'incubation, son germe est trop pétit pour que nous puissions en faire l'expérience, mais dès qu'il grandit, il fait sentir sa présence. On peut vivre des années sans prendre conscience de la présence de ce germe qui est tout petit et il ne faut pas en conclure qu'il n'y a pas d'expérience. Un chrétien adulte est celui qui a connu le combat de Jacob et de l'ange et a permis à la semence de la Parole de l'investir totalement.

Jean de Saint-Thomas attribue au don de sagesse cette mise à feu de l'amour de Dieu dans notre cœur. Depuis notre baptême, ce feu couve en nous sous la cendre, il faut que la flamme de l'amour vienne illuminer ce feu caché par l'obscurité de la foi. «C'est pourquoi il faut que les dons de sagesse, d'intelligence et de science procèdent de l'amour et soient fondés sur lui. Aussi sont-ils très spécialement attribués à l'Amour ou au Saint-Esprit qui est amour» (ouvrage cité, p. 10). Et ce feu de Dieu appelé aussi eau vive car il rafaîchit et console ceux qu'il touche. Il brûle en nous tout ce qui contredit l'essence de l'amour, mais tout au fond du cœur ce feu devient une eau vive qui purifie, rafraîchit et désaltère.

Le feu matériel est une pâle image pour nous faire comprendre ce que le feu du Buisson ardent veut faire avec nous. A propos de saint Laurent, saint Augustin disait: «Comme il brûlait du désir du Christ, il ne sentait pas les tourments des persécuteurs. La même ardeur qui le brûlait au-dedans refroidissait les flammes du dehors.» Evidemment, cela suppose que cette flamme n'était pas ordinaire. Le feu de l'Esprit est donc plus fort, quand il se déchaîne, que toute flamme extérieure. Il n'y a pas à s'étonner dès lors qu'il soit tellement douloureux. Seulement il y a une grande différence avec les flammes extérieures: c'est que par nature le feu de l'Esprit est une huile, c'est l'onction de la grâce que nous fait demander le *Veni Creator*.

Thérèse avait éprouvé cette douceur de l'onction de l'Esprit qui la pénétrait jusqu'à la moelle des os et elle disait: «Il y a comme un feu dans mon âme, mais ce feu n'arrive pas au centre; au centre, il y a une huile». Cette onction fait que le feu du martyre intérieur est doux, malgré les souffrances. C'est pourquoi le Christ dit: *Mon joug est doux et mon fardeau léger* (Mt. 11,30). Nous y croyons très peu car nous sommes des hommes de peu de foi. Ce qui explique que c'est doux, c'est que le feu divin ne détruit pas la nature, il détruit seulement le vieil homme, les complexes, le nœuds et les crispations. Mais notre nature innocente créée par Dieu, il la remplit d'onction et cette onction permet de supporter les souffrances de la mort du vieil homme. Les saints témoignent que cette onction adoucit toutes choses: «Les incroyants voient la Croix, disait saint Bernard, mais ils ne voient pas l'onction».

Dans le Sermon 57 du Cantique, saint Bernard le dit encore: «Mais le feu qui est Dieu consume et n'afflige pas, il brûle suavement et rend heureux en désolant. Il est vraiment un feu qui ravage, mais c'est pour remplir d'onction l'âme qu'il purifie. Ainsi dans la force par laquelle tu es transformé, et, dans l'amour par lequel tu es embrasé, reconnais le Seigneur présent». Ainsi le don de sagesse informe la vertu de charité comme le don d'intelligence illumine la foi pour nous aider à réaliser une certaine expérience intérieure de Dieu et des réalités spirituelles «dans le goût lui-même, du la délectation, ou le toucher intérieur de la volonté» (p. 95). Et Jean de Saint-Thomas continue: «Disons donc que la raison formelle pour laquelle le don de sagesse atteint la cause supérieure est la connaissance expérimentale de Dieu, en tant qu'il nous est uni et invisceré, et qu'il se donne lui-même à nous; et c'est là un savoir tout spirituel, qui ne vient pas seulement d'une lumière ou d'un raisonnement montrant la réalité des choses, mais de l'affection expérimentant l'union» (ouvrage cité, p. 97).

Prière de Saint Syméon le Métaphraste
(récitée par nos frères d'Orient avant la communion)

«J'espère en toi tout tremblant. Je communie avec du feu. Par moi-même, je ne suis que paille, mais, ô miracle, je me sens soudain embrasé comme jadis le buisson ardent de Moïse. Seigneur, tout ton corps brille du feu de ta divinité, ineffablement uni à elle. Et tu m'accordes que le temple corruptible de ma chair s'unisse à ta chair sainte, que mon sang se mêle au tien, et désormais je suis ton membre transparent et lumineux.

«Toi qui m'as donné ta chair en nourriture. Toi qui es un feu qui consume les indignes, ne me brûle pas, ô mon Créateur, mais plutôt glisse-toi dans mes membres, dans toutes mes articulations, dans mes reins et dans mon cœur. Consume les épines de tous mes péchés, purifie mon âme, sanctifie mon cœur, fortifie mes jarrets et mes os, illumine mes cinq sens et établis-moi tout entier dans ton amour.»

15

Tu es l'Esprit aux sept dons
Le doigt de la main du Père,
L'Esprit de vérité promis par le Père,
C'est toi qui inspires nos paroles.

Lorsque Jean de Saint-Thomas traite explicitement des dons du Saint-Esprit, à la suite de saint Thomas, il utilise une comparaison qui reviendra souvent dans la tradition spirituelle, à propos des dons : celle des voiles de la barque. Dans son voyage vers Dieu, le chrétien est doté d'une barque avec des rames, ce sont les vertus acquises et même infuses ; pour faire avancer la barque, il doit déployer son activité en ramant, mais il peut aussi hisser des voiles en les disposant à recevoir le vent de l'Esprit, alors il file à grands nœuds vers le ciel : «Les voiles disposent la barque, dit le P. Garrigou-Lagrange, à recevoir normalement et comme il faut le souffle du vent, et à avancer de façon plus prompte qu'elle ne le fait à force de ramer» (Jean de Saint-Thomas, *Les Dons du Saint-Esprit*, Préface, p. VI).

Pour Jean de Saint-Thomas, comme pour saint Thomas lui-même et saint Augustin, les sept dons du Saint-Esprit sont nécessaires au salut et en même temps ils sont connexes avec la charité (cf. Ia. IIae. q. 68.a. 2 et 5). Les dons se distinguent des vertus acquises et même infuses en ce sens que, nous sommes plus passifs qu'actifs, car ils sont dans les justes d'une façon permanente des dispositions surnaturelles à recevoir docilement et promptement l'inspiration du Saint-Esprit qui nous fait agir selon un mode supra-humain, non pas précisément extraordinaire comme le serait la prophétie, mais éminent.

Les dons sont donc nécesaires dans l'expérience du salut. Saint-Thomas le montre clairement dans l'article second de la question de la Somme consacrée aux dons en général : «Celui, dit-il, qui ne possède encore qu'imparfaitement un principe d'action ne peut agir comme il convient sans être aidé par un agent supérieur... Ainsi l'étudiant en médecine et en chirurgie ne peut faire une opération sans être guidé par le maître qui le forme... Or, le juste ne possède qu'imparfaitement la vie de la grâce, même lorsque sa raison est informée, élevée par les vertus théologales ; il faut donc pour qu'il se porte comme il convient vers sa fin surnaturelle, qu'il soit spécialement aidé par le Saint-Esprit, selon ces paroles de Saint-Paul aux Romains, 8,14 : *Tous ceux qui sont conduits par l'Esprit de Dieu sont fils de Dieu*» (cf. article cité plus haut).

1. Les sept voiles de la barque

Sans les dons du Saint-Esprit, le croyant resterait dans un état d'immaturité spirituelle, il n'arriverait pas à dépasser une certaine grossièreté naturelle, il aurait une certaine incompréhension de ce que Dieu fait dans sa vie, surtout il ne serait pas suffisamment structuré intérieurement pour affronter les combats. Nous n'avons pas l'intention de reprendre dans ce chapitre une étude théologique particulière de chacun des sept dons, énumérés par Isaïe (ils sont six !) et qui réposeront sur le messie : *Sur lui reposera l'Esprit de Yahvé, esprit de sagesse et d'intelligence, esprit de conseil et de force, esprit de connaissance et de crainte de Yahvé* (Is. 11, 2-3). Il suffit simplement de se référer au Traité des Dons ecrit par Jean de Saint-Thomas. Quand les Carmes de Salamanque commentaient les articles de la Somme relatifs aux dons, ils renonçaient toujours à les expliquer, parce que disaient-ils, Jean de Saint-Thomas l'avait déjà fait de façon si magistrale, qu'il n'y avait qu'à lire ce qu'il avait écrit, en le méditant devant Dieu. De même, le dominicain Vallgornera, qui composa en latin une théologie mystique selon Thomas, ne trouva rien de mieux, lorsqu'il dut parler des dons du Saint-Esprit, en général et en particulier, que de transcrire une vingtaine de pages de Jean de Saint-Thomas.

Nous ne pourrions faire mieux que ce grand théologien qui fut en même temps un vrai contemplatif. Si les lecteurs étaient un peu désorientés par le langage scolastique de cet auteur qui utilise une «contemplation circulaire», revenant sans cesse sur les mêmes choses, nous ne pourrions mieux faire que de leur conseiller un commentateur plus moderne, le P. Philipon qui a admirablement traité des dons dans la vie spirituelle de Sœur Elisabeth de la Trinité (*La Doctrine spirituelle de Sœur Elisabeth de la Trinité*. Ed. Desclée De Brouwer, 1937, pp. 217 à 258).

Nous voudrions nous situer à un niveau plus concret et plus pratique, en partant de la vie chrétienne normale avec ses interrogations, ses désirs, ses joies, ses épreuves et ses tentations pour comprendre combien l'Esprit doit éclairer notre foi et rendre incandescente notre charité. Nous ne ferons qu'énoncer ces questions en indiquant le chapitre du travail où elles sont étudiées. Et pour terminer, nous emprunterons au Père Molinié la comparaison plus actuelle de la planche à voile pour indiquer combien notre marche vers Dieu est portée et simplifiée par l'abandon à l'action de l'Esprit, ce qui n'enlève en rien notre responsabilité et notre collaboration personnelle.

Nous vivons dans un temps où nous ne pouvons plus bénéficier pour notre marche vers Dieu d'une «étoile polaire» qu'il suffirait de regarder pour obtenir la direction à prendre, sans erreur. En d'autres termes, c'est une époque où les problèmes personnels ou collectifs ne peuvent être affrontés au moyen d'une sagesse opérante, car nous n'avons pas de réponses toutes faites à nos questions. Y-a-t-il jamais existé une époque où ce fut possible ? Il suffit de regarder l'évangile pour se rendre compte que Jésus ne répond presque jamais directement aux questions qu'on lui pose. Il dit souvent que ses apôtres recevront l'Esprit qui les conduira vers la vérité toute entière, mais ils auront à se débrouiller eux-mêmes avec leurs questions. Et cependant Dieu ne peut nous laisser à nos propres lumières, il nous a promis de nous envoyer l'Esprit pour nous guider dans notre vie (Jn. 16,12). Il y a donc dans notre existence des points de repère qui bougent et des constellations qui se déplacent dans l'espace spirituel de notre existence. Le discernement spirituel qui met en œuvre le don de conseil (chapitres V, VI et VII), c'est le moyen d'exprimer la requête dans un guidage incertain, il faut découvrir les points de repère et tenir compte des coordonées. C'est pourquoi le discernement recouvre une série d'opérations, apparemment complexes, mais qui ne sont pas difficiles à mettre en œuvre, quand un certain nombre de conditions sont réunies, aussi bien dans notre vie personnelle que dans la vie de la communauté chrétienne, à propos des charismes.

Nous vivons aussi dans une époque — une nouvelle Pentecôte (Jean XXIII), un nouvel Avent (Jean-Paul II) — qui redécouvre le dynamisme de l'Esprit, ce que Paul appelle la Puissance de Dieu. Il importe donc de comprendre et d'approfondir d'une manière expérimentale l'action de Dieu au cœur de nos vies et de la vie du monde. C'est le rôle du don d'intelligence (chapitre XVI) d'illuminer notre esprit afin de nous donner la claire vision du dessein de Dieu et la force de l'accomplir. Comment aussi, sans une inspiration du don de sagesse, (chapitre XIV) mener une vie de prière et d'union à Dieu qui ne soit pas seulement intellectuelle, mais qui nous fasse goûter et expérimenter d'une manière mystérieuse bien sûr, la présence de la Sainte Trinité en nous? On pourrait dire la même chose pour ceux qui s'engagent dans la chasteté du célibat: comment est-il possible de renoncer à l'amour humain sans avoir expérimenté, au moins d'une manière incohative, la profondeur de l'amour trinitaire ou du moins l'avoir soupçonné?

De même, il faut une inspiration supérieure du don de conseil pour harmoniser la prudence du serpent et la simplicité de la colombe, la force et la douceur, la justice et la miséricorde, la vue constante de notre vocation et l'attention aux détails et aux circonstances concrètes dont est tissée notre existence. Comment jouer comme il convient sur le clavier des potentialités les plus différentes de notre être, sans faire de fausses notes? Il faut pour cela avoir l'inspiration du morceau à exécuter.

Il est un domaine où les dons de l'Esprit sont particulièrement nécessaires pour répondre à l'appel à la sainteté que nous fait entendre le Christ: «*Vous donc, vous serez parfaits comme votre Père céleste est parfait*» (Mt. 5,47). Qui prend un peu au sérieux l'exigence du Sermon sur la montagne ou le conseil du Christ à se renoncer et à porter sa croix découvre tôt ou tard son impuissance à aimer le Père de tout son cœur, de toute son âme et de toutes ses forces. Une telle découverte est le fruit du don de science (chapitre II) qui ne nous fait pas seulement comprendre la sainteté de Dieu, mais la pauvreté de la créature qui se reçoit de Dieu à tout instant. Et quand nous parlons de pauvreté, nous ne pensons pas seulement à notre misère morale, résultant de péché, mais à notre pauvreté métaphysique, notre indigence d'être qui est une misère substantielle et qui rend possible tous les péchés. Bien plus, le don de science nous révèle le charme de cette misère sur le cœur de Dieu qui est attiré par elle et, selon la belle expression de Sainte Thérèse de Lisieux à sa sœur Céline, nous apprend «à aimer doucement notre misère».

C'est alors que peut vraiment intervenir le don de force qui se déploie à travers notre misère et notre faiblesse: *C'est donc de grand cœur que je me glorifierai surtout de mes faiblesses, afin que repose sur moi la puissance du Christ..., car, lorsque je suis faible, c'est alors que je suis fort* (2 Cor 12, 9-10). Le chrétien adulte est celui qui a traversé ces tentations et ces épreuves pour toucher les limites de sa foi consciente aux portes du désert. Et au moment où il allait céder à toutes ces tentations, le Dieu Ami des hommes lui a donné sa force pour les surmonter (chapitres IV et X). Et on pourrait croire qu'une fois reconnue et acceptée, cette faiblesse soit transformée en force; il n'en est rien cette pauvreté ne cessera pas d'être une faiblesse et jusqu'à la fin de sa vie, l'homme devra recourir à Dieu par la supplication. La crainte de Dieu elle-même (chapitre XVII) lui donnera le courage d'avoir peur et de crier vers Dieu. En effet, c'est dans la tentation que nous sommes acculés à crier au secours et à recevoir de Dieu une réponse mangifique, selon la parole du Christ : *Ce qui est impossible aux hommes est possible à Dieu* (Mt. 19,26). Mais si nous nous détournons de cette tentation, nous nous détournons en même temps de ce qui peut nous donner le salut et la sainteté.

2. L'Esprit promis par le Père

Au fond, le chrétien expérimente qu'il ne peut plus s'appuyer sur lui-même mais uniquement sur Dieu. Il met alors toute sa foi dans l'Esprit-Saint et se confie à sa toute-puissance. C'est alors qu'il fait jouer le don de piété filiale (chapitre XII) qui le pousse à recourir au Père qui *voit et sait* (Mt. 6,6), chaque fois qu'il est dans une impasse. Il comprend alors que le sommet de la sainteté est dans la prière de supplication, car il n'a plus aucune autre solution de rechange à utiliser. En ce sens, il est acculé à la prière continuelle, selon la parole du Christ dans l'évangile *Il faut toujours prier et ne jamais se lasser* (Lc. 18,1). Le don de piété est ainsi source d'oraison continuelle (chapitre XIII).

Comme les apôtres au soir de la résurrection, le chrétien est suspendu à la promesse du Christ et du Père : *Et voici que moi, je vais envoyer sur vous ce que mon Père a promis. Vous donc, demeurez dans la ville jusqu'à ce que vous soyez revêtus de la force d'en-haut* (Lc. 24,49). Ainsi le Christ enjoint à ses apôtres de ne pas s'éloigner de Jérusalem mais d'y attendre ce que le Père a promis, *ce que*, dit-il, *vous avez entendu de ma bouche. Jean, lui, a baptisé avec de l'eau, c'est dans l'Esprit que vous serez baptisés, sous peu de jours* (Act 1, 4-5). Le Christ insiste très fort sur la puissance de cet Esprit qui revêt les apôtres de la force d'en-haut. Et la condition pour recevoir l'Esprit-Saint est de croire à cette promesse et aussi de l'attendre dans la prière. Attendre l'Esprit promis par le Père, en le désirant intérieurement, est la seule chose que nous puissions faire aujourd'hui avec certitude et c'est en cela que consiste la prière.

Nous devons renoncer à nous emparer de l'Esprit, mais nous devons le désirer. C'est justement là qu'est tout le paradoxe.

Il faut veiller et prier et, en attendant de recevoir l'Esprit, on récure la lampe, mais pas trop, de sorte à ne pas éteindre l'huile du désir, car notre désir c'est notre prière. Il faut s'endormir en gardant la lampe allumée en attendant que l'époux vienne toucher la porte de son doigt pour l'ouvrir: *mon bien-aimé a passé la main par la fente, et pour lui mes entrailles ont frémi. Je me suis levée pour ouvrir à mon Bien-Aimé, et, de mes mains a dégoutté la myrrhe, de mes doigts la myrrhe vierge, sur la poignée du verrou.*

L'Esprit-Saint est appelé ici le doigt du Père parce qu'il travaille sans cesse au cœur de nos vies et de l'histoire: *Mon Père est à l'œuvre jusqu'à présent et j'œuvre moi aussi* (Jn. 5,17). Aussi les dons de l'Esprit travaillent en nous parce qu'ils sont connexes avec la charité, à raison de laquelle le Saint-Esprit habite en nous» (Ia IIae, q. 68, a 5). Ils sont dès lors, en tout homme en état de grâce, comme des fonctions normales de notre organisme spirituel. Par suite, ainsi que les vertus infuses, dit saint Thomas, ils grandissent avec la charité comme les cinq doigts de la main se développent ensemble (Ia IIae, q. 66, a. I). On ne peut donc concevoir qu'un homme spirituel ait un haut degré de charité, sans avoir les dons de sagesse, d'intelligence, de force et les autres dons à un degré proportionné, bien que chez saint Jean de la Croix la sagesse apparaisse surtout sous une forme contemplative et, chez d'autres, comme chez un saint Vincent de Paul, sous une forme pratique toute orientée vers les œuvres de miséricorde.

Saint Thomas a bien montré que le don de sagesse est à la fois spéculatif et pratique (Ia IIae, q. 45, a.3): chez les uns, il apparaît surtout sous la première forme, chez d'autres sous la seconde, mais c'est bien encore une authentique contemplation, vraiment infuse, qu'un Vincent de Paul conservait hors du cloître, en assistant les pauvres, les prisonniers et les enfants abandonnés, pour en faire des membres de plus en plus vivants du Christ. On pourrait dire la même chose du don de discernement chez saint Ignace qui «contemplait la Sainte Trinité en toutes choses», tout en recevant des lumières très concrètes sur la conduite de sa vie quotidienne.

3. C'est toi qui inspires nos paroles

Enfin, l'Esprit est à la source de toute la prédication chrétienne. Jésus avait déjà prévenu ses disciples que l'Esprit-Saint les assisterait lorsqu'ils seraient convoqués devant les tribunaux : *Lorsqu'on vous conduira devant les synagogues, les magistrats et les autorités, ne cherchez pas avec inquiétude, comment vous défendre ou que dire, car le Saint-Esprit vous enseignera à cette heure même ce qu'il faut dire* (Lc. 12,11-12). Cette parole du Christ se vérifiera dans les Actes quand Pierre et Jean seront convoqués devant le sanhédrin. Rempli de l'Esprit-Saint, Pierre rendra compte du miracle qui vient de s'opérer par leurs mains et à partir de ce signe annoncera le Christ ressuscité : *C'est par le nom de Jésus-Christ le Nazoréen, celui que vous avez crucifié et que Dieu a ressuscité des morts, c'est par son nom et par nul · autre que cet homme se présente ici guéri devant vous... Car il n'y a pas sous le ciel d'autre nom donné aux hommes, par lequel nous devions être sauvés* (Act. 4,11-12). Jean de Saint-Thomas dira : «Celui qui est vraiment né de l'Esprit, tous ses actes, sa voix et sa parole procèdent de l'Esprit et respirent l'Esprit, et c'est à peine s'il s'entretient d'autre chose que de Dieu ou de ce qui touche Dieu» *Les Dons du Saint-Esprit*, p. 4).

Ainsi, dit-il encore, «celui qui est né de l'Esprit et qui est mû par l'Esprit parle aussi sous l'influence de l'Esprit, car la bouche parle de l'abondance du cœur». C'est surtout dans la prédication de Paul qu'éclatera la puissance de Dieu — ce qu'il appelle la *dynamis tou theou*. Lorsque Paul annonce le Christ ressuscité, il n'utilise par les artifices du langage ou de la sagesse humaine, mais il met ses auditeurs en présence de la puissance de Dieu, un peu comme la Christ à la multiplication des pains. Il commence par faire quelque chose d'extraordinaire, non seulement par le résultat, mais par la mise en présence du ciel ou de la puissance de Dieu. Voilà comment Paul s'exprime :

Pour moi, quand je suis venu chez vous, je ne suis pas venu pour annoncer le mystère de Dieu avec le prestige de la parole ou de la sagesse. Non, je n'ai rien voulu savoir parmi vous, sinon Jésus-Christ et Jésus-Christ crucifié. Moi-même, je me suis présenté à vous faible, craintif et tout tremblant, et ma parole et mon message n'avaient rien des discours persuasifs de la sagesse; c'était une démonstration d'Esprit et de puissance, pour que votre foi reposât, non sur la sagesse des hommes mais sur la puissance *de Dieu* (1 Cor 2, 1-5).

Ce qui est extraordinaire chez saint Paul, c'est que sa parole nous met en présence de l'invisible pour que notre foi s'enracine dans le roc de la puissance de Dieu qui a ressuscité Jésus d'entre les morts (Col 2,12). Dès que Paul a eu la révélation du chemin de Damas, il n'a pratiquement plus cessé d'avoir affaire au Christ, de l'entendre et souvent de le questionner. C'est ce qui explique la puissance de conviction extraordinaire avec laquelle il secoue toutes les Eglises de Dieu. Aujourd'hui encore, il suffit de lire ses lettres pour éprouver le feu de cette puissance: avant de comprendre le détail et surtout d'en faire l'éxégèse, il faut d'abord et surtout sentir cela. Sinon ce n'est pas la peine de chercher à comprendre sa pensée qui est souvent déconcertante. *Je suis venu jeter un feu sur la terre*, dit Jésus, *et qu'est-ce que je désire si ce n'est qu'il s'allume.* Si avant toute chose et sans rien comprendre, nous ne sentons pas à l'évidence ce feu qui coule dans les épîtres de Paul, il est inutile de se fatiguer pour en avoir l'intelligence. Là surtout, les vraies questions ne peuvent être posées que par ceux qui ont cette évidence, les autres n'ont pas encore les oreilles nécessaires pour entendre. Il faut qu'ils attendent et prient pour recevoir l'Esprit promis par le Père et expérimenter *que l'évangile ne s'est pas présenté à nous en paroles seulement, mais en puissance, dans l'action de l'Esprit-Saint, en surabondance* (1 Thes 1,5).

Paul insiste aussi sur une autre force de la puissance de l'Esprit: c'est lui qui donne joie et assurance au milieu des tribulations et des persécutions: *Vous vous êtes mis à nous imiter, nous et le Seigneur, en accueillant la parole, parmi bien des tribulations, avec la joie de l'Esprit-Saint* (1 Thes 1,6). Il y a un épisode des Actes où l'on voit à l'œuvre cette assurance absolue des apôtres dans la persécution. Sitôt après que Pierre et Jean ont été relâchés par les membres du sanhédrin, ils reviennent auprès des leurs et font monter vers Dieu une prière.

Il est intéressant de regarder d'un peu plus près la structure de de cette prière que nous vous invitons à reprendre pour terminer ce chapitre. Au premier abord, on pourrait croire que les apôtres vont demander à Dieu de faire cesser la persécution, il n'en est rien... Le premier mouvement de leur prière est de reconnaître que Dieu est le maître du ciel et de la terre, c'est lui aussi qui mène les événements de l'histoire et les a déterminés par avance dans sa sagesse: toutes les prières des Actes partent d'un mouvement d'adoration du Dieu Créateur. C'est dans ce plan de Dieu qu'il faut lire la mort de Jésus et dans la même ligne la persécution vécue par l'Eglise de Jérusalem. Il ne reste plus qu'à demander à Dieu d'étendre la main pour opérer des guérisons et des signes afin que les apôtres puissent continuer à annoncer le Parole en toute assurance (la Parrhésia):

Maître, c'est toi qui as fait le ciel et la terre, la mer et tout ce qu'il s'y trouve; c'est toi qui as dit par l'Esprit-Saint et par la bouche de notre père David, ton serviteur: Pourquoi cette arrogance chez les nations, ces vains projets chez les peuples? Les rois de la terre se sont mis en campagne et les magistrats se sont rassemblés contre le Seigneur et contre son oint.

Oui, vraiment, ils se sont rassemblés dans cette ville contre ton Saint Serviteur Jésus que tu as oint, Hérode et Ponce-Pilate avec les nations païennes et les peuples d'Israël, pour accomplir tout ce que, dans ta puissance et ta sagesse, tu avais déterminé par avance. A présent donc, Seigneur, considère leurs menaces et, afin de permettre à tes serviteurs d'annoncer ta parole en toute assurance, étends la main pour opérer des guérisons, signes et prodiges, par le nom de ton Saint Serviteur Jésus». Tandis qu'ils priaient, l'endroit où ils se trouvaient réunis trembla; tous furent alors remplis du Saint-Esprit et se mirent à annoncer la parole de Dieu avec assurance (Act 4,24-31).

En conclusion: La planche à voile

Pour conclure, revenons à notre comparaison du début. Dans notre marche vers Dieu, nous disposons d'une barque qui peut avancer au moyen de rames, c'est l'activité de la foi, de l'espérance et de la charité: *Nous nous rappelons en présence de no-*

tre Dieu et Père, l'activité de votre foi, le labeur de votre cha-
rité et la constance de votre espérance (1 Thes 1,3). Nous pouvons aussi disposer de voiles que l'on hisse sur la barque : celles-
ci la disposent à recevoir comme il faut le souffle du vent et à
avancer de façon plus rapide et moins fatigante : c'est le rôle des
dons qui sont des dispositions permanentes à recevoir l'inspiration du Saint-Esprit. Dans notre vie spirituelle, il y a un moment où l'on expérimente notre impuissance à marcher vers
Dieu et où l'on abandonne tous les leviers de commande à l'Esprit-Saint. Les navigateurs qui traversent le canal de Suez connaissent bien ce moment où le capitaine du navire doit céder la
barre au pilote.

Pour nous aider à comprendre cela, nous disposons aujour-
d'hui d'une comparaison tout à fait remarquable, empruntée au
P. Molinié (M.D. Molinié, o.p. *Adoration ou désespoir.* Une ca-
téchèse pour les jeunes... et les autres. Editions C.L.D. 1980,
pp. 189 à 206), le nouveau sport de la planche à voile, capable
de supporter le poids d'un homme sur la mer, avec une voile
que celui-ci doit manier pour prendre le vent et parcourir éven-
tuellement des kilomètres en se laissant porter — ce qui est
exactement marcher sur les eaux, comme Pierre dans l'évangile.
Une certaine forme de spiritualité ou de morale, basée sur la générosité ou la seule volonté prétend marcher sur les eaux sans
voiles et sans vent. Ou plutôt, elle essaie de franchir à la brasse
et à la nage la même distance, et à la même vitesse que l'homme
disposant d'une voile. Il est évident que c'est là une folie qui
mène au désespoir : le salut ne consiste pas à nager, mais à se tenir debout en telle sorte que le vent nous porte.

Ceux qui veulent une vie spirituelle bien construite avec des
plans, réalisés à la seule force des poignets oublient simplement
qu'il y a aussi une planche, du vent, de l'eau et des kilomètres
parcourus. Ceux qui se laissent porter accomplissent en vérité
un exploit, le seul qui réussisse, d'abord parce qu'il traverse des
distances considérables, ensuite parce qu'il accomplit des efforts
non moins considérables pour se maintenir dans le vent. Simplement ses efforts sont d'un tout autre ordre que ceux de la nage : ce sont des efforts pour devenir passif sous la motion du
vent. C'est ce que Paul appelle *l'obéissance de la foi* (Rm. 1,6),

ou la fidélité aux motions de l'Esprit. En d'autres termes: Ce n'est pas une question d'efforts ou de records, mais de Dieu qui s'attendrit (Rm 9,16).

Il y a une acte de foi à faire dans la puissance de l'Esprit qui nous apprend à pratiquer l'impossible et à marcher sur les eaux et un acte d'espérance dans le secours quotidien de Dieu pour nous. C'est là qu'il faut bien calculer la dépense et mettre l'effort là où il doit être mis car, en adoptant cette attitude, il y a bien sûr un effort et une lutte de tous les instants dont les résultats sont spectaculaires. C'est en quelque sorte un effort à l'envers. Habituellement quand on fait effort, on se crispe et on se tend vers le but, ici il faut lutter pour devenir souple, ne pas s'opposer à l'action du vent et se laisser conduire par lui.

Ceux qui apprennent la planche à voile en savent quelque chose. Pendant de longues semaines, ils passent des heures à placer leurs pieds pour chercher la bonne position, avec pour seul résultat de couler lamentablement à chaque fois, sans parcourir un mètre. C'est exactement ce que Thérèse appelle lever son petit pied en attendant l'ascenseur, devant un escalier dont on ne franchira pas une seule marche, mais on essaie quand même (cf. notre chapitre IV).

16

Allume ta charté en nos âmes,
Emplis d'amour nos cœurs,
Et fortifie nos faibles corps
De ta vigueur éternelle.

Lorsque nous évoquons l'action de l'Esprit-Saint en l'homme, nous sommes souvent tentés de la reléguer dans cette partie supérieure de la personne que l'on appelle l'esprit, séparé du corps. Lorsque saint Paul parle de l'Esprit, il fait tantôt allusion au «pneuma», c'est-à-dire à l'Esprit-Saint, tantôt il parle de l'esprit de l'homme, le «nous», et le plus souvent il évoque l'esprit de l'homme transformé par l'Esprit du Christ Ressuscité. Paul ne laisse jamais entendre que l'expérience de l'Esprit-Saint intéresserait uniquement notre esprit, sans rejaillir aussi sur le reste de la personne. C'est l'homme tout entier, corps et esprit, dans sa relation au monde et aux hommes, qui est le sujet de l'expérience spirituelle. Ainsi il écrit aux Corinthiens: *Ne savez-vous pas que votre corps est un temple du Saint-Esprit qui est en vous et que vous tenez de Dieu? Et que vous ne vous appartenez pas? Vous avez été bel et bien ache-*

tés! Glorifiez donc Dieu dans votre corps (1 Cor 6,19-20).

Ce qui fait dire à Guillaume de Saint-Thierry que c'est l'homme tout entier, corps et âme, qui s'ouvre à la vérité de Dieu, par l'intermédiaire des sens : « Il convenait, dit-il, que ces derniers ne fussent pas exclus de notre initiation à la vie divine ; que l'homme tout entier — et non seulement cet esprit apparenté aux choses d'en-haut — participât en nous à l'expérience des choses de Dieu » (*Com. Cant. des Cant.* p. 18). Ainsi, selon la parole de Paul, l'homme doit glorifier Dieu dans son corps. Ce qui revient à dire que la prière habite dans les profondeurs mystérieuses du corps, sanctifié par la présence de l'Esprit.

1. Fortifie nos corps de ta vigueur éternelle

Pour comprendre ce qu'est un chrétien habité par la Gloire, il faut contempler le Christ en qui habite la plénitude de la divinité, à laquelle nous sommes tous associés (Col 2,9-10). Avant le Christ, les hommes étaient déjà sauvés par la grâce, en vertu de la foi en la vie divine qui leur serait donnée en Christ, mais au moment de l'Incarnation, quelque chose d'absolument nouveau se passe dans le monde et dans le cœur de l'homme. Jésus-Christ était habité par la Gloire et il a connu un état mystérieux où la Gloire était affrontée aux ténèbres. Parlant des témoins de la foi, l'auteur de la Lettre aux Hébreux dit que tous les croyants, avant le Christ, ont dû attendre la Résurrection pour être habités par la Gloire : *Eux tous, s'ils ont reçu un bon témoignage grâce à leur foi, n'ont cependant pas obtenu la réalisation de la promesse. Puisque Dieu prévoyait pour nous mieux encore, ils ne devaient pas arriver sans nous à l'accomplissement* (Héb 11,39-40).

Cette Gloire éclatera dans le Christ au moment de la résurrection. Mais tout au long de son pèlerinage terrestre, il était déjà habité par elle, bien qu'elle soit enfouie dans les profondeurs de son être. Du reste, la Transfiguration ne sera qu'une émergence de cette Gloire déchirant toute la personne du Christ pour rayonner sur son visage. Dès le premier signe accompli à Cana, Jésus manifeste sa Gloire et ses disciples crurent en lui (Jn. 2,11) mais c'est en même temps l'heure de l'affrontement avec les ténèbres (Jn 2,4). Ainsi Jésus vit au carrefour d'une double pression : celle de la Gloire et celle de la Croix. Il le dira clairement au moment où il annoncera le mystère de sa glorification par sa mort en croix. C'est la transcription johannique du récit de l'agonie dans les Synoptiques :

Voici venue l'heure où doit être glorifié le Fils de l'homme... Maintenant mon âme est troublée. Et que dire ? Père, sauve-moi de cette heure ! Mais c'est pour cela que je suis venu à cette heure. Père, glorifie ton nom ! Du ciel vint alors une voix : *Je l'ai glorifié et de nouveau je le glorifierai* (Jn 12,23-27 et 28). Ainsi Jésus a connu un écartèlement entre la Gloire et les ténèbres, et la mort dont l'aiguillon était le péché a été engloutie par la mort dont l'aiguillon est la Gloire (I Cor 15, 54-57). Il a vu les ténèbres du péché et l'enfer, à travers la Gloire du Père ; les Pères de l'Orient diront qu'il a été crucifié par la Gloire et glorifié par la Croix.

A ceux qui entrent en contact avec lui par le baptême, le Christ donne d'être habités par la même gloire qui détruit la mort du vieil homme : *Nous avons donc été ensevelis avec lui par le baptême dans la mort, afin que, comme le Christ est ressuscité des morts par la Gloire du Père, nous vivions, nous aussi, dans une vie nouvelle* (Rm 6,4). Et cette résurrection est l'œuvre de l'Esprit qui a ressuscité Jesus d'entre les morts et qui donne la vie à nos corps mortels par son Esprit qui habite en nous (Rm 8, II). A tous ceux qui entrent en contact physique avec le Christ, en mangeant son corps et en buvant son sang, il donne de prolonger dans leur chair ce qui manque à sa Passion (Col 1,24).

Il faut bien comprendre ce qu'est la Gloire du Christ en Croix qui, d'une manière visible, ne ressemble pas à la Gloire contemplée par Moïse, au Buisson ardent. C'est la Gloire de l'Amour miséricordieux, infiniment blessé par l'endurcissement du cœur humain : « Les stigmates de l'Agneau, dit saint Thomas, augmentent la beauté du Corps du Christ dans la mesure où ce sont des blessures d'amour, reflétant la blessure infinie de l'Amour miséricordieux, dont elles sont le fruit en même temps que le signe. » Ainsi la Gloire du Dieu trois fois Saint s'est comme repliée en Jésus transpercé et nous apparaît comme Amour miséricordieux et douceur. Dans l'Eucharistie, il ne s'agit pas seulement de recevoir la vie trinitaire, mais de contempler par la foi la chair du Christ crucifiée par le péché et glorifiée par le feu de la miséricorde infinie. En mangeant son corps et ne buvant son sang, le chrétien est dévoré à son tour par la Gloire du Christ, rejaillissement et canal de la gloire spirituelle, mais disctincte de cette gloire purement divine. C'est ce qui faisait dire au Curé d'Ars : «Si on savait ce qu'est la Messe, on en mourrait !» Une telle science est bien sûr l'œuvre du Saint-Esprit en nous, mais nous pouvons au moins soupçonner pourquoi nous ne mourrons pas ! C'est que la Gloire est devenue douceur en nous, mais elle n'en demeure pas moins dangereuse et si nous nous laissons faire par elle, nous serons transformés comme le Christ en Amour miséricordieux.

Si l'on pouvait réaliser une radiographie spirituelle d'un chrétien, on verrait qu'il est crucifié par la Gloire et glorifié par la Croix : il forme un même être avec le Christ (Rm 6,5), jusque dans les profondeurs de son corps et non seulement dans son esprit car il a été entièrement dépouillé de son corps charnel : *ensevelis avec lui lors du baptême, vous êtes aussi ressuscités avec lui, parce que vous avez cru en la force qui l'a ressuscité des morts* (Col 2,11-12). Pour Paul, cette force de Dieu est toujours la puissance de l'Esprit-Saint. En chaque baptisé, la Gloire du Ressuscité entre en conflit avec les ténèbres du cœur de pierre, mais le dernier mot du combat revient toujours au Christ, le grand Victorieux qui, en mourant a dévoré la mort, comme le dit la séquence *Victimae Pascali :* La mort et la vie s'affrontèrent en un duel prodigieux. Le maître de la vie mourut : vivant, il règne. »

C'est ce qui nous fait chanter la nuit de Pâques : «O bienheureuse faute qui nous valus un tel Rédempteur» ! Il ne s'agit pas de regarder les ténèbres pour s'y complaire, mais de contempler dans la lumière de la Gloire la misère radicale de l'homme et les ténèbres de son cœur : *Cette maladie ne conduit pas à la mort, elle est pour la gloire de Dieu : afin que le Fils de l'homme soit glorifié par elle* (Jn II,4) Pour bien comprendre cela, il faut être habité par la Gloire et avoir le regard transformé par la lumière de gloire, afin de contempler la misère de l'homme dans la Croix glorieuse.

Le chrétien n'en a peut-être pas conscience mais depuis son baptême, un germe de gloire a été introduit dans les profondeurs de son être. Durant des années, ce germe demeure à l'état d'incubation mais dès que le croyant se met à prier, à communier, à aimer ses frères et surtout s'il s'enfonce dans l'humilité de la Croix, il est menacé par l'explosion de la Gloire en lui. Le chrétien peut tricher avec ce germe, essayer de le désamorcer ou refuser qu'il grandisse, mais il agit alors contre nature! Même en dehors du péché, il est menacé de se scléroser s'il ne nourrit pas ce germe chaque jour. Chaque fois que nous communions, la Gloire envahit un peu plus notre être, mais il ne faut pas se méprendre sur ce genre d'explosion, car elle n'a pas d'effets extraordinaires.

Depuis l'Incarnation et la Passion glorieuse, la Gloire du Buisson ardent s'est comme enfouie dans l'humanité du Verbe incarné et a épousé tous les contours de son humanité, de telle sorte qu'on peut passer à côté sans s'en apercevoir. Ainsi les Juifs passaient à côté du Christ en pensant qu'il était le Fils de Marie et du charpentier. C'est ce visage infiniment redoutable et imperceptibile qui se rend présent dans l'Eucharistie. Le Christ, c'est l'Incarnation de Dieu dans son visage le plus insaisissable de Gloire mais aussi dans son visage de tendresse et de douceur. Dans l'Eucharistie, il nous accueille humainement, fraternellement et il se met à notre portée, mais en même temps il nous emporte dans le cœur de Dieu qui ne ressemble à rien. Il n'est pas facile de parler de la Gloire de Dieu en terre chrétienne: ce sont les larmes de Marie-Madeleine, la fièvre de saint Augustin, l'humilité de Silouane ou la douceur de François d'Assise. C'est un tourbillon de paix, de douceur et de liquidité.

Il y a un lien mystérieux entre ce qui s'est passé dans l'Incarnation et la Passion et ce qui se passe dans l'Eucharistie: la Gloire de Dieu s'est comme fluidifiée et liquéfiée pour changer nos cœurs de pierre en cœurs de chair: «Dans sa Passion, toute sa substance s'est rendue "fluide" pour pouvoir pénétrer dans les hommes. C'est qu'il fluidifie les péchés des hommes, et les dissout dans sa propre déréliction, dans laquelle secrètement ils existent... Dans l'Eucharistie, le Créateur a réussi à fluidifier la structure finie, créée, sans la briser et sans la contraindre (nul me m'enlève la vie. Jn 10,18), au point d'en faire le porteur de la vie trinitaire. La fluidification de la substance terrestre de Jésus dans la substance eucharistique ne dure pas comme un moyen jusqu'à la fin des temps, seulement elle est plutôt le centre incandescent autour duquel le cosmos se cristallise (d'après la vision de jeunesse de Teilhard de Chardin dans le cœur du monde) ou mieux: à partir duquel il est irradié, porté à l'incandescence» (Urs Von Balthasar. *Nouveaux points de repère.* Fayard, 1980, pp. 324-325).

Ainsi pour bien comprendre la situation d'un chrétien habité par la Gloire, il faut toujours contempler le Christ crucifié et glorifié, ce qui s'est passé dans les profondeurs de son être se reproduit aussi dans le cœur du chrétien, avec une différence que la Gloire se heurte en nous à la dureté du cœur de pierre. En Jésus, c'est la douceur et la tendresse de Dieu qui ont été crucifiées par les ténèbres du péché, et c'est justement l'objet de sa souffrance, car il était le seul à connaître le cœur du Père et on comprend qu'il ait pu connaître à l'agonie la sueur de sang causée par un paroxysme de souffrance: «*Il commença à ressentir effroi et angoisse. Et il leur dit: «Mon âme est triste à en mourir»* (Mc. 14,33-34).

Le Christ a connu l'angoisse de la mort à l'agonie, mais il a surtout eu peur du péché pouvant donner la mort. Et au delà de l'angoisse de l'agonie, il y a eu quelque chose de plus profond. En s'incarnant comme tête du genre humain en révolte, il s'est uni aux hommes pécheurs. *Il s'est fait péché pour nous*, dit l'Epître aux Hébreux. Jésus a non seulement souffert du péché, mais à cause du péché. Quelles que soient les horreurs du Vendredi Saint, elles sont moins profondes que la souffrance du Christ et l'horreur du Verbe, en face du péché des hommes. Le mystère de l'Incarnation qui fait entrer le Verbe en contact avec le péché des hommes était quelque chose de pire que toutes les souffrances de l'agonie et de la Croix.

S'il n'y avait pas la douceur de Dieu, on ne pourrait pas parler de la souffrance du Christ car c'est l'excès de joie et d'amour qui le tourmente et le fait souffrir. En un certain sens, c'est le Thabor et le Calvaire en même temps et plus l'amour est intense, plus la souffrance est profonde. C'est le conflit entre la sainteté infiniment douce de Dieu et le péché qui fait la Croix. C'est une tendresse divine transpercée par la dureté du cœur de pierre. Et cependant il serait absurde de dépouiller la Croix d'une certaine paix et même d'une joie. Le chrétien prolonge en lui cette souffrance du Christ crucifiée par la joie mais sa situation est aggravée, pourrait-on dire, par le fait que ce mystère de gloire est vécu par un pécheur.

2. En nos cœurs, répands l'amour du Père

Il se passe alors quelque chose d'assez extraordinaire dans le cœur de l'homme qui continue à être un pécheur tout en étant déjà un fils de Dieu, dont le cœur brûle comme celui des disciples d'Emmaüs, lorsque le Christ ressuscité leur ouvre le sens des Ecritures. On pourrait espérer qu'une fois séduits par le Christ, nous cessions d'être des pécheurs : il n'en est rien ; mais c'est au fond du découragement le plus accablant que le cœur des disciples d'Emmaüs, c'est-à-dire le nôtre, commence à brûler à notre insu. Après seulement nous en prenons conscience, nous reconnaissons Jésus-Christ et comprenons que nous l'aimons par grâce : Il nous a aimés le premier.

C'est en ce sens que le chrétien prolonge la psychologie du Christ, écartelée entre la Gloire et les ténèbres. Mais au début il ne sent rien, sinon le désespoir d'être un pécheur, tout en étant soutenu par une confiance obscure et insaisissable, jusqu'au moment où le Christ se dévoile d'une manière ou d'une autre : il comprend alors que sa détresse vient précisément de ce qu'il brûle d'amour tout en étant un pécheur. Jésus le délivre en brûlant son cœur. Seulement, comme c'est long, il a besoin de toute sa confiance pour lui donner un cœur de chair. Ceux qui se laissent toucher par le spectacle du Christ crucifié et glorifié montrent qu'ils ont reçu un cœur de chair, si faible soit-il, au plus profond de leur cœur de pierre. S'ils sont fidèles, ce cœur de chair se met à brûler, mais toujours à l'intérieur du cœur de pierre; c'est très douloureux, et c'est le purgatoire sur la terre — ce qui nous préserve de l'autre.

Ainsi, c'est du plus profond du cœur de pierre que surgit la source de l'Esprit-Saint qui pourra ensuite irriguer tout notre être. C'est de l'intérieur vers l'extérieur que la Gloire du Ressuscité nous sanctifie et non l'inverse. En général, nous vivons au niveau des activités dites spirituelles pour «bien faire» ou «développer les vertus», ou nous vivons dans la «raison raisonnante» ou dans les décisions morales pour prendre des résolutions. Tout ce travail spirituel reste très à l'extérieur de nous-mêmes. La difficulté vient de ce que nous ne sommes pas présents à ce lieu où surgit l'Esprit. Nous le portons en nous, mais notre regard n'est pas creusé à cette profondeur-là.

C'est plus profond que notre intelligence, que notre intuition et même de notre volonté, c'est bien au-delà de notre amour. Trop souvent, nous vivons à côté de nous-mêmes, dans l'éparpillement et l'émiettement, distraits de cette source. En général, nous vivons loin de nous-mêmes, au niveau des idées ou des sentiments, séparés de ce gouffre intérieur et il suffirait de nous laisser tomber dans cet abîme pour être englouti par Dieu. C'est un abîme de paix, de quiétude, de douceur, de plénitude, de béatitude et aussi de solitude. Dès qu'un homme a repéré ce lieu, en le dégageant et en le dévoilant, il a trouvé le centre de sa vie et cette source peut imbiber de l'intérieur son intelligence, sa volonté et son affectivité. Il est capable de garder la paix dans toutes les complications de la vie et de présenter à ses frères un visage pacifié. Cet homme a retrouvé l'intimité avec Dieu vivant en lui: il est heureux et en paix et donc il est capable d'aimer les autres. Seuls les gens heureux peuvent éviter d'être méchants et apprendre aux autres à s'aimer.

A ce moment-là, c'est la source de l'Esprit qui travaille en nous: ce n'est plus nous qui œuvrons seuls à notre sanctification. Dès que cette source est dégagée, il suffit de s'y abandonner pour qu'elle imprègne toute notre personne. C'est vraiment la vigueur éternelle de l'Esprit qui fortifie nos faibles corps (Hymne *Veni Creator*). Il faut commencer par ce centre divinisé par l'Esprit pour qu'ensuite notre intelligence soit transformée par la lumière de la foi et notre cœur par l'amour trinitaire. C'est une œuvre de guérison par l'intérieur qui se réalise à notre insu, si nous acceptons de nous abandonner à la puissance transformante de l'Esprit.

On parle d'une source, mais on pourrait tout aussi bien parler d'un feu selon la parole du Christ qui correspond à l'effusion de l'Esprit: *Je suis venu jeter un feu sur la terre et mon désir est qu'il s'allume* (Lc 12,49). Ce feu est à l'intérieur de nous-mêmes et il suffirait de le dégager pour qu'il en vienne à transfigurer notre visage lui-même. La véritable lumière est à l'intérieur, à force de supplier, elle parviendra peut-être à nous transformer complèrement. Trop souvent, nous sommes occupés à l'extérieur de nous-mêmes à travailler à notre perfection, d'une manière très louable du reste, pour l'acquisition des vertus ou la transformation du caractère. Il faut réaliser cet effort — ne fût — ce que par charité pour les autres — mais il n'est pas le plus important, et si nous nous contentions de cet effort, sans cette écoute du plus profond de nous-mêmes, nous risquerions de nous satisfaire des minces progrès réalisés. Le véritable effort est intérieur, il appartient à Dieu et il est l'œuvre du Saint-Esprit: *C'est l'Esprit qui vivifie, la chair ne sert de rien* (Jn 6,63). C'est l'Esprit-Saint présent au plus intime du cœur qui est source de sainteté. Les œuvres extérieures viendront après et seront suscitées par le foyer que nous portons en nous.

À partir du moment où un homme a pris vraiment conscience qu'il porte en lui le feu du Buisson ardent ou l'eau vive promise par Jésus à la Samaritaine, il est «menacé» par la sainteté jusque dans son corps. En définitive, il n'y a que cela qui puisse le décider à aimer l'humilité, la pureté du cœur et du corps, la pauvreté et la miséricorde, en un mot, être séduit par les béatitudes. Si nous n'avons pas expérimenté le bonheur et la joie d'être habités par la Sainte Trinité, toutes les exigences morales du christianisme nous paraîtront imbuvables. Quand le Christ dit: *Bienheureux les pauvres, bienheureux les doux, bienheureux les cœurs purs,* il ne parle pas seulement d'un bonheur à venir, il affirme que dès maintenant tous ces gens sont heureux.

Il y a un langage que les gens et surtout les jeunes supportent de moins en moins dans l'Eglise, ainsi on leur dit qu'il faut s'aimer les uns les autres et Dieu par-dessus tout, c'est évident et personne ne dira le contraire : c'est la morale chrétienne. De même lorsqu'on leur dit aujourd'hui que l'Evangile consiste à construire un monde meilleur, avec plus de justice et de fraternité. Tout cela est vrai et même très beau, mais le Christ ne serait tout de même pas monté sur la Croix pour nous dire cela ; bien d'autres sages l'ont dit avant lui et mieux que lui. Toutes ces réalités ne sont pas l'eau vive, ni le feu du Buisson ardent.

Alors je ne puis que vous inviter à désirer, à chercher et à prier pour recevoir ce «quelque chose» qui ne ressemble à rien, et qui est «l'air du pays», dit le P. Molinié. Saint Jean de la Croix parle «d'un-je-ne-sais-quoi, qui demeure indéfinissable, une sublime connaissance de Dieu tout à fait inexprimable» (Cant. spir. Str. 7,9). Quand on arrive près de la mer, on commence à respirer l'air du grand large. Si vous n'avez jamais respiré l'air du ciel, vous ne pouvez rien comprendre à l'évangile et encore moins à la morale chrétienne. C'est un peu comme si, ouvrant distraitement votre transistor, vous entendiez soudain une musique extraordinaire : alors vous vous arrêteriez et vous diriez comme l'Epouse du Cantique : *Je le tiens et je ne le lâcherai plus*. Dès que vous tiendrez cette longueur d'ondes, vous soupçonnerez que les béatitudes sont vraiment des béatitudes, et vous comprendrez que la joie du ciel peut saisir un homme et le garder dans la pureté du cœur et du corps.

Il n'y a rien de plus important que cette musique qui est aussi un parfum, une beauté, en un mot la brûlure du Saint-Esprit. Je ne puis pas vous la transmettre, ni vous en donner le goût, je ne peux que vous amener au seuil du mystère de la prière, de l'Eucharistie ou de l'Evangile ou vous inviter à rencontrer un homme envahi par Dieu. Peut-être que la mise à feu se fera et ce jour-là vous comprendrez tout ! Ce que je puis vous dire de certain : priez, priez beaucoup et intensément devant la Croix, en offrant à Jésus crucifié votre détresse la plus secrète et vous recevrez sûrement cette blessure de l'Esprit. C'est la vie trinitaire qui prend soudain feu en vous, sous l'action des dons du Saint-Esprit. C'est cette intense circulation d'amour entre le Père, le Fils et l'Esprit qui passe en nous. Parlant de cette vie, le P. Molinié dit qu'on ne peut pas faire de la géographie à quelqu'un qui n'est pas du pays et comment faire pour que la Trinité soit notre pays?

Comme mon Père m'a aimé, Je vous ai aimés. Etre envahi par cet amour, c'est devenir fou de Jésus-Christ. Entre le Père, le Fils et Quelqu'un d'autre règne un Amour infini, un torrent que je ne peux pas décrire: je pourrais vous offrir des images, des envolées lyriques, des ah! et des oh!..., en fait je suis complètement désasmé.

«Mais je sais que si un rayon partant de la Trinité vient à toucher un cœur humain, ce cœur est tout de suite et totalement envahi. C'est arrivé à Marie-Madeleine, au bon larron et à Zachée.

«Si nous parlons de la Trinité, je veux que vous gardiez constamment les yeux sur Marie-Madeleine, arrosant de ses larmes les pieds du Christ: car la Trinité, c'est cela. Quand le centurion au pied de la Croix dit: *Vraiment cet homme était le Fils de Dieu* (au moment où les Pharisiens poussaient un soupir de soulagement, et où les apôtres ne savaient plus s'ils avaient la foi), eh bien c'est encore la Trinité: une lame de fond partie de la Trinité a touché son cœur et comme le bon larron il a tout compris. Une vague de ce genre vous a touché le jour de votre baptême: elle vous a plongé dans la vie trinitaire» (M.D. Molinié, o.p. *Adoration ou désespoir*, Ed. C.L.D., 1981, p. 157).

3. Le baiser de l'Esprit

Pour nous aider à soupçonner cet appel d'air mystérieux, cette source d'eau vive ou cette musique qui est capable de nous faire presentir le ciel et de tout quitter pour suivre le Christ, les mystiques vont souvent faire appel à l'expérience de l'amour humain et ils vont utiliser un langage qu'on ose à peine employer tellement il est dévalué par la chanson, le cinéma ou la télévision. Et puis il y a tant d'hommes qui n'ont jamais connu la douceur et la force d'être aimé et d'aimer, qu'on est ébahi par l'audace des saints. Mais à l'intérieur des expériences humaines, il semble bien que celle de l'amour soit la plus apte à nous faire pressentir ce que Dieu veut faire avec nous, lorsque Jésus nous invite à demeurer dans son amour: *Comme le Père m'a aimé, moi aussi je vous ai aimés* (Jn 15,9). Les mystiques vont évoquer la fine pointe de cet amour qui est le baiser que l'époux donne à son épouse.

Et comme nous risquons toujours de nous arrêter à la réalité charnelle du baiser — la seule qui tombe sous les sens — les mystiques vont lui faire subir un traitement analogique pour la purifier: «Le baiser de la bouche du Seigneur est tout entier spirituel et pur. Ce n'est pas le baiser de la passion; ce dernier en effet, s'il se fait par la bouche, ne procède pas de la bouche, mais de la concupiscence et de la chair. Tandis que le baiser de la bouche (allusion à Cant 1,1) est le baiser de la voix et de la parole, le baiser de l'intelligence et du Verbe, le baiser de la splendeur. Les cieux sont affermis par la parole du Seigneur, et toute leur vertu est ornée par l'esprit qui procède de sa bouche» (Jean de Saint-Thomas, *Les dons du Saint-Esprit*, p. 14).

Saint Bernard fera aussi allusion au baiser en disant «que cette connaissance mutuelle du Père et du Fils, cet amour réciproque, n'est pas autre chose que le baiser le plus doux, mais aussi le plus secret. L'homme qui reçoit l'Esprit, reçoit ce baiser et entre dans l'étreinte trinitaire». Et il ajoute: «Jean puisa dans le sein du Fils unique ce que celui-ci avait puisé dans le sein de son Père. Tout homme peut ainsi entendre en lui l'Esprit du Fils, appelant: Abba! Père! Si le mariage charnel unit deux êtres en une seule chair, à plus forte raison l'union spirituelle les joint en un seul esprit» (Serm VIII).

Le théologien Jean de Saint-Thomas, qui fut aussi un grand mystique, utilisera la même comparaison quand il évoquera l'action des dons du Saint-Esprit dans l'âme du chrétien. Il le fera avec un réalisme auquel nous sommes peu habitués quand nous parlons de l'expérience des choses de Dieu. Ainsi, il écrit en parlant des dons: «l'âme les reçoit comme l'haleine même de Dieu lorsqu'il la pare de ses dons, l'embrasse comme un époux, et par le baiser de sa bouche lui insufle son Esprit, afin que toutes les vertus de l'âme soient rendues plus parfaites et élevées à un mode supérieur d'opérer. "Par sa parole, les cieux ont été faits, et le souffle de sa bouche"... Ce souffle de la bouche du Seigneur qui affermit les vertus est l'esprit des dons que Dieu nous communique par son baiser, qui est si efficace lorsqu'il s'imprime sur une âme avide de désirs célestes, qu'il aspire et boit pour ainsi dire le souffle, et la transporte toute en Dieu, et l'arrache si violemment aux choses terrestres que la mort corporelle en résulte quelquefois» (ouvrage cité, p. 12).

Pour que l'homme devienne apte à recevoir ce souffle de l'Esprit, il faut que son cœur soit suffisamment creusé en profondeur par le désir pour aspirer la vie d'en-haut. La béance du cœur vers Dieu est ainsi nécessaire pour accueillir les dons du Saint-Esprit: plus le cœur est creusé par le désir et plus il devient apte à recevoir l'Esprit. Le désir élargit notre capacité de Dieu comme le dit si bien saint Grégoire de Nysse: «C'est pourquoi la vision de Dieu n'est autre que le désir incessant de Dieu» (*Vie de Moïse*, P.G. 44, 404 A). Le désir est comme un gaz en expansion que creuse et attire en nous la puissance de l'Esprit: *Ouvre large ta bouche et je l'emplirai* (Ps 81, II). Un Père spirituel me disait un jour que cette parole du psaume était pour lui le test du passage d'une vie d'oraison à dominante active à une vie d'union à Dieu portée par le Saint-Esprit.

A la suite des Pères, Jean de Saint-Thomas va souvent parler du baiser de l'Esprit en se référant à la parole du Deutéronome où il est dit que Moïse est mort sur l'ordre du Seigneur, que l'on traduit ainsi: *Il est mort du baiser du Seigneur* (Dt 34,5): «Ainsi le commandement de la bouche du Seigneur fut comme le baiser de Dieu. Baiser qui s'imprima si fortement sur l'âme de Moïse qu'il en but et aspira toute le souffle de vie et l'arracha du corps par la puissance de l'amour spirituel» (p. 13).

Lorsqu'on évoque le baiser du Seigneur à sa créature, on se réfère souvent au livre mystérieux du Cantique des Cantiques où l'on peut se demander s'il s'agit de l'amour humain, de l'amour mystique ou de la Sainte Trinité: *Qu'il m'embrasse des baisers de sa bouche* (Cant 1,1). L'amour humain apparaît ici comme une image visible de ce que Dieu veut faire avec nous. Nous devons être épousés par le feu de l'amour trinitaire et ces épousailles sont bien plus dévorantes et redoutables que tout amour humain, mais celui-ci nous est donné pour nous aider à soupçonner de quoi il s'agit. C'est pourquoi le mariage est un sacrement car il est le signe efficace des épousailles du Christ et de l'Eglise, dans le feu de l'Esprit de la Pentecôte (Eph 5,25) :

« Comme les amours de la Sainte Eglise commencent là où Moïse a commencé sa vie : Il est mort du baiser du Seigneur. En effet lorsque prend fin la loi donnée par Moïse, la loi de l'amour spirituel commence au baiser qui est le Saint-Esprit, lui-même procédant de la bouche de Dieu, unissant le Père et le Fils et se répandant sur l'Eglise au jour de la Pentecôte et à travers les siècles. L'Eglise a été jugée digne de plus de gloire que Moïse, et c'est pourquoi le Seigneur lui a envoyé son Esprit avec une telle abondance qu'elle en fut tout enivrée, de sorte que voyant les apôtres beaucoup disaient en se moquant : ils sont remplis de vin nouveau » (Jean de Saint-Thomas, ouv. cité, p. 13).

Ainsi le jour de la Pentecôte est communiqué à l'Eglise le baiser secret que le Père et le Fils se donnent mutuellement au cœur de la Sainte Trinité. Tout homme qui reçoit l'Esprit, par les sacrements et la prière de l'Eglise, entre dans cette étreinte du Père et du Fils, qui est une habitation réciproque des Trois l'un dans l'autre, selon la parole de Jésus : *Qu'ils soient un comme nous sommes un* (Jn 17,11). Pour les Occidentaux, c'est le mystère de la circumincession et pour les Orientaux, la danse de la périchorèse. Les Trois sont un d'une unité de circulation réciproque : dans la vision, l'amour et l'étreinte des personnes entre elles. C'est le feu de deux regards qui se dévorent par amour et produisent une troisième personne.

Devenir chrétien par le baptême, c'est entrer dans cette danse trinitaire où chaque personne dit à l'autre en la regardant : « *Tout ce qui est à moi est à toi* » (Jn 17,10). Si l'on pouvait approcher la relation fondamentale qui unit réciproquement le Père, le Fils et l'Esprit-Saint au cœur de la Trinité, on pourrait dire qu'ils sont d'une infinie douceur. Quand Jésus essaie de dire qui il est à ses disciples, il affirme : *Je suis doux et humble de cœur* (Mt 11,29). On peut aussi affirmer que le Père est d'une douceur infinie puisque *celui qui voit le Fils, voit aussi le Père* (Jn 14,9). La douceur s'apparente plus à la tendresse qu'à la bonté, elle consiste à se laisser envahir et pénétrer par l'autre, en ne lui opposant aucune résistance, ni dureté.

Pour exprimer cette relation, je ne vois pas de plus belle expression que celle utilisée par Urs Von Balthazar lorsqu'il parle de la «fluidité» : «L'acte par lequel le Père se donne par lequel il verse le Fils à travers tous les espaces et tous les temps, est l'ouverture définitive de l'acte trinitaire lui-même, dans lequel les "personnes" divines sont des "relations", nous pouvons dire : des formes de don absolu et de "fluidification" aimante» (Nouveaux Points de repère, p. 326). C'est le même mouvement de fluidification qui s'opère dans la Passion et l'Eucharistie.

De même, le croyant pourra participer à cette étreinte trinitaire et expérimenter le baiser réciproque du Père et du Fils, dans la mesure où il acceptera de se laisser fluidifier par l'Eucharistie. Nous sommes loin ici d'une expérience sentimentale : il s'agit vraiment d'une conversion du cœur qui se déssaisit de son raidissement et de sa dureté pour se livrer à la douceur de Dieu. Devant le cœur qui cède ainsi, l'étincelle de la colère de Dieu se mue en brasier de tendresse. En toute vérité, Dieu devient alors *un feu consumant* (Dt 4,24). C'est le drame du silence de Dieu dans notre vie. Il se tait parce que nous résistons et discutons. Durant sa Passion, le Christ se taisait devant ses bourreaux et sa douceur était tellement insupportable qu'à la limite, elle devenait déchirante. Tant que notre cœur sera dur, nous ne pourrons pas entendre Dieu. Le jour où nous aurons le cœur brisé et concassé, il pourra devenir liquide et entrer dans la liquidité des Trois. C'est la béatitude des larmes qui réduit le cœur en miettes et le liquéfie. Il ne s'agit pas forcément de larmes jaillissantes, mais de cette douceur de Jésus qui vient du cœur et fait briller un regard.

C'est pourquoi il nous faut contempler l'attitude du Christ durant sa Passion où il se laisse fluidifier par l'amour. Dans le récit de la mort de Jésus en Croix, rapporté par saint Luc, il y a un écho du baiser que Jésus donne au Père au cœur de la Trinité. En mourant, Jésus débouche dans l'amour et pousse un grand cri dans lequel il rend son esprit au Père (Lc 23,46). Ainsi il remet à Dieu son propre esprit, c'est-à-dire son souffle de vie. En expirant, Jésus rend au Père, dans une ultime étreinte, ce qu'un homme communique à un autre homme en un baiser d'amour. (Dom André Louf: *Seigneur, apprends-nous à prier.* pp. 49 et 59).

Du même coup, il trouve la réponse à la déclaration d'amour du Père: *Tu es mon Fils bien-aimé, en Toi est tout mon amour.* Tout au long de sa vie d'homme, Jésus a pénétré au cœur de ces paroles. Sur la Croix, il prie vraiment. Dans la mort seulement, il pourra prononcer le «oui» longuement mûri de son propre amour pour le Père. Jésus le dira en paix, dans sa plénitude, au-delà du désespoir et du doute. Son ultime prière est un baiser d'amour dans lequel il exhale son dernier souffle. Toute sa substance s'est fluidifiée dans l'amour du Père. Il peut alors dire en toute vérité: *Tout est consommé,* et, *inclinant la tête, il remit l'Esprit* (Jn 19,30).

Il en va de même pour le croyant qui reçoit le baiser de l'Esprit. Il aura à remettre entre les mains du Père toute sa substance dans un ultime baiser d'amour. Ce qui voudra dire que dans les profondeurs de son être, il aura à offrir au Signeur tout son espace intérieur afin que l'Eucharistie puisse fluidifier en lui toute sa substance. Toutes les frontières doivent tomber en lui comme en Jésus: en entrant dans sa Passion il déclare: *que ce ne soit pas ma volonté qui se fasse, mais la tienne.* Jésus révèle ainsi la loi fondamentale de toute son existence: *Je suis descendu du ciel pour faire, non pas ma volonté, mais la volonté de celui qui m'a envoyé* (Jn 6,38).

Si le croyant veut entrer dans l'étreinte trinitaire, il aura à vivre la même loi: accepter de ne plus disposer de lui, mais laisser Dieu disposer de lui, comme il l'entend. C'est la frontière où l'on renonce à la libre décision sur des choses ou des actes limités, pour se soumettre définitivement à la volonté de Dieu. Il faut même parfois renoncer à des choses bonnes, car tout mouvement de l'Esprit en nous n'est pas forcément une volonté de Dieu. Laisser cela arriver en soi par la présence du Seigneur dans sa substance, c'est communier réellement. C'est dans la mort seulement que le croyant pourra prier réellement. Et sa prière sera un baiser d'amour dans lequel il exhalera au cœur de la Trinité son dernier souffle.

Acte d'oblation au Saint-Esprit

«Esprit-Saint, Amour unitif du Père et du Fils, Feu sacré que Jésus-Christ notre Seigneur apporta à la terre, pour nous embraser, tous, de la Flamme de l'éternelle charité ; je vous adore, je vous benis et j'aspire de toute mon âme à vous donner gloire.

«A cette fin, et par cette oblation que je vous fais de tout mon être corps et âme, esprit, cœur, volonté forces physiques et spirituelles, je me donne à Vous et me libre, aussi pleinement que possible, à votre grâce, aux opérations divines et miséricordieuses de cet Amour que vous êtes en l'unité du Père et du Fils.

«Flamme ardente et infinie de la Très Sainte Trinité, déposez en mon âme l'étincelle de votre Amour, qui la remplisse, à déborder, de Lui-même ; afin que, transformée par l'action de ce Feu en "Charité vivante", je puisse, en me sacrifiant, en rayonner la lumière et la chaleur dans chaque âme qui m'approche. Qu'ainsi, pour mon humble part, avec toutes celles qui vous aiment, je coopère, dans ce monde que tourmente la haine, au retour de la Charité que vous êtes, et pour la gloire de laquelle, je veux vivre et mourir. Amen. »

(Dom Vandeur, *A la Trinité par l'hostie.* Ed. de Maredsous - 1925, cité dans *Les plus beaux textes sur le Saint-Esprit,* recueillis par Madame Arsène-Henry, Lethielleux, p. 325).

17

Repousse l'ennemi au loin,
Donne-nous ta paix sans retard
Sous ta conduite et ton conseil,
Nous éviterons toute erreur.

Lorsque Paul évoque le combat de la foi, il dit que nous ne sommes pas seulement affrontés à des forces humaines, mais à des puissances du monde des ténèbres, c'est-à-dire aux esprits du mal qui sont dans les cieux. C'est pourquoi il faut emprunter le bouclier de la foi pour éteindre tous les projectiles enflammés du Malin : *Pour finir, armez-vous de force dans le Seigneur. Revêtez l'armure de Dieu pour être en état de tenir face aux manœuvres du diable* (Eph 6,10-20). Paul ne dit pas que nous avons à livrer un combat, car l'assaut vient d'abord des puissances du mal, mais nous devons le supporter en résistant, en demeurant debout et en mettant tout en œuvre pour ne pas être terrassé par le démon. Le bouclier de la foi nous protège contre toutes les flèches du Mauvais. Concrètement il faut utiliser le glaive de l'Esprit, c'est-à-dire la Parole de Dieu pour écraser les suggestions de l'ennemi et le terrasser dans la prière.

Que l'Esprit, dit encore Paul, *suscite votre prière sous toutes ses formes, vos requêtes en toutes circonstances, employez vous veilles à une infatigable intercession pour tous les Saints* (Eph 6,18). Je suis toujours frappé par l'insistance de Paul sur la nécessité de la prière pour résister aux tentations : il faut prier en toutes circonstances, utiliser toutes les formes de la prière et surtout consacrer ses soirées à une infatigable intercession, car c'est surtout à l'entrée de la nuit ou le matin, au réveil, que le démon veille à la porte de notre cœur pour nous tenter. Le chrétien armé du Nom de Jésus ne cesse de briser la multitude de ses pensées contre le roc de ce Nom qui seul peut le sauver (Act 4,12). En un mot, il faut épuiser toutes les occasions de notre temps.

Il faut bien comprendre la nature du combat qui nous est enseigné par Paul, à la suite du Christ, qui nous enjoint de prier sans cesse, sans jamais nous lasser (Lc 18,1). Il ne s'agit à aucun prix de lutter avec notre seule volonté pour repousser les suggestions de la tentation, car nous ne sommes pas de taille à faire face à la «tactique du diable» (Lewis), il est le rusé et le menteur qui s'infiltre jusque dans nos meilleures intentions pour les pervertir. Il faut lutter dans la prière et avec la prière pour résister jusqu'au bout. La prière de l'apôtre n'est pas une solution de facilité, une sorte de démission devant les difficultés de la vie, mais un vrai combat de la foi : *Je vous exhorte, frères par Jésus-Christ et par l'amour de l'Esprit, à combattre avec moi par les prières que vous adressez à Dieu pour moi* (Rm 15,30). Il faut prier sans cesse et à tout sujet ; sur ce point Paul est formel et à deux reprises, il dit : *En tout temps, à tout sujet, rendez grâce à Dieu le Père, au nom de Notre-Seigneur Jésus-Christ* (Ep 5,20). *Soyez toujours dans la joie, priez sans cesse, rendez grâce, en toutes circonstances, car c'est la volonté de Dieu à votre égard dans le Christ Jésus* (I Thes 5,16-17).

1. Chasse l'ennemi loin de nous

S'il ne tient pas fermement à Dieu, le chrétien ne pourra tenir dans les tentations : c'est une affaire de vie ou de mort. Et ce combat, il ne le vit pas seul mais en communion avec tous ses frères affrontés aux mêmes épreuves, surtout avec l'apôtre qui est chargé d'annoncer aux paiens le mystère du Christ : *Tenez-vous à la prière; qu'elle vous garde sur le qui-vive dans l'action de grâce. En même temps, priez aussi pour nous : que Dieu ouvre une porte à notre prédication afin que s'annonce le mystère du Christ pour lequel je suis en prison : que je le publie comme je suis tenu d'en parler* (Col 4,2-4).

Pour Paul, il faut toujours prier (2 Thes 1,11; Phi 1,4; Rm 1,10; Col 1,13; Phm. 4) et surtout ne pas se décourager, même quand le résultat de la prière se fait attendre (2 Thes 3,13; 2 Cor 4,1 et 16; Gal 6,9; Eph 3,13). Le plus important de la prière n'étant pas alors la «chose» demandée mais le lien qui s'établit de Dieu à nous; ce lien, la prière le rend déjà possible de notre côté. Elle n'a pas pour but en effet d'informer le Seigneur, de l'amener à vouloir enfin ce qu'il n'aurait pas voulu d'abord, mais bien de nous changer nous-mêmes en nous ouvrant à ce que Dieu veut nous donner. Prier, c'est commencer d'exaucer Dieu, ce Dieu qui sans cesse nous prie, en nous disant : «Veux-tu»?

Si Paul insiste tant sur la nécessité de la vigilance et de la persévérance dans la prière, surtout au moment du combat livré par les forces du mal, c'est bien parce qu'il a baigné dans le climat de prière de l'Eglise primitive. Les événements de la Passion sont encore tout proches et les apôtres gardent dans la mémoire du cœur l'épisode de Gethsémani. A la lumière du don de l'Esprit à la Résurrection, ils découvrent combien leur attitude a été peu glorieuse. Il suffit de relire l'épisode de Marc où l'influence de Pierre est évidente pour comprendre que le reproche du Christ à Pierre est encore présent à leur mémoire, car il a pénétré dans leur cœur comme un glaive à deux tranchants : *Simon, tu dors ! Tu n'as pas eu la force de veiller une heure avec moi* (Mc 14,38). A trois reprises, Marc notera que le Christ quitte sa prière pour revenir auprès des siens afin de les supplier de veiller avec lui (Mc 14,38-39-40).

Dans le récit de Gethsémani qui a une longueur inaccoutumée en Marc (dix versets), l'évangéliste insiste sur l'intensité et la violence de la prière de Jésus : *Restez ici pendant que je prierai... (14,32)... Et, allant un peu plus loin, il tombait à terre et*

241

priait pour que, si possible, cette heure passât loin de lui (14,35)... *De nouveau, il s'éloigna et pria en répétant les mêmes paroles* (14,39). Le Christ prie intensément pour ne pas tomber au pouvoir de la tentation : *Il disait : Abba ! Père, à toi tout est possible, éloigne de moi cette coupe ; pourtant non pas ce que je veux, mais ce que tu veux* (Mc 14,36). Il faut regarder de plus près la nature de cette tentation à laquelle est affronté Jésus. Elle porte essentiellement sur sa relation au Père : Va-t-il jusqu'au bout de sa vie faire confiance au Père et s'en remettre entre ses mains ?

Dès que Jésus a entendu le Père lui dire au Baptême et à la Transfiguration : *Tu es mon Fils bien-aimé, moi, aujourd'hui, je t'ai engendré* (Lc 3,22), il part au désert pour être tenté par le diable qui essaie de l'enfermer dans un monde clôs. Chaque fois, Jésus brise le cercle dans lequel Satan veut l'enfermer pour confesser la primauté du Père dans l'écoute de sa Parole, l'adoration et la confiance. Tenter Dieu, c'est lui désobéir pour voir jusqu'où ira sa patience ou user de sa bonté dans un but intéressé. C'est toujours avec la Parole de Dieu que Jésus brise le cercle infernal et donc avec sa prière : *L'homme ne vit pas seulement de pain mais de toute parole sortant de la bouche de Dieu* (Dt 8,3). « *Tu ne mettras pas à l'épreuve le Seigneur ton Deu* (Dt 6,16). *Le Seigneur ton Dieu, tu adoreras et c'est à lui seul que tu rendras un culte* (Mt 4,10). Ainsi Jésus proclame hautement que toute sa vie n'a de sens qu'en référence au Père d'où il vient et où il retourne.

Mais avec la victoire de Jésus au désert, la tentation n'est pas close une fois pour toutes et Luc note : *Ayant alors épuisé toute tentation possible, le diable s'écarta de lui jusqu'au moment fixé* (Lc 4,13). Bien sûr, ce temps fixé est celui de la Passion où Satan entre en Judas (Lc 22,3). *C'est maintenant votre heure*, dit encore Jésus, *c'est le pouvoir des ténèbres* (Lc 22,53). Satan ne se croit jamais battu et quand il trouve la maison balayée, il va chercher sept autres démons plus mauvais que lui pour l'aider dans sa besogne. C'est à cause des risques de rechûte et du caractère lancinant de la tentation que Jésus invite ses disciples à être vigilant dans la prière (Lc 11,24-26).

Durant la Passion, mais plus spécialement à l'agonie où Jésus pressent les événements qui vont se dérouler la nuit et le lendemain, Satan revient à la charge et le tente précisément sur sa relation au Père. Cette tentation culminera dans le cri de Jésus sur la Croix: *Mon Dieu, mon Dieu, pourquoi m'as-tu abandonné* (Mc 15,34). Au désert, Satan invite Jésus à se vouloir par lui-même et pour lui-même; à l'agonie, il laisse s'infiltrer le doute dans sa relation de confiance au Père. Satan est toujours le père du mensonge; dès le commencement il s'est ingénié à faire mourir l'homme en lui faisant douter de la Parole de Dieu (Gen 3,4; Jn 8,44). Il n'agit pas d'une autre manière avec Jésus, et son seul but est de le faire douter de l'amour bienveillant du Père pour lui. Sur la Croix, les grands prêtres vont orchestrer cette tentation en disant tout haut ce que le démon suggère tout bas à Gethsémani: *Les grands prêtres se moquaient: Il en a sauvé d'autres et il ne peut pas se sauver lui-même! Il est Roi d'Israël, qu'il descende maintenant de la Croix et nous croirons en lui! Il a mis en Dieu sa confiance, que Dieu le délivre maintenant s'il l'aime, car il a dit: «Je suis Fils de Dieu»* (Mt 27,41-43).

Sous l'épreuve de la Croix, Jésus laisse surgir un cri venu de ses entrailles: *Pourquoi m'as-tu abandonné?* Qui suis-je? Le Fils ou le Réprouvé, tous ceux qui me voient hôchent la tête? Sauveur des hommes ou plutôt, comme dit le Psaume, *un ver, non plus un homme.* La lumière ou la balayure du monde? Pourtant là fut sa victoire issue de sa prière. L'abîme de torture où aurait en pu se défaire à jamais son nom et sa conscience devint le creuset où cette conscience reçut sa trempe définitive, où son nom de Fils reçut sa consécration suprême, puisqu'il est devenu Seigneur.

2. Priez afin de ne pas tomber au pouvoir de la tentation
(Mc 14,38)

A ce cri de détresse sans fond de Jésus, rapporté par Matthieu: *Mon Dieu, mon Dieu, pourquoi m'as-tu abandonné?* (27,46), répond chez saint Luc un cri de confiance totale: *Père, entre tes mains, je remets mon esprit* (23,46). Le «pourquoi» lancé à Dieu, même quand il jaillit de l'abandon le plus total, ne peut être un cri de désespoir car il est lancé à Dieu, et il pose au-delà de l'abîme, Celui qui peut répondre. Le «pourquoi» de Jésus a quelque chose d'unique, parce qu'il sort de Celui qui n'a jamais connu entre Dieu et lui l'ombre d'une distance, qui a toujours été devant les hommes l'expression immédiate et assurée de ce que Dieu faisait et voulait.

Personne n'a entendu Dieu répondre au cri de Jésus, et ses adversaires ont pu rentrer chez eux tranquilles : puisque Dieu l'avait laissé mourir, sans le détacher de sa croix, c'est qu'évidemment il n'était pas le messie d'Israël, il n'était pas le Fils de Dieu (Mc 15,32). C'est pourtant le cri d'abandon et la mort dans le silence de Dieu qui détermine la déclaration de foi du centurion romain. Marc dit expréssément : *Voyant qu'il avait ainsi expiré, le Centurion qui se tenait devant lui dit : «Vraiment cet homme était le Fils de Dieu»* La confession de foi du centurion, c'est d'avoir vu Jésus mourir de cette façon-là. Pour rester fixé à Dieu dans ce silence et cet abandon, pour tenir à lui quand tout au monde n'est plus qu'horreur et vanité, quand plus rien n'est perçu de ses dons, il faut lui être attaché par un lien que rien, ni personne ne saurait détruire, il faut être totalement nu devant lui, ne subsistant que de son amour : il faut être son Fils. Mais de quoi donc peut être fait ce lien quand il est vécu dans l'abandon total, dans la nudité de la mort, sinon de confiance puisée dans la prière.

Pour continuer à croire jusqu'au bout à l'amour du Père pour lui, Jésus a dû prier une nuit entière à Gethsémani pour se pas tomber au pouvoir de la tentation de se croire abandonné de Dieu. C'est pourquoi il invitera ses disciples à la même prière intense et prolongée. Le récit de Luc est encadré par la même parole de Jésus aux siens, répétée deux fois : *Priez pour ne pas tomber au pouvoir de la tentation* (Lc 22,40 et 46). Ce conseil de Jésus correspond à la dernière demande du *Notre Père : ne nous expose pas à la tentation* (Mt 6,13). Comme Jésus (Mt 4,1), l'homme peut être induit dans une situation critique de tentation. Le disciple de Jésus prie Dieu, non de ne pas être tenté, mais de lui éviter une épreuve telle qu'il risque fort de ne pouvoir la supporter, à partir du moment où il entrerait dans les vues du tentateur.

La prière de Jésus à Gethsémani est du même ordre — de l'ordre de la confiance — que la nôtre, même si notre peu de foi nous empêche de rejoindre la sienne. Mais nous savons aussi que Jésus a prié pour que la foi de Pierre ne disparaisse pas (Lc 22,32) et en même temps il a prié pour nous. C'est pourquoi nous ne devons jamais prier par nous-mêmes, mais entrer dans la prière de Jésus qui intercède sans cesse pour nous. A Gethsémani, sa prière est antérieure à l'événement de la Passion qu'elle pressent, pour essayer de le prévenir ou de le hâter.

Une telle prière de Jésus suppose donc la confiance car elle pose encore deux issues possibles: *Abba! Père! A toi, tout est possible, éloigne de moi cette coupe. Pourtant, pas ce que je veux, mais ce que tu veux* (Mc 14,36). Si Jésus sait déjà que la seule issue réelle est la seconde, s'il voit déjà se dérouler les heures qui vont suivre, sa prière en tout cas perd tout son sens. Car Jésus ne dit pas seulement sa répugnance à entrer dans cette heure, il pense qu'effectivement, il dépend de Dieu de trouver une autre solution et qu'elle est encore possible.

Il sait évidemment que cette intervention bousculerait le processus déjà en route, il sait surtout que pour rien au monde, il ne consentirait à autre chose que l'accomplissement de la volonté du Père. Là est son point fixe, le roc auquel il s'accroche: *Pourrais-je ne pas boire la coupe que le Père m'a donnée?* (Jn 18,11). Les synoptiques disent que Dieu pourrait encore décider autrement et que Jésus est déchiré entre l'angoisse devant ce qui l'attend et l'adhésion sans condition à la volonté de son Père.

Le disciple aura à revivre le même combat que Jésus, surtout au moment de l'épreuve de la tentation, quand le silence de Dieu se fera pesant. Il sera tenté de dire comme le Christ: «*Mon Dieu, le jour, j'appelle, et tu ne réponds pas, la nuit point de silence pour moi* (Ps 22,2), mais il sait aussi qu'en Dieu nos pères avaient confiance et qu'il les délivrait: *Vers toi ils criaient, et ils échappaient, en toi leur confiance, et ils n'avaient pas honte*(Ps 22,5-6). Le disciple aura à prier des nuits entières, avec une humble persévérance, pour ne pas se laisser accabler par le découragement : *Oui, pensez à Celui qui a enduré de la part des pécheurs une telle opposition contre lui, afin de ne pas vous laisser accabler par le découragement. Vous n'avez pas encore résisté jusqu'au sang dans votre combat contre le péché* (Héb 12,3-4).

3. Donne-nous ta paix sans retard

Qui peut soupçonner la paix profonde qui habitait le cœur du Christ à l'agonie et durant sa Passion ? On le pressent en lisant le récit de la Passion en saint Jean où Jésus apparaît, dès le début, comme le Seigneur de Gloire, conduisant tous les événements. Ainsi dès que Jésus eut dit aux soldats venus l'arrêter au-delà du Cédron : *C'est moi !,* ils eurent un mouvement de recul et tombèrent (Jn 18,6). Ils sont obligés de s'incliner dans la poussière devant le Messie humilié qui est déjà le Roi de Gloire, comme Moïse se prosterne la face contre terre, devant le buisson ardent. Jésus est vraiment le Je suis, hors de qui rien n'existe (Jn 8,28).

Dans les profondeurs de son être, Jésus connaît la paix de celui qui s'en remet à Dieu, même si dans les régions inférieures, il avoue ressentir frayeur et angoisse : *Il leur dit : «Mon âme est triste à en mourir. Demeurez ici et veillez»* (Mc 14,34). J'oserais même dire que plus cette paix est profonde, plus elle est crucifiée par les ténèbres du péché et la dureté du cœur des hommes, au point qu'une telle paix est en même temps une joie et qu'elle se traduit au-dehors par un profond silence. Devant ses bourreaux, Jésus se taisait (Lc 23,9). Face à ceux qui ont le cœur dur, le silence est la seule façon d'exprimer l'amour qui brise le cœur de pierre. C'est le Thabor et le Calvaire en même temps, disent ceux qui ont expérimenté une telle épreuve.

Nous avons beaucoup de peine à imaginer que la paix chrétienne puisse cohabiter avec le souffrance car la paix est souvent pour nous synonyme d'absence de combats ou d'épreuves. Nous poursuivons tous le rêve d'une paix des cimetières qui ressemble au calme plat d'une mer sans rides et sans vagues. Dans une telle perspective, les êtres n'ont plus de conflits pour la bonne raison qu'ils ne vivent plus : soit qu'il les ont éliminés par un effort de volonté stoïque ou qu'ils refusent de les vivre en se réfugiant dans le rêve. C'est en ce sens-là qu'il faut comprendre la parole du Christ : *Pensez-vous que ce soit la paix que je suis venu mettre sur terre ? Non, je vous le dis, mais plutôt le glaive* (Lc 12,52). Il s'agit ici du glaive de la Parole de Dieu qui atteint les profondeurs de l'âme et passe au crible les mouvements et les pensées du cœur (Héb 4,12).

Dès que la vie nouvelle du Christ habite le cœur d'un homme, elle se heurte en lui aux racines du vieil homme et cela entraîne bien des complication : combats, conflits et tentations. C'est en ce sens que le Christ dit qu'il n'apporte pas la paix charnelle des compromis, mais la guerre entre le vieil homme et l'homme nouveau, l'orgueil et l'humilité, la dureté et la douceur.

Si la paix plafonne en nous, c'est tout simplement parce que c'est une paix de compromis. Le vieil homme fait des concessions à l'homme nouveau et celui-ci en fait au vieil homme : pas trop d'orgueil, d'égoïsme ou d'impureté. Mais aussitôt le vieil homme mugit : «Attention, pas trop d'amour, d'humilité, de renoncement ou de prière, sinon je me déchaîne !» C'est du reste ce qui se passe dans la passion : le monde et le prince des ténèbres peuvent tolérer la présence de Jésus aussi longtemps qu'il se cache, mais à l'heure de vérité, la condamnation devient inévitable.

Dès que Jésus manifeste sa Gloire à Cana, il est conduit infailliblèement à la mort, selon la logique d'une allergie impitoyable entre cette Gloire et l'orgueil des puissances temporelles. Si Jésus manifeste sa Gloire avec puissance, c'est la fin du monde ; s'il la manifeste dans la douceur et l'humilité d'une chair infirme, c'est la condamnation à mort. C'est pourquoi le vieil homme se déchaîne en nous dès que nous communions ou prions, surtout si en même temps nous vivons l'humilité et l'amour fraternel.

Jésus supporte les forces qui le gênent en nous, mais il ne négociera jamais avec elles, c'est pourquoi notre cœur est le lieu d'un combat, d'une épreuve et d'une tentation. L'Esprit gémit en nous avec des cris ineffables pour permettre l'enfantement de l'homme nouveau dans notre cœur (Rm 8,23-26). Parlant de la tentation à laquelle est soumis le chrétien, Paul la compare à une correction que le Père donne à son Fils et il ajoute que c'est pour sa sainteté et nous mettre dans la paix : *Toute correction, sur le moment, ne semble pas sujet de joie, mais de tristesse. Mais plus tard, elle produit chez ceux qu'elle a ainsi exercés, un fruit de paix et de justice* (Héb 12,11).

La paix ne viendra pas de la suppression des conflits ou des tentations, mais de la mort du vieil homme. Vouloir supprimer les tentations en nous, en luttant simplement au niveau extérieur ou en utilisant des techniques, c'est vouloir gommer les symptômes d'une maladie avant d'avoir guéri l'infection qui les provoque. Plus la puissance de l'Esprit fera grandir en nous la vie trinitaire et plus celle-ci nous envahira en étouffant le vieil homme qui devra bien mourir un jour par asphyxie. Mais il ne mourra pas sans beaucoup se débattre et en provoquant en nous des crispations et des nœuds. C'est à ce niveau profond qu'il faut chercher la racine des problèmes et des difficultés de la vie qui ne sont qu'une émergence extérieure d'une autre maladie qui ne conduit pas à la mort mais à la vie et à la Gloire de Dieu (Jn 11,4). Il ne faudrait pas croire que l'homme est passif dans ce combat, il n'est pas seulement spectateur mais acteur et il doit faire un effort réel pour collaborer à la mort du vieil homme qui n'est pas son œuvre mais celle du Christ Ressuscité.

C'est dire qu'il doit lutter uniquement dans la prière assidue et persévérante pour que l'Esprit-Saint lui soit donné en plénitude comme il envahissait l'âme du Sauveur. La paix ne viendra pas d'une suppression des conflits, mais de la présence du Ressuscité en lui. Dès que le Christ se montre à ses disciples, il leur dit : *La Paix soit avec vous* (Jn 20,21) et dès ce moment-là, la paix du Ressuscité envahit leur cœur et balaie tous leurs doutes et leurs conflits.

C'est en même temps une joie réelle qui n'a pas sa source dans une nature optimiste mais uniquement dans le Christ Ressuscité : «*Je vous ai dit cela pour que ma joie soit en vous et que votre joie soit parfaite*» (Jn 15,11). Il en va de même de la paix donnée par Jésus, ce n'est pas la paix des hommes, mais la sienne qui chasse toute peur de notre cœur : «*Je vous laisse la paix, je vous donne ma paix. Ce n'est pas à la manière du monde que je vous la donne. Que votre cœur cesse de se troubler et de craindre*» (Jn 14,24). Ainsi la paix est toujours liée à la personne du Christ et à sa présence dans notre cœur.

Le jour où saint Ignace voit la Vierge, il est libéré de toutes ses tentations de la chair. Le jour où Thérèse de l'Enfant-Jésus (juillet 1899) expérimente d'une façon intense la présence continuelle de Marie, elle est enveloppée de son manteau et pendant une semaine connaît un état d'intense recueillement et de paix qui lui fit dire : «Le Bon Dieu seul peut nous y mettre et il suffit quelque-fois à détacher pour toujours une âme de la terre» (*Carnet Jaune*, 11, 7,2). Notre plus grand péché est de nous résigner à cette paix de compromis en croyant que la délivrance complète n'est pas pour ici-bas. C'est le moment de se jeter dans la prière en demandant au Père, de nous envoyer l'Esprit-Saint, au nom de son Fils ressuscité. Seul l'Esprit peut nous donner la vraie paix et la joie en plénitude.

4. Sous ta conduite, nous éviterons toute erreur

Pour en arriver là, il faut vraiment se mettre sous la conduite du Saint-Esprit en acceptant d'épouser la vie réelle que le Seigneur nous propose dans les conditions concrètes de notre histoire. Le secret d'une telle paix tient toujours en deux pôles : la foi en la puissance de l'Esprit et l'acceptation humble et joyeuse de notre condition de créature. Il y a des êtres qui ne connaîtront jamais la vraie paix parce qu'ils cherchent à s'évader des tâches à accomplir ou qui fuient les autres. Dans l'existence, il faut éviter de se plaindre ou de rêver à autre chose que ce qu'il nous faut vivre. On reste plongé dans le quotidien tel qu'il est car c'est là, au cœur de notre vie, en combat de rédemption, que l'Esprit-Saint agit et modèle notre visage de sainteté, à partir de la pâte même de notre existence réelle.

C'est à ce point-là que nous avons besoin des motions fines et délicates du Saint-Esprit pour naviguer à travers les écueils et éviter les erreurs. Une des principales erreurs qui guettent l'aspirant à une authentique sainteté est le rêve de l'idéalisme. Nous voulons souvent réaliser un certain type de perfection que Dieu ne veut pas pour nous car il ne correspond pas aux conditions concrètes de notre vie ou de notre réalité psychologique. Nous avons alors mauvaise conscience de ne pas y arriver et nous nous reprochons de ne pas le faire car les difficultés rencontrées sur notre route nous paraissent insurmontables : difficultés qui viennent du caractère, des déficiences psychologiques, des carences affectives ou des limites du corps.

La principale erreur est de s'engager dans la voie des solutions simplistes. La raison nous trompe quand elle nous entraîne à nous battre au niveau des symptômes. D'une part, elle nous empêche de reconnaître la difficulté réelle, d'autre part, elle fait croire que tout dépend du raisonnement et de la volonté, alors que le cours de notre vie s'oriente par lui-même de l'intérieur. Non pas que l'intelligence et l'énergie soient les exécutants passifs d'un destin ; rien ne s'accomplit sans leur éveil, leur discernement et leur persévérance. Mais ils ne sont pas davantage les maîtres chargés de façonner notre devenir, selon une idée de l'homme parfait. Le sens de notre histoire est une action quotidienne de l'Esprit-Saint épousant notre vie réelle, les profondeurs de notre psychologie aussi bien que nos actes conscients. Il s'agit de se tourner vers elle, de la comprendre et de la servir.

Les résolutions du bon sens enjambent une interrogation essentielle. La fonction qui a pour rôle d'établir le diagnostic a-t-elle aussi la charge de fixer le traitement ? C'est l'illusion rationaliste ou volontariste, dans laquelle la raison et la volonté prennent la place de cette réalité vivante qui conduit notre vie de l'intérieur et lui donne son rythme et son sens. Si la réflexion et le jugement auscultent le terrain, nous permettent d'être conscients en nous proposant une image de ce qui se passe, leur rôle s'arrêtent là. Il ne leur appartient pas de conclure à telle ou telle façon de sortir de la difficulté car nous ne savons ni si nous devons en sortir, ni comment nous pouvons en sortir.

Seul le sens caché de la difficulté contient les germes de son évolution. Là, et non pas dans le raisonnement, se trouve le principe de la conduite. L'Esprit-Saint qui nous éclaire par l'intelligence, nous guide aussi par d'autres sens, car il est présent au plus intime de notre être et sa présence en nous est essentiellement dynamique. Il ne s'agit donc pas de décider, mais d'entendre ce que l'Esprit nous dit à travers notre vie concrète. Chercher à sortir d'une difficulté, à se dégager d'un état pénible, consiste d'abord à s'asseoir dedans, c'est-à-dire à l'épouser de l'intérieur et à la souffrir. Non pas à la rejetter, ni à essayer de se refabriquer soi-même en dehors. Mais à l'accepter et à la vivre, parce qu'elle est notre réalité actuelle et qu'elle contient le sens caché de notre avenir.

Il faut donc nous asseoir, nous calmer, épouser le présent tel qu'il est, avec ses échecs, sa souffrance, ses risques, nous aurons alors quelque chance d'apprendre ce que l'Esprit veut pour nous. A chacun de nous le Seigneur dit: «Ne crains pas de prendre ta vie pour épouse: ce qui a été engendré en elle vient de l'Esprit-Saint.» L'expérience montre qu'on n'échappe pas à une difficulté. Si on parvient à l'écarter au plan psychologique, elle revient sous la forme d'une maladie organique ou par l'intermédiaire d'événements extérieurs. Il ne sert à rien de sauter dehors car la difficulté signifie qu'un pan de la réalité demande à être accepté et intégré. Il faut tenir cette réalité telle qu'elle est, s'enfoncer dedans, la souffrir jusqu'au bout. En général, on en sort par le fond;

Il y a des points de repère qui peuvent nous aider à vérifier la justesse de notre marche sous la conduite de l'Esprit. Si la vie spirituelle, au long des années, ne favorise pas en nous le sens du réel et la croissance de notre liberté intérieure, elle est conduite de travers. Car il est normal que, dans une vie imprégnée par l'Esprit-Saint, les créatures prennent plus de consistance à nos yeux, que les gens et les choses acquièrent pour nous comme une densité d'existence; il est normal que la beauté d'un paysage, les traits d'un visage, la singularité de chaque homme nous deviennent plus sensible. Rien dans cette perception du réel n'est incompatible avec un détachement radical. Et si notre vie spirituelle ne garde pas ce contact du réel, elle risque de perdre son équilibre. Plus la vie de l'Esprit épouse notre vie humaine et plus celle-ci se dilate dans la joie et la douceur. Un vrai spirituel est capable d'aimer avec tendresse et force.

De même si la vie spirituelle, au lieu de nous acheminer vers notre maturité, contribuait à nous maintenir dans un infantilisme psychologique, sous une forme ou sous une autre, elle ne se construirait pas dans le sens de l'Esprit. La longue et lente recherche de Dieu doit normalement nous aider à nous dégager de nos craintes religieuses, et, autant que faire se peut, de nos entraves psychologiques. Nous façonnant peu à peu à l'image de Dieu, elle doit progressivement nous rendre plus vrais et plus libres au milieu des hommes. Elle nous conduit, au temps de la maturité, à nous poser en hommes libres devant Dieu même, capables de répondre non à Dieu qui nous en a donné le pouvoir, et finalement oui, non par contrainte, mais par réciprocité envers l'amour bouleversant de notre. Dieu. Sens du réel, liberté intérieure, ce sont deux signes de vérification de notre marche, dont l'expérience montre qu'ils ne sont pas superflus.

Invocation au Saint Nom de Jésus

Seigneur Jésus, nous croyons que la foi en la puissance de ton Nom très Saint est capable de guérir nos cœurs et nos corps, comme elle a guéri le boiteux de la Belle Porte, au Temple de Jérusalem, car il n'y a sous le ciel aucun autre nom offert aux hommes qui soit nécessaire à leur salut. Mais nous croyons aussi que personne ne peut dire: «Jésus est Seigneur», si ce n'est par l'influence de l'Esprit-Saint. Père très miséricordieux, envoie en nous la puissance de ton Esprit et attire-nous vers ton Fils Jésus. Dans nos cœurs, nous croyons que tu l'as ressuscité des morts, donne-nous de

Act 3,16

Act 4,12

1 Cor 12,3

Jn 6,44

confesser avec la bouche que Jésus est Seigneur, à la Gloire de Dieu le Père.

Rm 10,9. Ph 2,11

Col 2,12
Col 1,19
1 Cor 1,24

Col 1,27

Col 3,16-17

Act 3,6

Rm 1,5

Act 10,40-43

Seigneur, nous croyons en la force de Dieu qui a ressuscité Jésus d'entre les morts. Désormais cette puissance habite dans l'Eucharistie et le Saint Nom de ton Fils Jésus. Il est Sagesse et Puissance de Dieu : Christ au milieu de nous, l'espérance de la Gloire. Que le nom du Christ habite en nous dans toute sa richesse, afin que nous puissions chanter dans nos cœurs des psaumes, des hymnes et des chants inspiré par l'Esprit. Sur tous les malades et les hommes au cœur blessé par le péché et la souffrance, apprends-nous à dire comme saint Pierre : «De l'or ou de l'argent, je n'en ai pas ; mais ce que j'ai, je te le donne : au nom de Jésus-Christ le Nazoréen, marche». En contemplant alors la puissance de Dieu agissant dans la résurrection de Jésus, nous pourrons annoncer la bonne nouvelle de son Nom Sauveur, pour nous amener avec tous nos frères à l'obéissance de la foi. Tout ce que nous pourrons dire ou faire, avec la puissance de l'Esprit, nous voulons le faire au nom du Seigneur Jésus, en rendant grâce par lui à Dieu le Père.

Après ta résurrection, Seigneur Jésus, tu t'es montré non pas à tout le peuple, mais aux témoins que Dieu avait choisis d'avance et qui ont mangé et bu avec toi. Notre foi repose sur leur témoignage car c'est à eux que tu as livré ton Nom comme Yahvé l'avait fait à Moïse. C'est le fondement de l'Alliance et de l'intimité dans laquelle tu veux nous introduire. Dans le Deutéronome revient constamment ce refrain : «Nous n'avons pas vu de visage, nous n'avons pas vu de forme sur le Sinaï, nous n'avons entendu qu'une voix et le Nom» (Dt. 4,12). La seule chose qui nous permette de demeurer en toi, Jésus, c'est ton Corps et ton Nom. Nous n'avons rien d'autre au fond que ce nom. C'est la richesse et la pauvreté de la louange et de l'adoration de l'unique Seigneur.

P. Besnard. o.p.

Richesse et pauvreté: c'est si peu de chose, un nom. Il y a des jours où l'on a l'impression que tu es muet. Il y a des jours où répéter le Nom de Jésus et le nom de Père! Abba! est un exercice vain. Et pourtant ce nom est bien le tien, tu n'en as pas d'autre pour nous appeler. Aussi celui qui adore le Père s'accroche à ton nom, Jésus, qui résume toute sa prière. La répétition inlassable de ton nom est comme une exhalaison de notre cœur où il livre tout son être.

P. Jean de la Croix o.s.b.

Seigneur, tout mon désir est devant toi et pour toi mon soupir n'est point caché: l'amour veut le nom de celui qu'il aime pour pouvoir l'appeler. Quand on aime quelqu'un, on veut connaître son petit nom, son nom intime. Seigneur Jésus, tu m'as regardé et tu m'as aimé comme le jeune homme riche. Dès que tu as noué amitié avec moi, j'aime te dire: «Comment t'appelles-tu? Pas ton nom de famille, pour tout le monde, mais le nom pour les intimes!» Depuis que tu as penché vers moi ton visage de tendresse, j'aime murmurer ton nom qui habite mon cœur par la foi et sans lequel il n'y aurait jamais pour moi de sécurité, de bonheur et de vie. Quand ton nom habite notre cœur, prend racine en

Mc 10,21

Eph 3,17

254

lui, l'envahit de tendresse, de lumière et de joie, il apporte avec lui la certitude d'aimer et d'être aimé. Dans notre vie d'homme, c'est la plus douce, la plus forte et la plus indispensable des certitudes. Sans ta présence, il n'y a ni bonheur, ni joie. Seuls les hommes heureux sont capables d'aimer leurs frères et comment le pourrais-je si je ne vis pas une grande intimité avec toi?

St Jean de la Croix

Ste Thérèse de Lisieux

Seigneur, en me regardant avec tendresse, tu as imprimé en mon cœur une esquisse de ton visage, mais il faut que je ne cesse de fixer mon regard sur toi. C'est pourquoi j'attends avec impatience ton retour et rien ne me consolera de ton absence. On peut vivre très loin de l'être aimé, on peut supporter les longues séparations: ton nom présent au secret du cœur soutient l'espérance et la vie. Ton nom que je garde est le nom qui me sauve. Il me sauve du désespoir comme de la révolte: il est le rempart de ma vie. Ton nom est l'hôte de mon silence intérieur et, en moi, il ne se tait pas. Comme une source de tendresse, il murmure au plus profond de moi-même le doux message d'une présence et d'une fidélité.

Ps 34.7

Seigneur, je ne veux pas penser à toi ou évoquer ton souvenir, à grands frais de concentration, mais je veux m'adresser à toi de personne à personne, car je crois que tu es là, ressuscité et vivant. Quand un pauvre crie et invoque ton nom, tu te fais proche de lui et tu lui réponds. Je crois que tu es là, dans le cri de ma supplication, pour m'entendre et me répondre, même si tu es loin et si tu n'es plus sur cette terre. Je sais par expérience qu'en murmurant ton nom, tu seras soudainement présent d'une façon toujours nouvelle et profonde.

18

Pour conclure...
Rien n'est impossible à Dieu

La dernière parole sur laquelle je voudrais vous laisser est celle que l'ange Gabriel adresse à Marie à l'Annonciation: *Rien n'est impossible à Dieu* (Lc 1,37). Elle fait écho à une autre parole du Christ qui résume toute sa prédication sur la puissance de la foi: *Tout est possible à celui qui croit* (Mc 9,23). Et le seul reproche que le Christ fait à ses disciples, c'est leur manque de foi et leur peu de confiance. Cette attitude le fait souffrir terriblement, car elle est le seul obstacle capable de limiter la puissance de l'amour du Père dans le cœur des hommes. Quand le Christ évoque la puissance de la prière, il pense toujours à la supplication qui obtient du Père le don de l'Esprit, comme la foi de Marie a obtenu que l'Esprit du Père vienne sur elle et la couvre de son ombre (Lc 1,35): *Si donc vous, qui êtes mauvais, savez donner de bonnes choses à vos enfants, combien plus le Père céleste donnera-t-il l'Esprit-Saint à ceux qui le lui demandent* (Lc 11,13).

A l'opposé des disciples, Marie est la croyante par excellence car elle acquiesce et consent à la proposition de Dieu. C'est à propos d'Elisabeth la stérile, que l'ange affirme: *Rien n'est impossible à Dieu.* Il note le contraste entre la réponse de Zacharie à l'annonce de la naissance de Jean-Baptiste et l'humble acceptation de Marie. Zacharie appartient à la race des nuques raides qui doutent de la puissance de Dieu, comme les Hébreux au désert se demandent si Yahvé pourra les nourrir, et il demande un signe; *A quoi le saurai-je? Car je suis un vieillard et ma femme est avancée en âge* (Lc 1,18).

A cause de son manque de foi, il ne recevra pas de signe; bien plus, il sera réduit au silence total: *Eh bien, tu vas être réduit au silence jusqu'au jour où cela se réalisera parce que tu n'as pas cru en mes paroles qui s'accompliront en leurs temps* (Lc 1,20). Tandis que Marie ne demande aucun signe et croit Dieu sur parole; cependant Dieu lui en donnera un: *Et voici qu'Elisabeth, ta parente, est elle aussi enceinte d'un fils dans sa vieillesse et elle en est à son sixième mois, elle qu'on appelait la stérile, car rien n'est impossible à Dieu* (Lc 1,36-37).

Le comble de l'humour pour l'évangéliste saint Luc est de faire dire par Elisabeth que Marie est la vraie croyante alors que son mari Zacharie est réduit au silence pour avoir douté de la Parole de Dieu: *Bienheureuse celle qui a cru: ce qui lui a été dit de la part du Seigneur s'accomplira* (Lc 1,45). Zacharie, lui, n'a pas cru aux paroles qui s'accompliront en leur temps. Marie peut alors prononcer sa belle confession de foi dans les paroles du Magnificat: *Mon âme exalte le Seigneur et mon esprit tressaille de joie en Dieu, mon Sauveur* (Lc 1,46-47).

Mais avant de confesser la puissance de Dieu qui opère des merveilles dans le cœur des humbles et des pauvres, Marie avait donné son consentement de foi en disant: *Je suis la servante du Seigneur. Que tout se passe pour moi comme tu l'as dit* (Lc 1,38). Il est difficile de conjecturer sur ce qui s'est passé dans le cœur de Marie à ce moment-là car elle n'a rien laissé paraître de ses sentiments intérieurs, mais l'évangéliste Luc nous dit à deux autres reprises qu'elle méditait ces événements dans son cœur (2,20 et 2,52) et qu'elle n'en saisissait pas toute la portée (2,51). Si Marie a été proclamée bienheureuse par sa cousine Elisabeth, à cause de sa foi, c'est bien parce qu'elle n'avait pas l'évidence humaine de ce qui se passait.

En parlant de Marie, le Concile Vatican II dira «qu'elle a grandi dans la foi tout au long de son pèlerinage terrestre» (L.G. VIII). Ce qui revient à dire qu'elle a donné une préférence permanente à la pensée de Dieu sur la sienne. Chaque fois que Dieu lui a adressé une parole, elle a eu la réaction d'Abraham, au moment du sacrifice d'Isaac. Il aurait pu dire que si Dieu lui avait donné un fils, ce n'était pas pour l'offrir en sacrifice, d'autant plus qu'il devait assurer la descendance, il a préféré faire confiance à Dieu: *Par la foi, Abraham, mis à l'épreuve, a offert Isaac; il offrait le Fils unique, alors qu'il avait reçu les promesses et qu'on lui avait dit: C'est par Isaac qu'une descendance te sera assurée. Même un mort, se disait-il, Dieu est capable de le ressusciter; aussi, dans une sorte de préfiguration, il retrouvé son fils* (Héb 11,17-19).

Pour Marie, il ne s'agit pas simplement de résignation ou d'héroïsme comme s'il fallait accepter passivement une «volonté de Dieu» extérieure à la sienne, elle consent non seulement à la parole qui lui demande d'accepter d'être mère, tout en demeurant vierge, mais elle croit que «rien n'est impossible à Dieu» et qu'il peut faire d'une vierge la mère de son fils, comme il a fait d'une femme stérile la mère de Jean-Baptiste. C'est le sens même de sa réponse: *Que tout se passe pour moi comme tu l'as dit* (Lc 1,38).

Marie consent à croire que tout est possible à celui qui fait confiance. Entre la parole de l'ange affirmant que rien n'est impossible à Dieu et le Fiat de Marie, il y a un espace de liberté qui peut apparaître à certains comme un abîme d'incertitude et que la Vierge franchit en jetant entre elle et Dieu le pont de la confiance. Ce n'est pas un saut à l'aveuglette, dans le vide, mais un abandon entre les bras du Père. Si Marie peut ainsi faire confiance à Dieu, c'est parce qu'elle a eu la révélation que le Père avait *porté son regard sur son humble servante* (Lc 1,48) et l'avait revêtue de la tendresse de sa grâce (Lc 1,28). Elle garde sans cesse devant les yeux le regard attentif et plein de tendresse du Père : *Il sait bien, votre Père céleste, que vous avez besoin de toutes ces choses* (Mt 6,32).

C'est la confiance dans le Père du ciel qui est à la source du dynamisme de la prière de Marie. Nous l'avons déjà dit, Luc aime nous montrer la Vierge priant et méditant dans son cœur la Parole de Dieu et les événements de la vie de Jésus. Selon Elisabeth, elle entend la Parole de Dieu dans la prière et y adhère par la foi. Lorsque Jésus définira ce qu'est pour lui sa mère, il dira : *Ma mère et mes frères ce sont ceux qui écoutent la Parole de Dieu et qui la mettent en pratique* (Lc 8,21). Sans aucun doute, à ce moment précis, Jésus a devant les yeux le portrait de la Vierge Marie, sa mère, en prière. Comme pour la prière de Jésus, l'évangile est très discret sur la prière de Marie et n'en précise pas le contenu, bien que nous ayons la prière du Magnificat, mais nous pouvons penser qu'elle a entendu l'enseignement de Jésus sur la prière et l'a mis en pratique.

Elle a dû se retirer dans le secret du cœur et adresser sa prière au Père qui voit dans le secret (Mt 6,6). Comme pour chacun d'entre nous, sa prière a eu une double source — un mouvement de respiration et d'aspiration —. D'abord un émerveillement devant le Tout-Puissant qui fait en elle de grandes choses (Lc 1,49) : alors elle pourra exhaler de son cœur une prière de bénédiction, de louange et d'action de grâce : *Mon âme exalte le Seigneur et mon esprit s'est rempli d'allégresse, à cause de Dieu mon Sauveur* (Lc 1,46-47). C'est une respiration d'abandon et de remise de tout l'être entre les mains du Père, à cause de la confiance qu'on a en lui : *Remets tes soucis au Seigneur, car il prend soin de toi* (Ps 55,23).

Mais il y a une autre source de la prière de Marie : c'est sa confiance en Dieu, le maître de l'impossible et c'est alors la prière de supplication telle que le Christ l'a enseigné dans l'évangile : *Tout ce que vous demanderez au Père en mon nom, il vous l'accordera* (Jn 15,15). L'évangéliste saint Jean qui a reçu Marie chez lui en qualité de Mère et qui a donc été le témoin de sa prière met sur les lèvres de Marie à Cana une parole bien significative au sujet de sa prière de demande : *Quoi qu'il vous dise, faites-le* (Jn 2,5). C'est la confiance de

Marie qui la pousse à supplier, comme elle soutiendra les disciples au Cénacle, en les aidant à demeurer *assidus à la prière* (Act 1,14).

A partir du moment où elle a compris que Dieu lui demandait l'impossible en l'invitant à consentir à une mission qui dépassait ses possibilités humaines, elle a compris en même temps qu'elle devait lui demander la lumière et la force de répondre à sa proposition. On pourrait imaginer que si Dieu lui demandait une telle chose, il lui donnerait en même temps la force de l'accomplir et la prière deviendrait alors inutile. Certains pensent que tout nous a été donné dans la Passion glorieuse et que Dieu sait bien ce dont nous avons besoin, pourquoi alors le lui demander? Il n'en va pas ainsi dans le monde de la grâce. Bien sûr, les dons de Dieu sont gratuits, mais ils ne sont pas arbitraires et Dieu demande à l'homme d'y collaborer, en y croyant d'abord et en le demandant ensuite. D'où l'invitation pressante du Christ dans l'évangile à demander et à supplier: *Demandez et vous récevrez, cherchez et vous trouverez, frappez et l'on vous ouvrira* (Lc 11,9). En ce sens, Marie a supplié comme chacun d'entre nous et elle continue aujourd'hui à intercéder pour tous ceux qui se confient à elle.

Ainsi la prière de Marie est une prière de supplication, pénétrée de louange et d'abandon. Elle sait que rien n'est impossible à Dieu, elle lui demande donc la grâce d'être fidèle, d'avancer là où les chemins sont apparemment bloqués et en même temps elle s'abandonne à son bon plaisir pour qu'il soit fait en elle selon sa Parole. Il est intéressant de noter que la prière du Christ, durant sa Passion et plus spécialement à l'agonie, ne suivra pas un autre mouvement. Il suppliera le Père d'écarter la coupe car tout lui est possible et en même temps il s'abandonnera en disant: *Non pas ce que je veux, mais ce que tu veux* (Mc 14,36). Il suffirait de mettre en parallèle les deux paroles de l'Annonciation (Lc 1,37 et 38) et celle de l'Agonie (Mc 14,35-36) pour découvrir leur similitude. A ce propos, le Père Urs von Balthasar dira que la Vierge a éduqué la prière du Christ en lui apprenant à dire: «Qu'il me soit fait selon ta volonté!»

Il en va de même dans la croissance de notre foi et de notre vie de prière. Marie nous éduque à mettre uniquement notre confiance en Dieu, en nous apprenant concrètement à nous défier de nous-mêmes. Saint Louis-Marie Grignion de Montfort dit que le disciple de Marie «s'il est fidèle, met une grande confiance et un grand abandon à la Sainte Vierge, sa bonne Maîtresse. Il ne met plus, comme auparavant, son appui en ses dispositions, intentions, mérites, vertus et bonnes œuvres, parce qu'en ayant fait un entier sacrifice à Jésus-Christ par cette bonne Mère, il n'a plus qu'un trésor où sont tous ses biens, et qui n'est plus chez lui, et ce trésor est Marie» (Traité de la vraie dévotion, n° 145). Il ajoute (n° 216) que la Vierge lui communique une grande part de sa confiance, de sorte qu'il peut dire à Dieu avec foi la même parole de Marie à l'Annonciation: «Voici Marie ta servante: qu'il me soit fait selon ta parole».

Le véritable enfant de la Vierge entre dans une prière de plus en plus simple. Il s'abandonne entre les mains du Père en le louant pour ses merveilles et sachant que plus rien n'est impossible à Dieu; sa prière devient un simple cri vers lui, comme Bernadette souffrant atrocement à la fin de sa vie disait: «Sainte Marie, Mère de Dieu, prie pour moi, pauvre pécheresse, maintenant et à l'heure de ma mort!» Pour terminer, nous invitons tous ceux qui ont eu la bonté et la patience de nous lire, de se consacrer entièrement à la Vierge. Le jour où ils l'auront fait, non seulement du bout des lèvres, mais du fond du cœur, ils constateront, comme celui qui a écrit ces pages, que le Seigneur peut opérér dans leur vie de grandes choses.

Consécration à Jésus-Christ, la Sagesse incarnée, par les mains de Marie

«O Sagesse Eternelle et incarnée! ô très aimable et adorable Jésus, vrai Dieu et vrai homme, Fils unique du Père éternel et de Marie toujours Vierge.

Je vous adore profondément dans le sein et les splendeurs de de votre Père pendant l'éternité, et dans le sein virginal de Marie votre très digne Mère, dans le temps de votre incarnation.

« Je vous adore profondément dans le sein et les splendeurs de votre Père pendant l'éternité, et dans le sein virginal de Marie votre très digne Mère, dans le temps de votre incarnation.

« Je vous rends grâce de ce que vous vous êtes anéanti vous-même, en prenant la forme d'un esclave, pour me tirer du cruel esclavage du démon ; je vous loue et glorifie de ce que vous avez bien voulu vous soumettre à Marie, votre sainte Mère, en toutes choses, afin de me rendre, par elle, votre fidèle enfant.

« Mais hélas ! ingrat et infidèle que je suis, je ne vous ai pas gardé les vœux et les promesses que je vous ai si solennellement faits dans mon Baptême ; je n'ai point rempli mes obligations ; je ne mérite pas d'être appelé votre enfant ni votre esclave et, comme il n'y a rien en moi qui ne mérite vos rebuts et votre colère, je n'ose plus par moi-même approcher de votre sainte et souveraine majesté.

« C'est pourquoi j'ai recours à l'intercession et à la miséricorde de votre Très Sainte Mère, que vous m'avez donnée pour médiatrice auprès de vous, et c'est par son moyen que j'espère obtenir de vous la contrition et le pardon de mes péchés, l'acquisition et la conservation de la Sagesse.

« Je vous salue donc, ô Marie Immaculée, Tabernacle vivant de la Divinité, où la Sagesse Eternelle cachée veut être adorée des anges et des hommes.

« Je vous salue, ô Reine du ciel et de la terre, à l'empire de qui tout est soumis : tout ce qui est au-dessous de Dieu.

« Je vous salue, ô Refuge assurée des pécheurs, dont la miséricorde n'a manqué à personne.

« Exaucez les désirs que j'ai de la divine Sagesse, et recevez pour cela les vœux et les offres que ma bassesse vous présente.

« Moi..., pécheur infidèle, je renouvelle et ratifie aujourd'hui, entre vos mains, les vœux de mon Baptême.

«Je renonce pour jamais aux séductions de Satan et à ses œuvres, et je me donne tout entier à Jésus-Christ, la Sagesse Incarnée, pour porter ma Croix à sa suite, tous les jours de ma vie, et afin que je lui sois plus fidèle que je n'ai été jusqu'ici.

«Je vous choisis, ô Marie, en présence de toute la cour céleste, pour ma Mère et ma Reine. Je vous livre et consacre, en toute soumission et amour, mon corps et mon âme, mes biens intérieurs et extérieurs, et la valeur même de mes bonnes actions, passées, présentes et futures, vous laissant un entier plein droit de disposer de moi et de tout ce qui m'appartient, sans exception, selon votre bon plaisir, à la plus grande gloire de Dieu, dans le temps et l'éternité.

«Recevez, ô douce Vierge Marie, cette offrande de mon esclavage d'amour, en l'honneur et union de la soumission que la sagesse éternelle a bien voulu avoir de votre maternité; en hommage de la puissance que vous avez tous deux sur ce misérable pécheur; et en action de grâces des privilèges dont la Sainte Trinité vous a favorisée.

«Je proclame que je veux désormais, comme votre véritable enfant, chercher votre honneur et vous obéir en toutes choses.

«O Mère admirable! Présentez-moi à votre cher Fils en qualité d'esclave éternel afin que, m'ayant racheté par vous, il me reçoive par vous.

«O Mère de Miséricorde! Faites-moi la grâce d'obtenir la Vraie Sagesse de Dieu et de me mettre, pour cela, au nombre de ceux que vous aimez, que vous enseignez, que vous conduisez, que vous nourrissez et protégez comme vos vrais enfants.

«O Vierge fidèle! Rendez-moi en toutes choses un si parfait disciple, imitateur et esclave de la Sagesse Incarnée, Jésus-Christ votre Fils, que j'arrive, par votre intercession, à votre exemple, à la plénitude de son âge sur la terre et de sa gloire dans les cieux. Amen!

(Saint Louis-Marie Grignion de Montfort. *Traité de la vraie dévotion*).

TABLE DES MATIÈRES

Achévé d'imprimer le 15 octobre 1982
Imprimerie AGA à Cuneo - Italie

Reg. Ed. n° 036 - Dép. lég. octobre 1982